TAKEAWAY

外卖运营
完全攻略

李龙雨◎著

中国铁道出版社有限公司
CHINA RAILWAY PUBLISHING HOUSE CO., LTD.

内 容 简 介

本书以美团、饿了么、百度外卖三大外卖平台为代表，结合近百家店铺的真实案例，揭秘商家、菜品、用户、物流四大核心运营。

书中从外卖的行业状况、消费特征、商家运营、用户扩展、配送优化、品类扩张、引流推广等，进行全面讲解，帮助大家从新手成为互联网时代的外卖营销和运营高手。

同时精选了肯德基、麦当劳、必胜客、海底捞、星巴克、小南国、望湘园等许多大、中型餐饮业代表，如何通过外卖带来营业额的增长，从线下到线上利润的增长。

本书语言精练、结构严谨、图文并茂，适合外卖行业的新手商家、创业者、传统餐饮企业管理者、外卖餐饮运营商、餐饮行业的营销人员等，以及对外卖模式的应用和发展感兴趣的人士阅读，同时还可以作为餐饮 O2O 电商类课程的教材或学习辅导用书。

图书在版编目（CIP）数据

外卖运营完全攻略 / 李龙雨著 .—北京：中国铁道出版社，2018.11（2022.1 重印）

ISBN 978-7-113-24917-5

Ⅰ . ①外… Ⅱ . ①李… Ⅲ . ①饮食业－经营管理 Ⅳ . ① F719.3

中国版本图书馆 CIP 数据核字（2018）第 200919 号

书　　名：**外卖运营完全攻略**
作　　者：李龙雨

责任编辑：张亚慧　　编辑部电话：(010)51873035　　邮箱：lampard@vip.163.com
封面设计：MXK DESIGN STUDIO
责任印制：赵星辰

出版发行：中国铁道出版社有限公司（100054，北京市西城区右安门西街 8 号）
印　　刷：佳兴达印刷（天津）有限公司
版　　次：2018 年 11 月第 1 版　2022 年 1 月第 6 次印刷
开　　本：700 mm×1 000 mm　1/16　印张：17.25　字数：306 千
书　　号：ISBN 978-7-113-24917-5
定　　价：55.00 元

据美团点评研究院发布的《2017 年中国外卖发展研究报告》资料显示，2017 年中国在线外卖市场规模约 2046 亿元，预计到 2020 年可突破 7000 亿元；同时，2017 年在线订餐规模超过 3 亿人，预计到 2020 年外卖订餐人数将超过 6 亿。外卖市场的品类和地域正在不断扩大，深刻改变了人们的就餐习惯和消费方式。同时，数百万餐饮企业投入外卖大潮中，在新的餐饮生态圈重获新生，外卖业务蒸蒸日上。

虽然外卖市场具有非常广阔的发展前景，但也面临着巨大的竞争压力和运营难度。尤其是大城市人口红利的逐渐消失，增速开始放缓，未来外卖平台以及相关企业和商家的主要工作在于发展多样性服务，以提高用户体验，加强老用户黏性和吸引新用户。

遇见本书之前，也许您已经焦头烂额，碰到了许多令人糟心的问题：

◇ 投入了大量钱财，转化率却提不上去，越做越穷！

◇ 没有排名，没有流量，店铺上架却根本无人问津！

◇ 活动难推，优惠太多，产品价格低，推广成本高！

◇ 不懂运营规则，随时面临着被竞争对手超越的风险！

◇ 没时间管理，自建外卖团队，不懂技术，不懂管理！

◇ 没有销量，外卖店铺形同虚设，不能为企业带来效益！

◇ 不会装修，视觉导购不清晰，无法引起消费者购买欲望！

◇ 没有爆款，不知如何提升产品宣传，跟不上互联网营销的步伐！

◇ 没有保障、没有经验、没有经验、没有渠道、没有资源……

"互联网 +"时代，您的外卖店铺怎么走？

针对这些问题，笔者写了这本专门介绍互联网时代外卖运营技巧的书籍，从而帮助有需要的读者轻松玩转外卖运营。本书共分为 11 章，行文逻辑是：首先正确理解外卖的发展、行业状况和消费特征，然后讲解具体的开店、运营、推广和引流等策略，先宏观后微观，前面偏重于分析和思考，后面侧重于具体的落地和执行。

读完本书，您能收获什么？

◇ 开店前的方法思维，了解行业状况，抓住外卖区域市场的发力点。

◇ 了解进驻外卖平台的整体流程及所需资料。

◇ 开店营业前，如何做好门店信息设置，以及分类、菜品的设置和优化方法。

◇ 掌握外卖用户的需求和消费特征，提升用户消费体验、培育用户忠诚度。

◇ 搞定配送，提升运力，优化配送时长，合理划定范围，让你的配送更省时。

◇ 选择正确的外卖品类，扩张合适的市场地域，让您的外卖店铺走得更远。

◇ 合理设置活动，做好平台引流，减少用户流失，让流量翻倍。

◇ 了解未来外卖的发展战略，更好地掘金外卖红海与蓝海市场。

本书专为外卖行业的新手、遇到经营瓶颈的老商家量身定制，提供较为系统、全面的外卖课程体系。本书适合以下读者：

（1）准备进入外卖行业的商家和创业者。

（2）正在开展或者准备转型外卖业务的传统餐饮企业。

（3）相关的外卖餐饮运营商和遇到发展瓶颈的外卖品牌。

（4）其他餐饮行业的管理者和营销人员。

（5）对外卖模式的应用和发展感兴趣的人士。

（6）餐饮 O2O 电商类课程的教材或学习辅导用书。

本书特色亮点如下：

【专业团队】：知名外卖平台全国运营负责人编写，经验丰富，技能过硬，以数据为支撑，提供店铺问题诊断、商圈分析以及定制化运营方案，所创造的下一个品牌可能就是您！

【精细打磨】：融合一线业务知识和外卖平台功能使用，多次打磨和优化内容，具体包括外卖发展、行业状况、消费特征、商家运营、争夺用户、配送优化、品类扩张、地域扩张、引流推广、发展战略、行业案例，满足读者的各种需求。

【创新创意】：视觉提升，店铺装修，为您提供设计符合店铺风格的界面，打造高转化率店铺特色，全方位立体化打造网红外卖爆款，让您在残酷的市场竞争中闯出另一番天地。

【实战攻略】：11 大专题，160 个精选知识点，专业的作者团队全面讲解；全方位、全场景、手把手教您学会外卖开店运营的实操流程。

本书同时博采其他同类书籍的特色之处，通过这种系统而翔实地讲解，希望能够为读者带来真实的运营帮助，让读者零基础创业也可以很简单，让外卖产品的流量和转化上涨。

本书由李龙雨著。由于作者知识水平有限，书中难免有错误和疏漏之处，恳请广大读者批评、指正，联系微信：157075539。

编 者

2018 年 8 月

目录 | CONTENTS

1 CHAPTER

5年时间，外卖从诞生到进入下半场

目录 | C O N T E N T S

2 CHAPTER 行业状况，外卖市场行业现状与特点

目录 | CONTENTS

目录 | CONTENTS

4 CHAPTER

商家运营，如何去经营一家外卖店

目录 | CONTENTS

目录 | CONTENTS

目录 | C O N T E N T S

目录 | CONTENTS

7 CHAPTER

品类扩张，外卖不断出现全新的赛道

目录 | C O N T E N T S

目录 | C O N T E N T S

9 CHAPTER 引流推广，精准灵活的外卖营销策略

目录 | CONTENTS

目录 | C O N T E N T S

5 年时间，外卖从诞生到进入下半场

外卖运营完全攻略

随着互联网和移动智能终端的发展，外卖 APP 成为人们手机中的必备应用。点外卖不仅方便快捷、随叫随到，而且价格并不算太贵，还能节省更多时间，成为繁忙的上班族的最爱，很多人都会选择用手机 APP 点外卖，解决就餐问题。消费者用餐的场景、时段、触点和方式等都发生了巨大的变化，在过去的 5 年时间里，外卖从诞生到正式进入了“下半场”。

- ✧ 外卖发展经历的 4 大阶段
- ✧ 外卖迅速进入下半场的原因
- ✧ 野蛮生长过后，商家面临新的机遇与挑战

1.1 外卖发展经历的阶段

从外卖的字面意思来看，可以理解为“外送的快餐服务”，例如一荤一素的中餐，或者麦当劳和肯德基等西餐，如图 1-1 所示。当然，从广义上来说，外卖可以包括更多的商品和服务，如送花、送水、送商品以及各种上门服务等。

◆ 图 1-1　外卖成为一种火热的就餐方式

外卖的发展，经历了很长一段时间，随着智能手机、APP 和移动网络的普及，外卖行业得到了飞速发展，而且越来越规范。外卖总体来说经历了 4 个阶段，具体包括餐厅打包、电话订餐、网站订餐和移动订餐，本节将分别进行介绍。

1.1.1　1.0 阶段：餐厅打包

餐厅打包是较为古老的外卖形式，而且这种方式一直延续至今仍在使用，适合大部分的线下实体店铺。消费者会亲自上门，点好想吃的食品，然后打包带走，如图 1-2 所示。这样不但能够实现快速结算，而且也不会耽误太多时间。

◆ 图 1-2　餐厅打包

1.1.2 2.0 阶段：电话订餐

在网络还没有普及的年代，很多餐厅为了增加销量，会制作一些订餐卡片发放给前来消费的顾客，如图 1-3 所示。这样顾客下次想要点餐时，就不必亲自去店铺跑一趟了，直接拨打卡片上的送餐电话，即可在家或公司等待服务人员送餐上门即可。

◆ 图 1-3 订餐卡片

电话订餐的主要流程和弊端如图 1-4 所示。这些电话订餐时代积累的大量商家和用户，为外卖的发展提供了很好的基础。

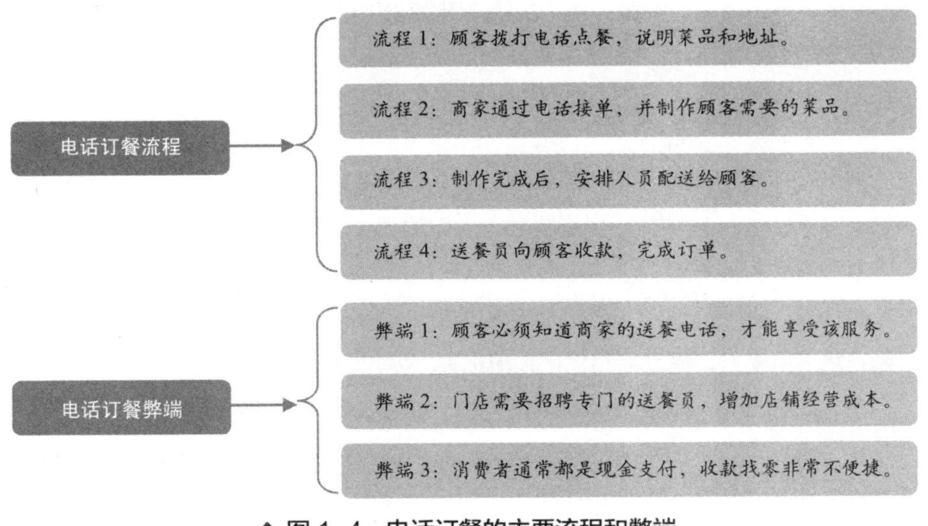

◆ 图 1-4 电话订餐的主要流程和弊端

1.1.3 3.0 阶段：网站订餐

随着互联网和个人电脑的普及，很多餐饮商家都会推出自己的在线订餐网站，人们开始运用电脑网络来订餐，解决了电话订餐的不便性。如图 1–5 所示为必胜客的订餐网站“必胜客宅急送”。网站订餐的主力是学生和白领，同时，很多互联网订餐企业得到长足发展。

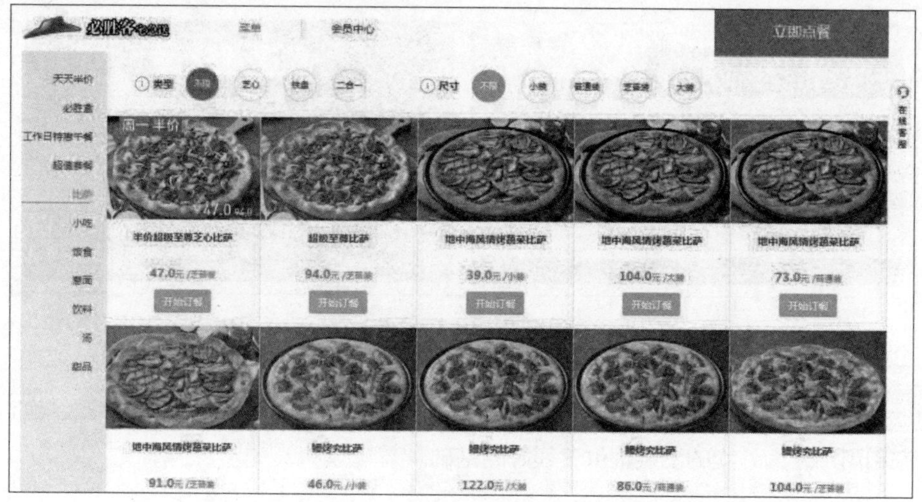

◆ 图 1–5 “必胜客宅急送”订餐网站

1.1.4 4.0 阶段：移动订餐

在智能手机得到普及后，随着移动互联网和移动支付的技术发展，以及微信等社交应用的火热，移动订餐开始进入人们的视线。很多餐饮企业都开通了微信公众号和进驻各种外卖平台，让消费者点餐更加方便。

如图 1–6 所示为“正新鸡排点餐联盟”公众号，已开通在线支付功能，用户可以在线下单支付，享受会员优惠和配送等一体式服务。

同时，很多手机外卖 APP 层出不穷，如饿了么、美团外卖、百度外卖、口碑外卖、淘点点、外卖超人、肯德基、派乐趣以及拼豆夜宵外卖等，让人们的就餐选择更加丰富多样，如图 1–7 所示。

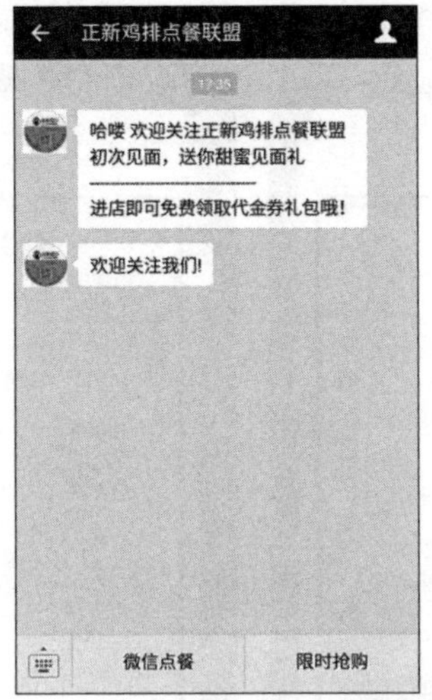

◆ 图 1-6 “正新鸡排点餐联盟”公众号

◆ 图 1-7 外卖 APP

例如，派乐趣外卖 APP 是一款很火的外卖移动应用，主营外卖送餐，而且还加开了很多超市、便利店、水果店以及鲜花店等，帮助用户足不出户一站式解决各种生活问题，如图 1-8 所示。

此时，很多商家开始与美团外卖等平台进行合作，改变了外卖的工作方式，而且效率也得到了很大提升，其优势如图 1-9 所示。

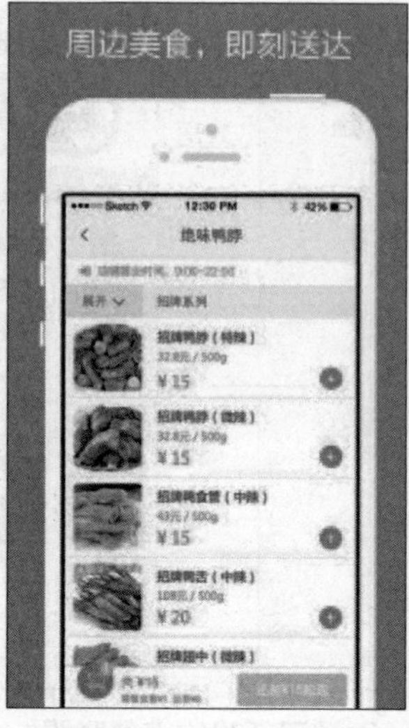

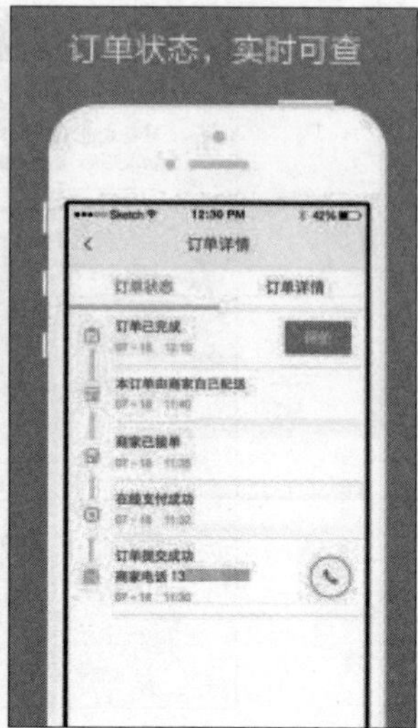

◆ 图 1-8　派乐趣外卖 APP

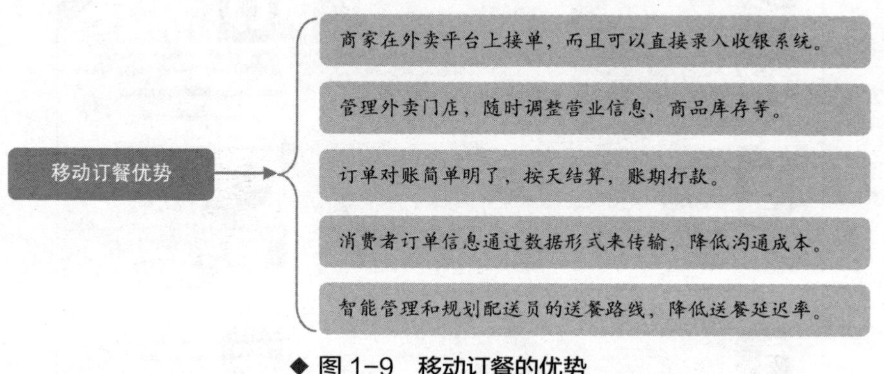

◆ 图 1-9　移动订餐的优势

1.2　外卖迅速进入下半场的原因

如今，随着城市生活和工作的节奏越来越快，以及“懒人经济”的盛行，点外卖已经成为很多人的一种消费习惯，受到了大家的欢迎。有了外卖以后，大家再也不用去美食店排长队，即可轻松吃到自己喜欢的各种美食。不得不说，吃饭是人们的强需求，每个人每天都需要面对，这让很多餐饮企业和商家看到了新的

商机，纷纷推出外卖服务。

外卖行业在过去几年中经历了白热化的竞争，同时也实现了高速发展，如今正在进入深入行业上下游的下半场，且逐渐步入赢者通吃阶段，将对社会经济发展发挥更重要的驱动作用。

1.2.1 传统餐饮行业面临诸多挑战

这是一个快速变化的时代，传统餐饮行业面临着无限的商机和发展潜力，但也面临着以下 5 大挑战。

❶ 运营成本不断增加

对于传统餐饮行业来说，其“盈利 = 收入 − 成本”，因此收入和成本是决定一家餐饮企业能否生存下去的关键因素。餐饮企业的成本包括经营成本和食材成本，其中经营成本又包括店铺租金、人员工资以及其他支出。

过去 5 年，餐饮行业的运营成本在不断增加，导致盈利水平越来越低，这是整个餐饮行业面临的严峻考验。在北京、上海、广州和深圳等一线城市里，每个月餐饮店的倒闭率达到 10%，年复合倒闭率甚至超过 100%。

❷ 传统营销正在失效

必须承认，很长一段时间以来，餐饮行业的营销手段总是旧瓶装新酒，无外乎就是发传单（如图 1−10 所示）和做电视广告等，毫无新意，收效甚微。这些传统的营销方式虽然比较直观，但缺点也很明显，那就是成本较高。

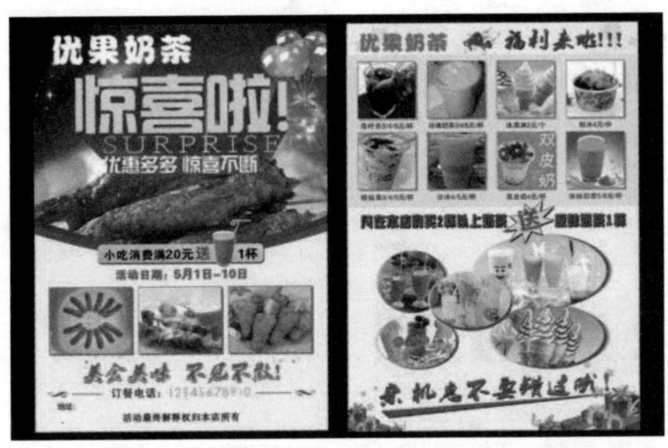

◆ 图 1−10　传单是一种非常传统的餐饮营销方式

以前，餐饮行业可以通过广告、渠道甚至明星代言等营销方式来获得成功，但这种大传播和人海战术如今已然失效。在互联网时代，消费者变了，他们的消费习惯也变了，餐饮行业想要做好营销工作，需要抓住消费者的痛点、痒点和兴奋点来引爆自己的产品。

1.2.2 互联网给餐饮行业带来变化

随着“互联网 +”国家战略的形成，以及移动互联网技术的快速发展，手机已成为人们时刻携带的智能产品，可以帮助人们解决更多衣食住行方面的生活痛点。同时，餐饮行业的市场也逐渐从线下转向线上，不仅可以极大地降低运营和营销成本，而且对于消费者订餐来说也更加便捷。

“互联网 +”的最大特点在于可以“跨界融合，连接一切”，“互联网 + 餐饮”就生成了餐饮 O2O，“移动支付 + 餐饮”则出现了外卖，助力餐饮行业互联网转型，更好地为消费者服务，更好、更快地发展业务。

与此同时，互联网“巨头”也争相进入外卖市场，微信支付和支付宝形成两强格局。阿里巴巴在手机支付宝 APP 中接入口碑网，并不断渗透到三四线城市的餐饮商户，同时还与“饿了么”进行合作，共同开展外卖业务，如图 1-11 所示。

◆ 图 1-11 手机支付宝 APP 中的口碑网与“饿了么”平台

另外，腾讯也通过投资美团点评来推广微信支付，同时积极布局外卖市场，在微信“我的钱包”中添加“美团外卖”的入口，如图 1-12 所示。

◆ 图 1-12　微信“我的钱包”中的“美团外卖”

根据相关数据显示，2017 年饿了么和美团点评成为 O2O 市场的前两强，市场份额加起来超过了 90%，如图 1-13 所示。

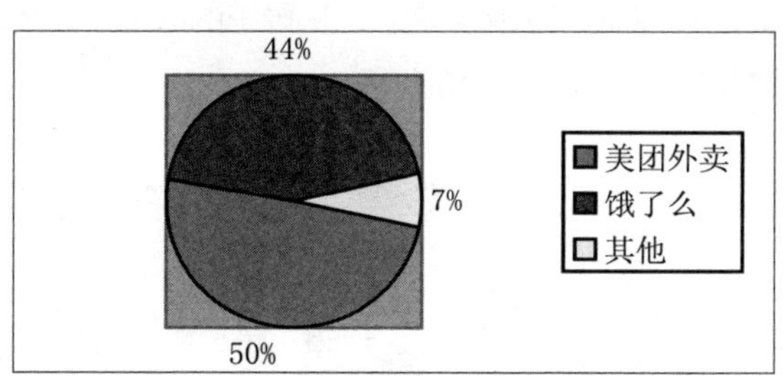

◆ 图 1-13　2017 年外卖市场交易份额

互联网行业的发展让外卖的规模得到了快速增长，传统餐饮行业必须融入互联网浪潮，利用各种互联网技术和理念来改善餐饮产品，寻找新的盈利点。

1.2.3　居民人均可支配收入的提升

相关数据统计显示，2017 年我国居民人均可支配收入达到 25974 元，比

2016 年增长 9.0%。居民人均消费支出 18322 元，比 2016 年增长 7.1%。其中，人们的消费支出在食品方面的比例为最高，达到 29.3%，如图 1-14 所示。

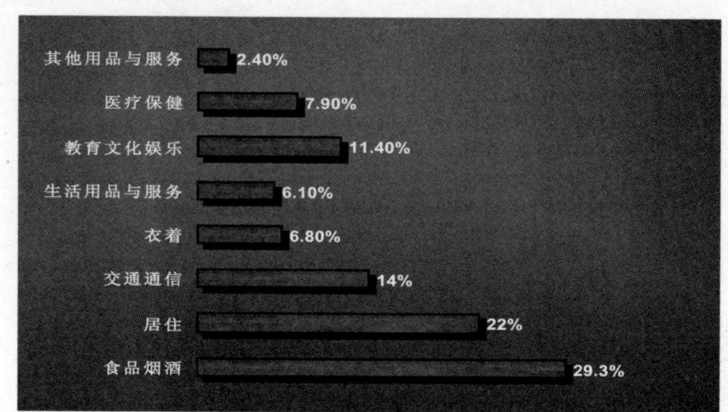

◆ 图 1-14　2017 年全国居民人均消费支出及构成

随着国内经济的飞速发展，人们的生活水平也得到了显著提高，尤其是在饮食方面，大家的需求已经不仅仅是追求温饱，而是更加注重食品的健康和消费的体验。人们饮食消费的资金投入和观念的改变，为外卖行业提供了巨大的市场。

1.2.4　消费者用餐习惯的不断改变

现代消费者的饮食习惯是不断改变的，从传统的家庭聚餐到现在时间和地点更加灵活的外卖饮食习惯，如图 1-15 所示。

◆ 图 1-15　消费者用餐习惯的改变

之所以产生这些改变，主要是由于外卖带给消费者更多的便捷、选择和优惠，同时也让商家节省成本和方便管理，如图 1-16 所示。

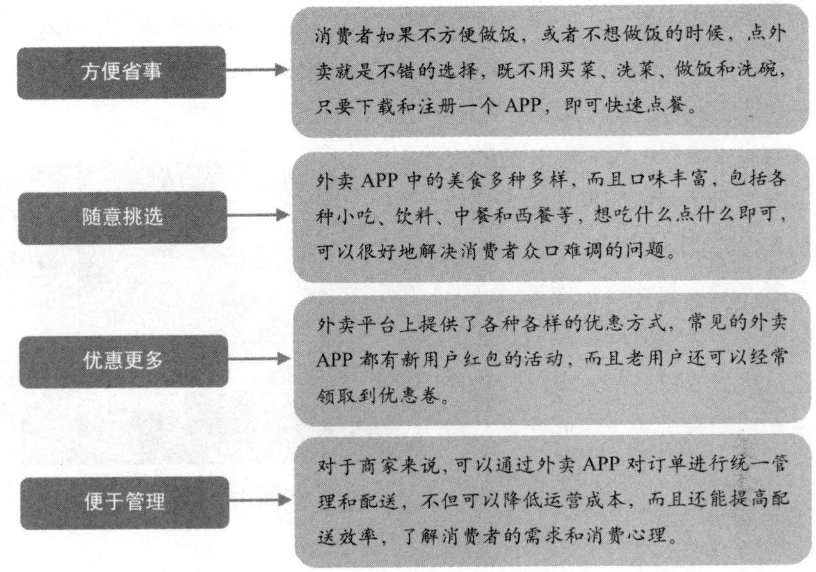

◆ 图 1–16　外卖改变消费习惯的原因

同时，消费者用餐的场景也在改变，从家到餐馆，从餐馆到任何地点，他们现在更愿意在外面吃饭。外卖的出现，让消费者从传统的一日三餐定时吃饭，转移到了一个更加灵活的饮食模式，即不局限于时间和地点。

1.2.5　移动支付成为主流支付手段

根据 iiMedia Research（艾媒咨询）的相关数据显示，2017 年中国移动支付用户规模达 5.62 亿人，较 2016 年增长 21.6%。2017 年，移动支付规模达到 117 万亿元，是 PC 支付 29 万亿元的 4 倍多，如图 1–17 所示。

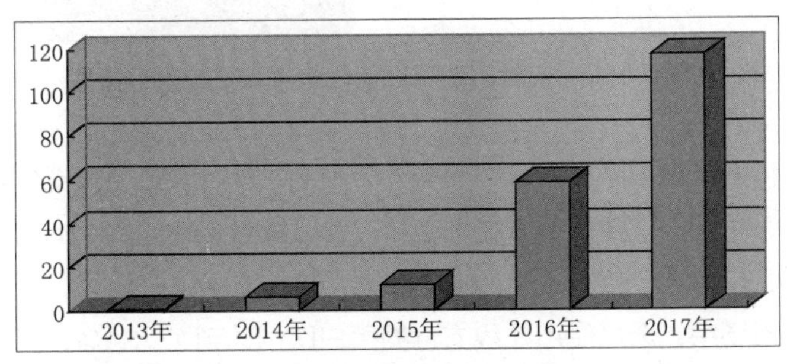

◆ 图 1–17　移动支付规模增长（单位：万亿元）

对于消费者来说，人们普遍习惯使用“扫一扫”等手机在线支付方式来进行付款，如图 1–18 所示。对于商家来说，它也更能便捷地帮助商家进行收款和退款，而且支持微信、支付宝等多种支付方式，迎合消费者需求。

在互联网时代，外卖市场的竞争压力非常大，餐饮商家应该全面接入各种支付方式，以此来“拴住”更多消费者，增加复购率。例如，商家可以利用代金券激发潜在消费者的下单欲望，消费者在支付时可以选择代金券来抵扣部分金额，让他们更有理由下单，从而增加外卖订单销量，如图 1–19 所示。

◆ 图 1–18　在线支付

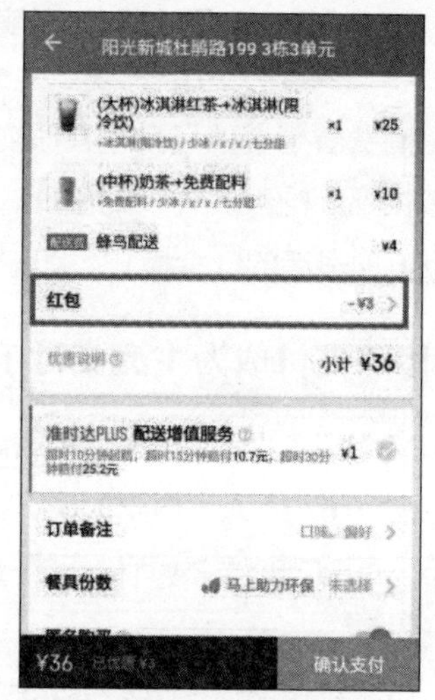

◆ 图 1–19　支付时使用红包代金券来抵扣部分金额

移动支付不但更加顺应商家与消费者的需求，而且会员余额支付功能还可以增强消费者的黏性，只要消费者成为会员，就可以吸引他们多次消费，这对商家销量的提高很有保障。

在外卖市场中，选择使用在线支付的用户比例达到了 73.1%，而且移动端在支付终端的占比也高达 91.7%，远远超过了 PC 端。同时，外卖消费者最常用的

第三方支付工具包括支付宝、微信支付和百度钱包等，可以帮助解决外卖支付市场和支付场景“碎片化”的痛点。

1.3 野蛮生长过后，商家面临新的机遇与挑战

在过去 5 年中，外卖平台经历了野蛮生长和行业厮杀的过程，用户基本集中在美团外卖、饿了么和百度外卖这 3 个平台，同时这些外卖平台的行业规模也迅速扩大，几乎覆盖到国内的主要城市，并且培养了用户的消费习惯。

外卖行业虽然展示了其旺盛的生命力，但商家也面临新的机遇与挑战，除了要面对平台开始缩减红包与补贴外，还需要通过完善送餐物流、提高餐饮品质、增加品类来提升用户消费体验，培育用户的忠诚度。

1.3.1 平台开始缩减红包与补贴

早在 2016 年，各大外卖平台就开始将食品安全作为重点监控对象，并且大幅降低了红包和补贴，使得消费者对于价格的敏感程度降低。

因此，商家必须巧用平台的红包补贴，让自己的顾客得到更多实惠。例如，外卖平台通常会不定期的给予消费者红包，促使他们下单支付。如图 1-20 所示。这是美团外卖平台上的一个 1 元红包，此时商家必须知道这个红包该如何使用，以及怎样才能让用户在你的店铺使用。

◆ 图 1-20　平台红包

下面我们来分析一下这个红包的使用原理，优惠金额是 1 元，使用门槛是满 40 元。经过测试，我们可以发现，这个红包是针对满减前用户的客单价，也就是说，用户满减前达到 40 元即可使用红包折现，如图 1-21 所示。

以“满 35 减 5 元红包”为例，假设店铺的人均价格在 17 元左右，则商家要确保每份商品的保本点（Break Even Point，亦称盈亏平衡点、盈亏分离点）在 13 元左右；凑单商品只有 4 元的奶茶，保本点为 2 元。

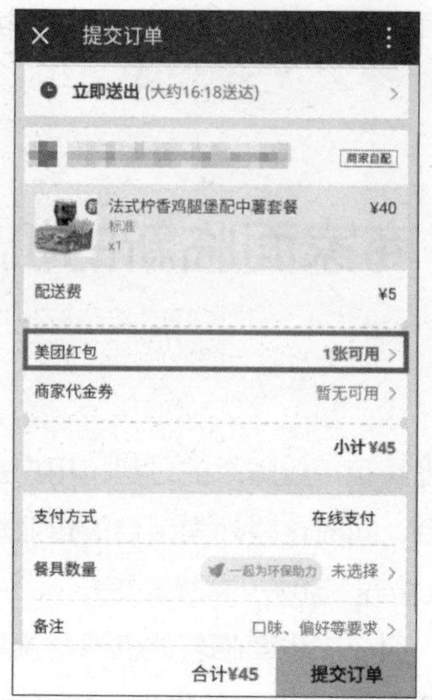

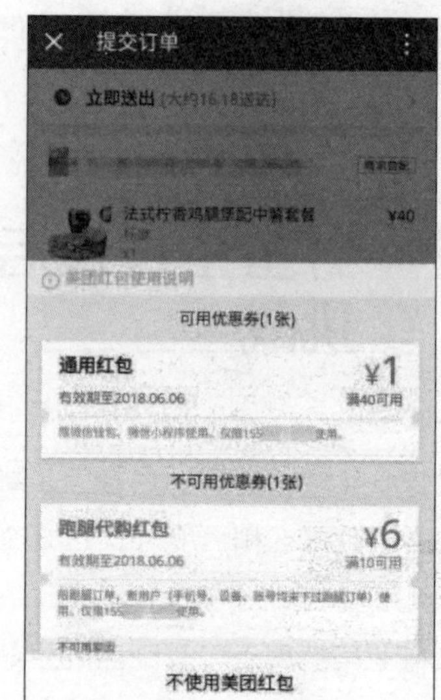

◆ 图 1-21　平台红包的使用规则

此时，用户需要点两份主餐商品，再加上一份凑单商品，共 38 元，才能满足红包的使用条件。根据相关数据显示，单点订单的数量占比高达 62%，而凑单订单则在 38% 以下，因此这个红包有一大半用户是不会使用的。

但如果用户手中只有这个红包，他们如何才能在你的店铺使用呢？此时，商家可以将主餐商品单价设置为 32 元，再加上 4 元的凑单商品，再做一个“满 35 减 15 元”的活动即可，用户的支出和商家的盈利具体如图 1-22 所示。

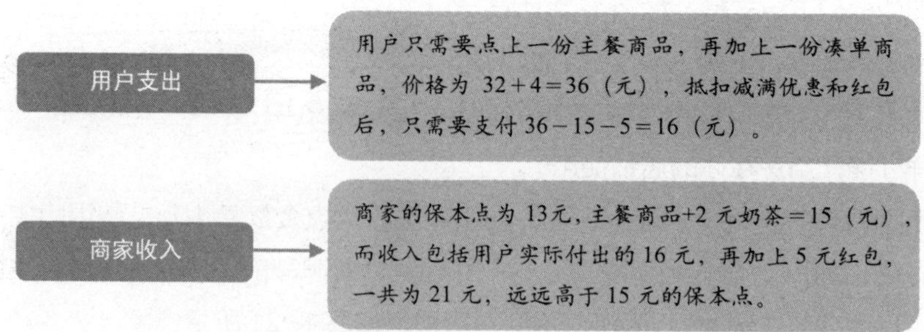

◆ 图 1-22　红包补贴的使用案例

因此，在平台不断缩减红包补贴的情况下，商家可以适度提高单价，然后用满减活动来吸引消费者，并通过平台红包补贴来实现盈利。需要注意的是，店铺

的满减活动门槛不是一成不变的，必须参照红包的门槛来设置，使最终的销售额大于保本点，从而通过外卖平台来获利。

1.3.2 平台流量降权生存更艰难

在外卖市场中，有很多纯外卖品牌，他们大多是依托外卖平台的流量来实现运营的，但如今这些纯外卖品牌的平台流量被大幅降权，再加上过高的经营成本，大部分纯外卖品牌都倒闭了。

纯外卖品牌的收入全部来自于外卖平台流量，他们没有开设线下门店，很难形成品牌信任度。杭州知名外卖品牌“一勺将”品牌创始人何琦凯认为：“如果线上流量贵于线下流量，有部分线上线下都开的店就可能让整体线上流量更贵。”这个观点也是大部分纯外卖品牌的现状。

因此，纯外卖品牌必须付出更多的资金和时间成本，才能在消费者心中占据一定的地位，并建立品牌信任度，这个过程是相当漫长的。当然，经过优胜劣汰的市场竞争后，活下来的外卖品牌会变得更加优质。

例如，成立于 2015 年“二十五块半”外卖，如今已在北京、上海、杭州和南京等城市开设了近 50 家店铺，日订单量达 13000 单，月流水达 2000 万元，享有“网红外卖”的称号，如图 1-23 所示。

◆ 图 1-23 “二十五块半”外卖

“二十五块半”在产品推广上反其道而行之，推出了“难吃”的宣传卖点，以及各种走心文案，如图 1-24 所示。当消费者在实际体验外卖时，发现并没有宣传的那么难吃，就会形成一种反差，可以撬动用户的情绪，从而产生无限的想象空间。

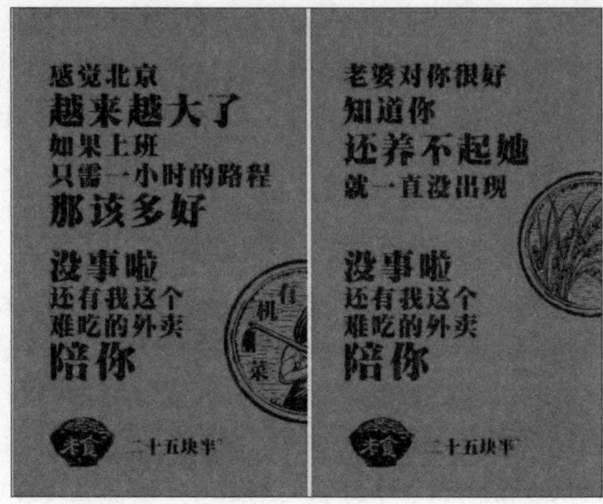

◆ 图 1-24 “二十五块半”外卖的宣传卖点和文案

随着外卖平台补贴的缩紧，以及越来越高的流量费和推广费，市场红利已经成为过去式，外卖商家遭受两面夹击的困境。在这种状况下，很多外卖品牌已经倒下，如“楼下 100”、“笨熊造饭”以及“呆鹅”等。不过，同时也有“曼玲粥店”、“二十五块半”以及“菜大师”等很多外卖品牌正在蓬勃发展。美团外卖的相关数据显示，与 2016 年相比，2017 年品牌数从 1600 多家缩减到 800 多家，但品牌连锁商家门店数，却从 30000 多增加到 70000 多。

总之，外卖市场已经迎来了新的发展时期，餐饮企业和商家必须牢牢抓住消费者的需求和痛点，为他们提供有价值的产品，形成自己的核心竞争力，才能在外卖运营的道路上越走越好。

1.3.3 把控好“食品安全”问题

外卖火热的背后，隐藏着大量的安全卫生、规范管理和监督责任等问题，尤其是“食品安全”问题受到广大消费者的关注。

根据 iiMedia Research（艾媒咨询）的相关数据显示，在线餐饮外卖用户在选择平台时，将食品卫生情况作为偏好因素的占比达到 59.4%，而且在外卖弊端的感知中，用户点名最多的就是食品不健康，如图 1-25 所示。

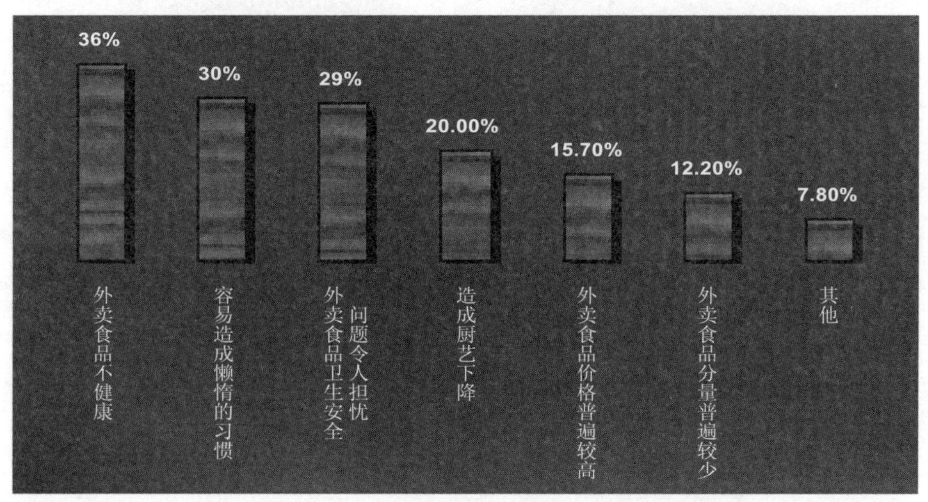

◆ 图 1-25 “二十五块半”外卖的宣传卖点和文案

在商家入驻外卖平台时，通常都需要输入实体店铺地址，并上传实体门店图片、工商营业执照以及食品经营许可证等资料，而且必须做到“三证合一”（工商营业执照、组织机构代码证、税务登记证）。不过，平台中仍然有很多漏网之鱼，大量无证商家和“幽灵店铺”的出现，让外卖食品安全的监管变得困难重重。“幽灵店铺”是指没有实体店、营业执照和食品经营许可证的外卖店铺，而且店铺留下的地址都是虚假的，其食品安全程度令人堪忧。

对于外卖行业来说，食品的安全和卫生是行业正常运营的基本条件，而配送速度则是大部分用餐时间比较短的消费者的直接需求，必须引起商家和相关部门的重视。根据 iiMedia Research（艾媒咨询）的相关数据显示，外卖平台针对用户反馈的食品安全和配送速度等问题，都进行了积极改进，如图 1-26 所示。同时，外卖平台的运营也变得越来越规范，未来将会进一步提升产品品质和服务水平。

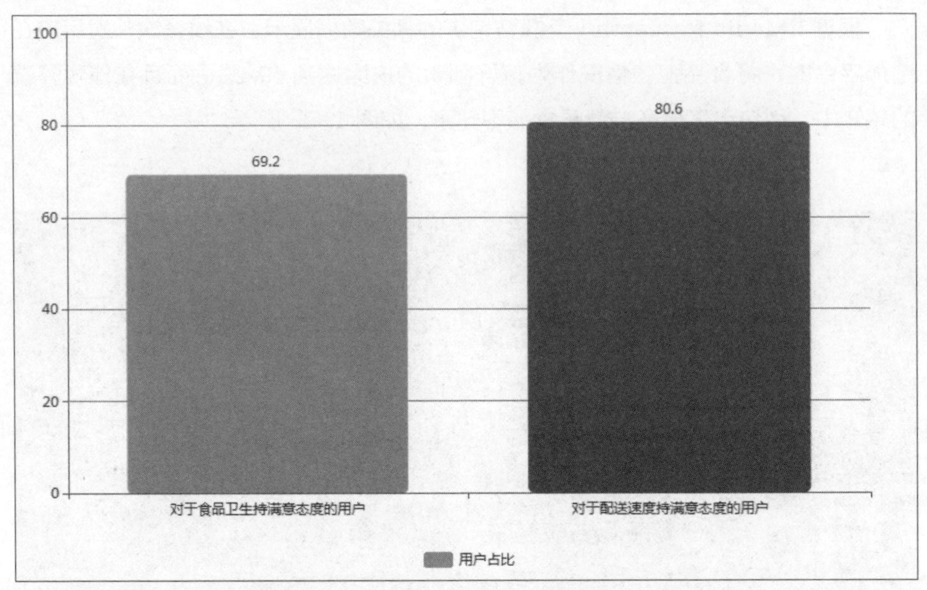

◆ 图 1-26　食品卫生和配送速度的调研

1.3.4　三足鼎立格局转向两强争霸

国内的外卖平台经过一段时间的竞争后，形成了“三足鼎立”的局面，美团外卖、饿了么和百度外卖占据了市场上大部分的交易额，同时这些平台集中了各类行业资源，而其他外卖平台则逐渐失去市场机会。

❶ 美团外卖

2013 年 11 月，美团外卖 APP 正式上线，目前已成为国内最大的外卖 O2O 平台之一。美团外卖的配送服务范围众多，不止有餐饮产品，还包括商超、水果、鲜花、蛋糕以及甜点等，该平台坚持以消费者的需求为中心，不断扩展配送产品。图 1-40 所示为美团外卖所涉及的配送业务。

美团外卖一直致力于为消费者提供更多高品质的安全食品。目前，美团外卖已与全国数万家高品质连锁餐厅达成战略合作，如肯德基、必胜客、大鸭梨以及西贝莜面村等，通过与众多大型商户合作，提升食品的安全保障，引导消费者选择品质餐厅。近期，美团外卖更与朝阳大悦城、大润发、华润等多家大品牌达成战略合作，进一步实现服务体验的全新升级。

◆ 图 1–27 美团外卖所涉及的配送业务

美团外卖的 3 大安全保障让用户放心下单，下面进行简单介绍。

- ▶ 食品安全：在美团网上注册的餐饮商家，美团点评仍将按照严格的审核制度进行，落实相关法律法规所规定的第三方平台主体责任，配合相关政府监管部门，做好商户入网经营以及食品安全工作。
- ▶ 配送安全：美团外卖对骑手的招聘有着较高的要求，在录用骑手前，会对骑手进行背景调查，确保骑手无重大疾病史、无重大交通事故记录、非在逃或社会闲散人员，并且上岗前需要办理健康证。
- ▶ 餐箱安全：美团外卖正在和世界 500 强企业艺康集团联合研发餐箱、餐品的清洁方案，并试点运营，保证配送过程中餐箱的清洁、配送员的清洁、餐品的封装等，建立基础规范。

近年来，腾讯与美团点评的合作一直在不断深入。2016 年 12 月，美团点评与腾讯实现进一步合作，在微信的“钱包”中开辟“美团外卖”入口，用户可以直接在微信钱包中点外卖。

另外，美团外卖还开通了微信小程序，用户只需要在微信小程序页面中搜索“美团外卖”，即可直接在小程序上下单订购外卖，如图 1–28 所示。

❷ 饿了么

饿了么 APP 属于网络订餐服务型平台，目前是国内影响力较大的餐饮 O2O 平台之一。平台于 2008 年 9 月正式上线，经过一段时间的发展，截至 2016 年

4 月，APP 已进入超过 260 个城市。饿了么 APP 主要是通过外卖服务来突出企业品牌的功能性，从根本上解决用户的饥饿问题，快速满足用户最基本的生理需求——吃，其核心功能就是通过位置定位为用户提供订餐服务，如图 1-29 所示。

◆ 图 1-28　美团外卖微信小程序

◆ 图 1-29　饿了么 APP

饿了么 APP 作为中国最大的 O2O 外卖平台之一，对商家及产品的分类较为详细，从而让不同消费者根据自身的需求进行选择。图 1-30 所示为饿了么 APP 的 5 大内容板块及“品质优选”展示。

◆ 图 1–30 饿了么 APP 的 5 大板块内容和“品质优选”展示

影响较大的就是“限量抢购”，因为其产品大多数为 9.9 元特价。所以，这一板块的产品的购买量远远领先于其他板块的产品，但是饿了么 APP 的聪明之处也在这里。根据统计数据显示，大多数消费者都会附带购买其他产品，因而 9.9 元只是一个促销手段，其根本目的是让商家获取更多流量。图 1–31 所示为饿了么 APP 上 9.9 元上架的产品页面。

◆ 图 1–31 饿了么 9.9 元上架的产品页面

为了留住 APP 用户，饿了么 APP 还经常推出各类活动，其中较为常见的就

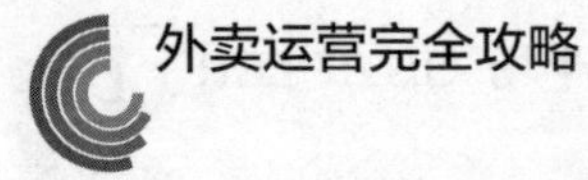

是红包活动与优惠券活动，通过赠送红包与发放优惠券的形式来提升用户使用平台的次数，如图 1–32 所示。

◆ **图 1–32　饿了么 APP 的红包与优惠券相关页面**

谈到饿了么，我们必须还要关注到“蜂鸟配送”，“蜂鸟配送”是饿了么为自己专门定制的外卖配送系统，如图 1–33 所示。饿了么的“蜂鸟配送”将外卖配送服务专业化、制度化提升了一个高度，解决了 O2O 餐饮运营过程中专业度不够的问题，从而使饿了么本身获得了良好的口碑。

◆ **图 1–33　“蜂鸟配送”**

2018 年 4 月 2 日，阿里巴巴联合蚂蚁金服以 95 亿美元对饿了么完成全资收

购，饿了么成为阿里巴巴新零售战略的一支重要力量。

加入阿里巴巴后，对于饿了么的商家、消费者和合作企业来说，都将获得更多的好处，以及享受阿里巴巴生态提供的更多红利。同时，饿了么本身就拥有庞大的线下配送网络，再加上阿里巴巴的众多服务，进一步加强新零售场景的产品、技术、组织以及物流等基础设施的建设，如图 1–34 所示。

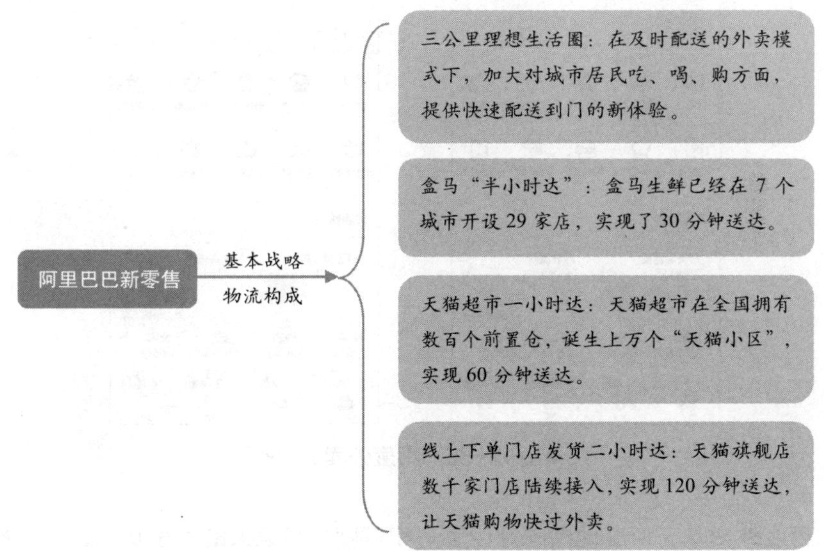

◆ 图 1–34　阿里巴巴新零售物流布局

饿了么虽然被阿里巴巴收购，但仍然会保持品牌的独立运营，同时将与口碑网进行战略协同，此举意味着阿里巴巴新零售倡导的“三公里理想生活圈”将持续扩大覆盖范围，新零售速度和效能会得到进一步提升，如图 1–35 所示。

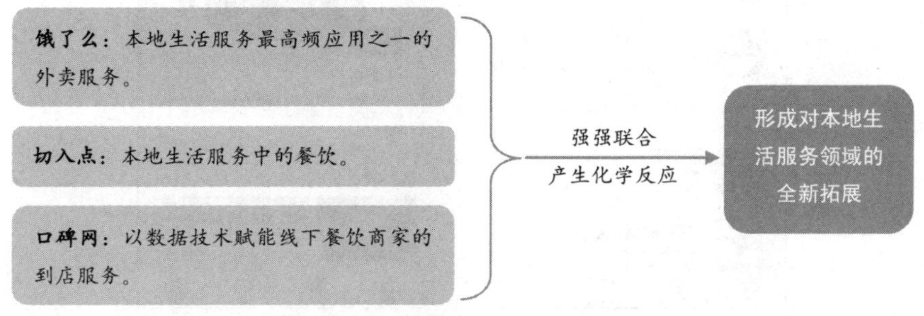

◆ 图 1–35　阿里巴巴联合饿了么开拓新零售场景

❸ 百度外卖

百度外卖成立于 2013 年 11 月，是由百度打造的一个专业外卖服务平台，覆盖众多优质外卖商家，提供方便快捷的网上外卖订餐服务。2014 年 4 月百度外卖进入 O2O 行业，开始内测，同年 8 月，百度外卖 APP 正式上线，如图 1-36 所示。

◆ 图 1-36　百度外卖 APP

百度外卖基于百度地图的定位优势和百度本身强大的搜索功能，用户打开 APP 后，即可精准地搜索到附近餐饮商家，实现快速下单，如图 1-37 所示。

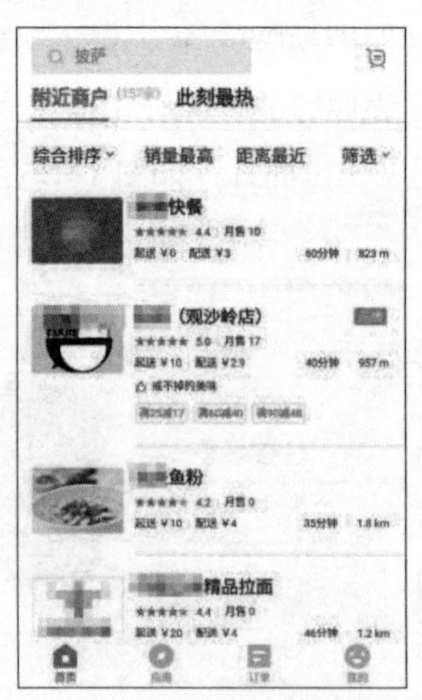

◆ 图 1-37　百度外卖极其在乎用户体验和餐饮品质

2017 年 8 月，饿了么正式宣布收购百度外卖。百度外卖仍以独立的品牌和运营体系发展，包括管理层在内的人员架构保持不变。从此，外卖市场由“三国鼎立”格局转向了“两强争霸”。

1.3.5 “新餐饮”的时代已经到来

“三高一低”（如图 1–38 所示）是传统餐饮企业运营过程中最为烦恼的事情之一，而且随着各种新型业态的不断涌现，以及餐饮行业的跨界入局者越来越多，让行业的竞争变得更加剧烈，市场淘汰率也越来越高。

◆ 图 1–38 “三高一低”是传统餐饮企业的最大困扰

如今，新消费、新零售和新技术等概念不断被提出，传统餐饮行业又将面临什么样的机遇和挑战？该如何去理解新餐饮呢？如表 1–1 所示，餐饮行业的发展经历了 4 个不同的时期。

表 1–1 餐饮行业的发展经历了 4 个不同的时期

时期	消费者特征	市场特征
餐饮 1.0 时代	消费者对于餐饮的价格成本非常关注	餐饮商家通常只能满足消费者的基础需求，基本上是有什么产品就卖什么
餐饮 2.0 时代	消费者开始有选择地去自己喜欢的餐厅	市场开始变得更加细分，形成各种菜系，同时产生了很多有标志性特色的餐厅
餐饮 3.0 时代（互联网时代）	消费者开始更多地注重餐厅和美食产品的特色、口碑以及社交等个性化的需求	在互联网思维和跨界思维的引导下，商家除了要提升基本的食品质量之外，对于服务水平、就餐环境、产品口碑以及用户体验等元素会更加注重，开始在经营过程中运用各种新的营销方式
餐饮 4.0 时代（移动支付时代）	消费者越来越“挑剔”，对餐厅环境、就餐体验、菜品特色及价格设定都提出更多要求，从而催生新的消费趋势	信息化和大数据的技术能力，可以帮助商家进一步提升管理水平，降低经营成本。 ▶ 大数据：为商家提供精准的用户画像，促使餐饮企业在经营上少走弯路； ▶ 信息化：让餐饮管理和运营变得简单、高效和多赢

随着整体市场的消费升级，以及人们消费水平的提高，新餐饮时代出现了 4 个比较明显的趋势，如图 1-39 所示。

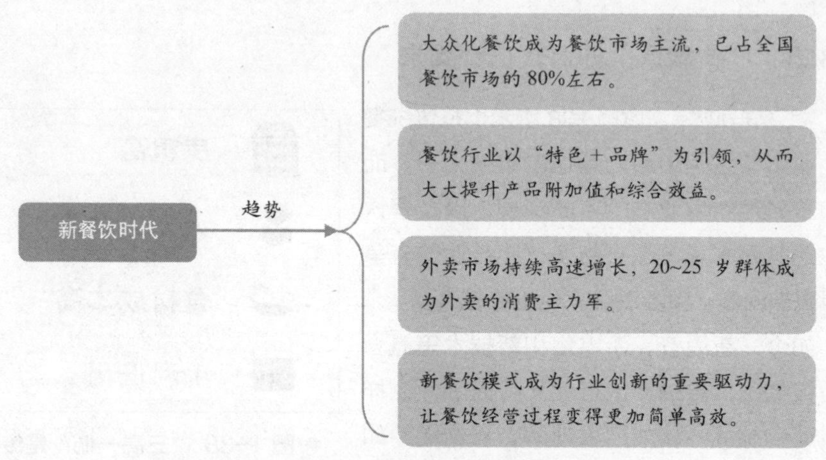

◆ 图 1-39　新餐饮时代的发展趋势

随着互联网、大数据以及云计算等信息化的发展，餐饮行业的形态和结构，以及用户的消费习惯，都发生了极大的改变。尤其是随着外卖行业的兴起，带动了餐饮市场的飞速发展，甚至带来了餐饮零售化的概念。

在新餐饮时代，外卖平台、餐饮企业和商家都需要抓住新机遇，把握消费者的新需求，建设个性化的品牌，用品牌建设带动品质发展，再通过品质来加强品牌形象，进一步满足广大消费者多样化和品质化的消费需求，掌握更大的市场，实现更好、更快地发展，在外卖下半场赢得先机。

行业状况，外卖市场行业现状与特点

外卖运营完全攻略

在经济快速发展的洪流中，顺应时代的产物——外卖模式迅猛崛起，让人们感觉到十分便利。尤其是以饿了么、美团外卖为代表的第三方外卖平台备受资本青睐，千万级美元融资频频发生，并且众多传统餐饮和互联网巨头纷纷布局外卖市场。

本章主要分析外卖市场的行业现状与特点，帮助大家掌握行业状况，在其中找到新的风口和商机。

- ✧ 数据分析：了解餐饮外卖行业数据
- ✧ 行业概况：外卖行业的发展特点
- ✧ 行业头条：外卖行业近期的大事件
- ✧ 品类分布：什么品类最畅销
- ✧ 格局影响：外卖改变传统餐饮商业模式

2.1 数据分析：了解餐饮外卖行业数据

相关数据显示，餐饮行业近几年的增速稳定在 10.7% 左右，出现了飞速发展的趋势，2017 年中国餐饮市场规模已经突破 4 万亿，同时有外卖需求的主力人群达到 9.84 亿，有望在 2020 年突破 5 万亿大关。从整体数据上来看，餐饮行业在经历了寒冬过后，正在逐渐走向复苏。

2.1.1 市场规模：增长率放缓，市场逐渐成熟

自 2011 年以来，中国在线餐饮外卖市场就一路高速增长，但是随着外卖市场的逐渐普及，增长率逐步放缓，市场规模开始趋于稳定，预计未来两年增速仍然能保持在 20% 左右。

根据 iiMedia Research（艾媒咨询）的相关数据显示，2016 年中国在线餐饮外卖市场规模达到 1662.4 亿元，增长率为 33.0%，2017 年市场规模达到 2045.6 亿元，2018 年在线餐饮外卖市场规模有望突破 2500 亿元。中国在线餐饮外卖市场规模的相关数据如图 2-1 所示。

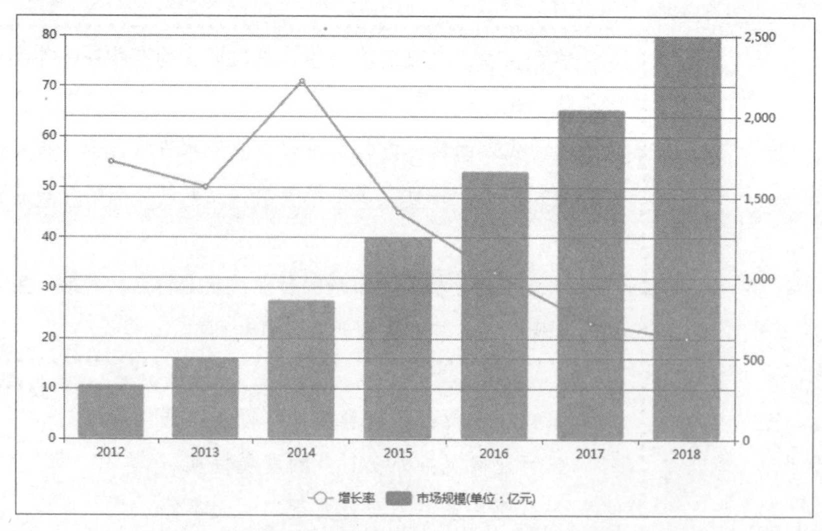

◆ 图 2-1　中国在线餐饮外卖市场规模的相关数据

目前来看，中国在线餐饮外卖市场已经逐渐走向成熟，未来平台可以通过对已有用户的更多需求进行深度挖掘来实现市场的增长。

下面以美团外卖为例，第三方权威数据机构 Trustdata 发布《2017 年上半年中国外卖 O2O 行业发展分析报告》数据显示，2017 年上半年的外卖行业市场交易金额近千亿元人民币，美团外卖以 45.2% 的市场份额领先各大平台。

2018 年 1 月 25 日，Trustdata 发布《2017 年中国移动互联网行业发展分析报告》。根据数据显示，美团外卖以 46.1% 的市场份额领先行业，超过饿了么与百度外卖份额的总和。美团送餐骑手日活跃人数达 20 万，美团外卖商家版日活跃规模超过 100 万，位居行业首位。

2018 年，国家信息中心发布《中国共享经济发展年度报告（2018）》。在外卖市场中，饿了么收购百度外卖后，美团外卖以 62% 的市场份额位居行业第一，领跑其他第三方外卖平台。

2.1.2 用户规模：趋于稳定，用户存量是重点

中国在线餐饮外卖市场的用户规模整体已经趋于稳定，外卖平台的重点工作在于提升存量客户的稳定度。根据 iiMedia Research（艾媒咨询）的相关数据显示，2017 年在线餐饮外卖用户规模 3.01 亿人，2018 年用户规模预计达到 3.46 亿人，增长率逐步放缓。

2012~2018 年中国在线外卖用户规模及增长状况如图 2-2 所示。

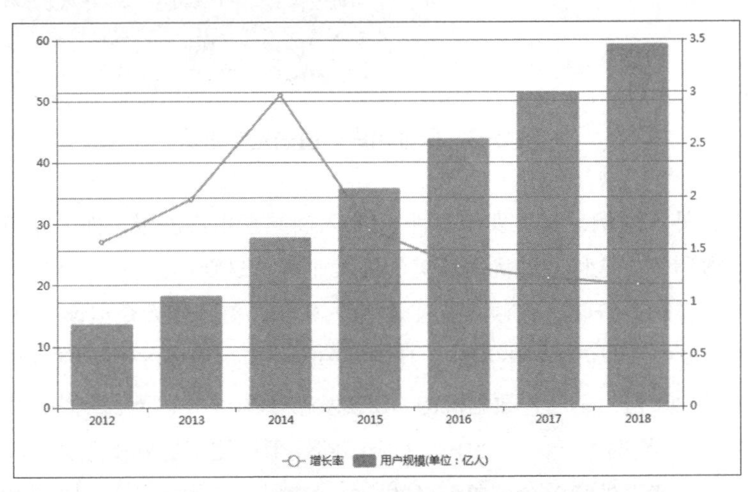

◆ 图 2-2　中国在线外卖用户规模及增长状况

随着“人口红利”正在逐渐消失，以及用户增长率趋于稳定，对于外卖行业来说，用户增量变得越来越艰难，因此大家应将重点方向放在用户存量上，通过提升服务水平和用户体验来增强老顾客的黏性，并吸引新顾客，具体方法如图 2-3 所示。

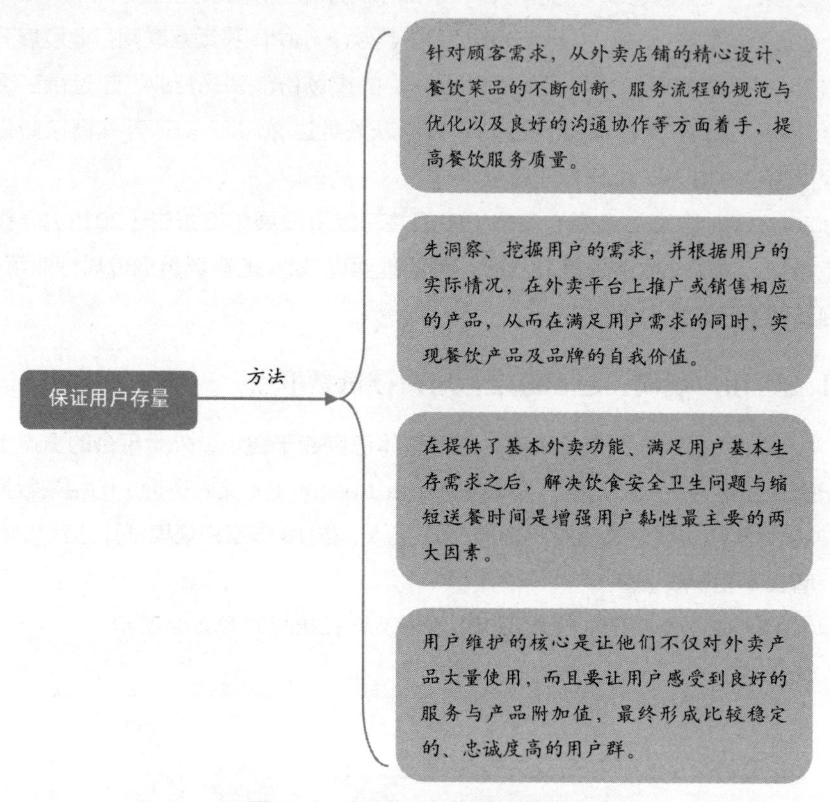

◆ 图 2-3 保证用户存量的基本方法

以美团外卖为例，其呈现出多种 APP 入口共享用户流量，如大众点评、手机 QQ 和微信等，这种联动优势让美团外卖业务以 5700 万的月活跃用户在行业中位列前茅，超过行业所有独立 APP 数据的总和。美团和大众点评 APP 每月为美团点评总体外卖业务带来的用户，几乎为美团外卖本身 APP 用户的 3 倍。

2017 年 11 月，第三方数据机构 DCCI 发布《2017 中国网民网络外卖服务调查报告》。根据数据显示，有 28.5% 的中国网民用户使用过外卖服务，而近八成的外卖用户是通过外卖平台下单配送的，在这些外卖平台中，美团外卖以 79.9%

的用户渗透率、53.9% 的活跃用户使用率位列行业第一，而且用户满意度评分较高，评分达到 4.39 分，位居榜首。

从在线外卖的市场规模数据和用户规模数据可以看到，外卖市场的下一个阶段是应用成熟期，届时市场发展将趋于成熟，准入门槛将会提高，竞争也会更加激烈，前景也更加可观。

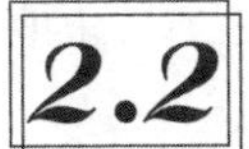

2.2 行业概况：外卖行业的发展特点

近两年来，外卖行业借助于移动互联网、APP 和移动支付等技术，实现了快速发展。那么外卖行业的发展过程中，有哪些特点，又存在哪些问题呢？简单来说，外卖行业在扩大，从传统的快餐外卖向功能更丰富、更全面的外卖方向发展。

2.2.1 餐饮拉动 GDP，成为消费新动能

近年来，全球经济广泛复苏，增长率屡创新高，尤其是我国对全球经济增长的贡献最大，约占三分之一，并呈现出“稳中向好”的发展态势。初步核算显示，2017 年全年国内生产总值（Gross Domestic Product，简称 GDP）为 827122 亿元，按可比价格计算，比上年增长 6.9%，近年来的增长数据如图 2-4 所示。

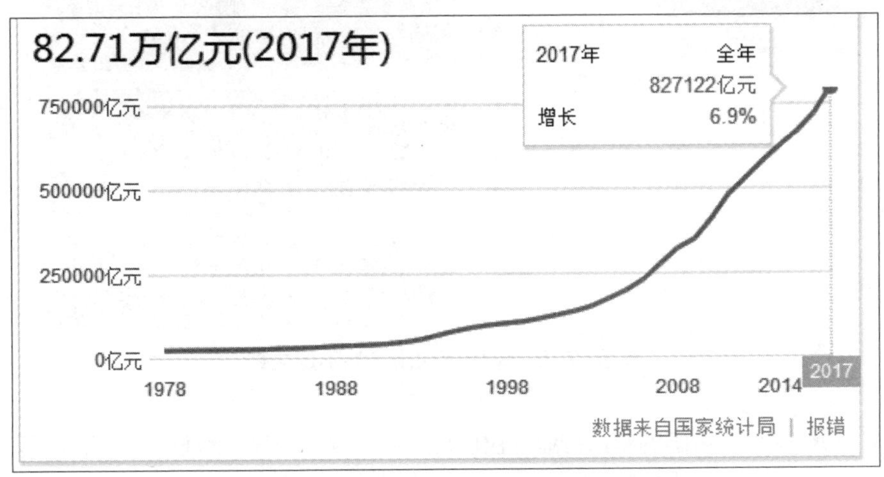

◆ 图 2-4　我国 GDP 呈现稳步增长的发展态势

同时，我国的餐饮行业将继续拉动 GDP，起到扩大消费需求和推动经济增长的驱动作用，使得全行业得到平稳、健康和可持续发展。中国改革开放已经经历了 40 个年头，餐饮行业也是最早得到发展的行业之一，中国餐饮业规模当前位列世界第二位。2018 年，餐饮行业将成为市场发展的重要新动能，对 GDP 的拉动作用甚至高于投资和外贸。

未来，国内的餐饮行业增速将保持在 10% 左右，具有非常强大的发展潜力和动能，2018 年的总体规模预计将达到 4.3 万亿元，极有可能在“十三五”末期突破 5 万亿元大关，并有望于 2021 年赶超美国。

不过，值得深思的是，中国餐饮市场仍然存在很多不足之处，如图 2–5 所示，目前与世界先进水平的差距较大，还有很长的路要走。

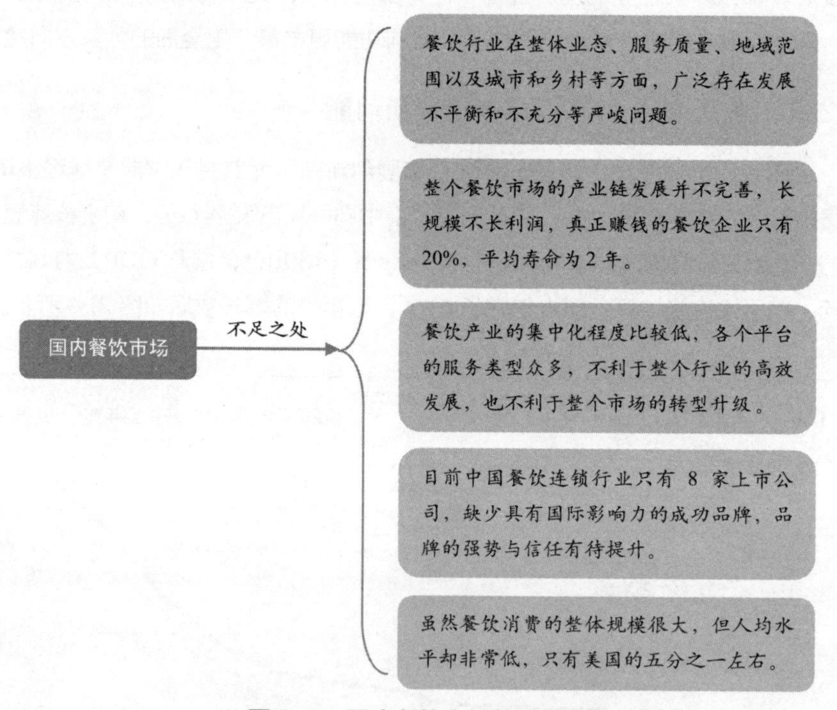

◆ 图 2–5　国内餐饮市场的不足之处

总体来说，中国的餐饮行业不仅仅是人们眼中一个简单的服务行业，更是一个继承了国家战略目标的综合性产业，它的发展与国家的核心利益息息相关，同时可以更好地展现国家的经济实力，以及成为人们形成文化自信的品牌载体。

2.2.2 线上线下融合成为主流发展趋势

餐饮行业的本质是随时随地的满足消费者的就餐需求，而外卖的本质则是以消费者为中心，通过线上与线下的融合，进一步满足消费者的就餐需求。不管是线上还是线下，外卖企业要思考的本质问题，就是在不同的场景下给消费者提供合适的就餐服务，实现自己的产品价值。

线上的外卖平台、线下的餐饮企业和配送物流结合在一起，才会产生外卖，因此线上和线下融合是大势所趋。

例如，“你点我帮”就是一个基于同城零售的平台，涵盖社区超市、家政服务、外卖订餐和家电维修等社区 O2O 生活服务，通过线上＋线下互动融合的运营方式，提高流通效率，改善用户的消费体验，如图 2-6 所示。

◆ 图 2-6 “你点我帮”微信小程序

如今，在线外卖正在向全品类方向拓展，并通过新零售的线上线下渠道实现融会贯通。很多线上平台通过与线下零售实体店合作，针对办公人士的需求，提供多元化的外卖品类，扩展盈利渠道，如图 2-7 所示。

与此同时，美团外卖和饿了么不仅在平台上推出多品类配送服务，而且还通过与各大实体店铺合作，如图 2-8 所示。同时摆脱单一垂直的应用场景，转向多场景的综合平台发展，延长用户使用外卖 APP 的时间，增强用户黏性，提升服务水平。

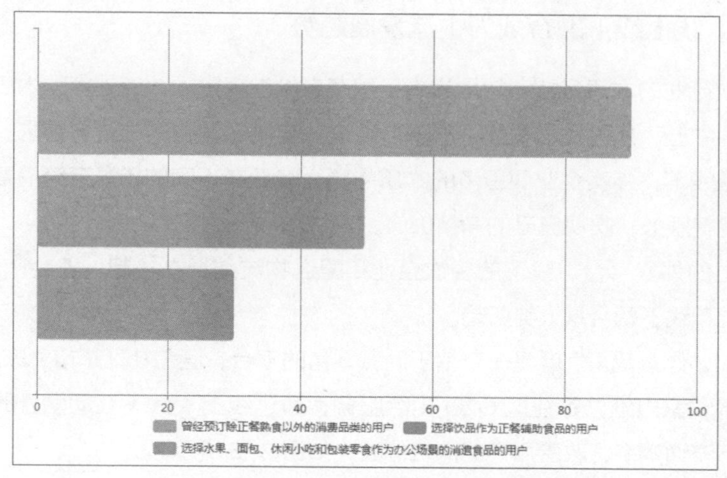

◆ 图 2-7　在线外卖向全品类拓展，选择不同品类的用户占比情况

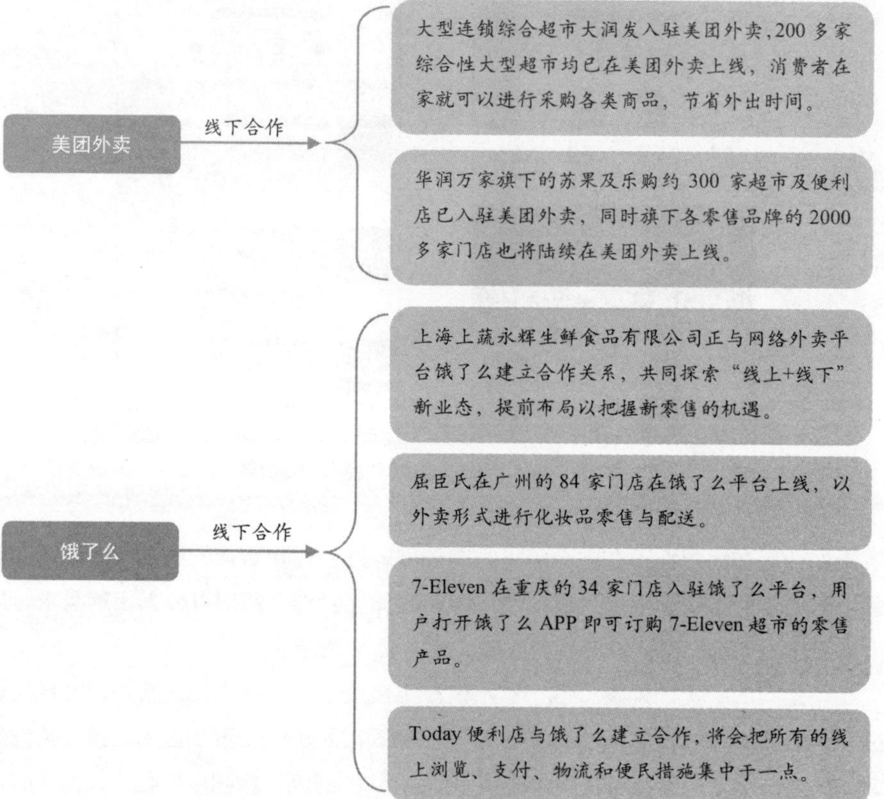

◆ 图 2-8　美团外卖和饿了么的线下合作

如今，外卖平台不再仅限于为用户提供餐饮服务，而是通过不断向线下实体商超延伸，将品类扩充到生鲜、零食、医药以及跑腿代购等生活服务，从高频场景到低频场景，覆盖人们生活的方方面面。

2.2.3　10 亿餐企品牌扩容至 100 家左右

在餐饮外卖市场的竞争过后，呈现出品牌集中化的趋势，同时形成非常严重的两极分化情况，好的品牌越做越好，差的店铺越来越差，那些处于中间水平的店铺则在逐渐消失。

也就是说，做餐饮，不是成功，就是失败退出。当然，成功的这部分人也非常少，仅占 5% 左右。同时，10 亿级餐饮企业品牌扩容到 100 家左右，他们在竞争中赢得了红利，并形成了一定的规模，其主要经营策略如图 2-9 所示。

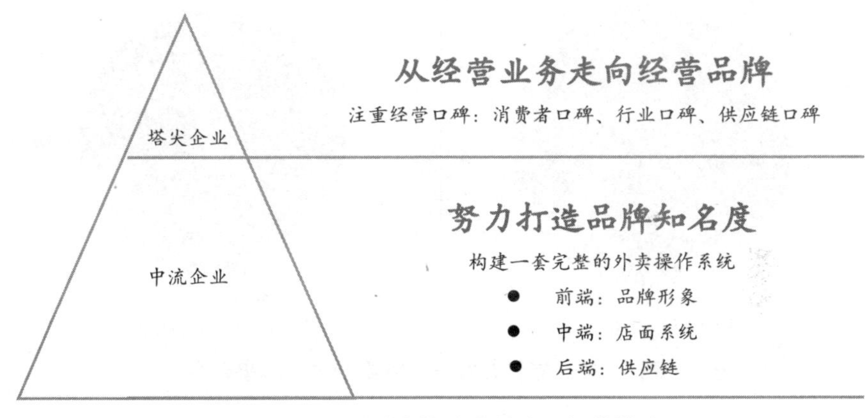

◆ 图 2-9　品牌餐饮企业的主要经营策略

2.2.4　商圈平台将为餐饮经营降本增效

随着我国城市化进程的加快，出现了很多大型的线下商圈和综合商业体，集合了商业、办公、酒店、住宅、零售以及娱乐等多种业态于一体，成为人们生活、购物和休闲的集中区域，如图 2-10 所示。

这些线下商圈拥有强大的聚合能力，以及简单、成熟的综合管理体系，吸引了大批餐饮商家入驻，而且还诞生了很多新晋餐饮品牌，成为餐饮品牌的最佳孵化器，餐饮在线下商圈中的占比越来越高，如图 2-11 所示。

◆ 图 2-10　线下商圈和综合商业体

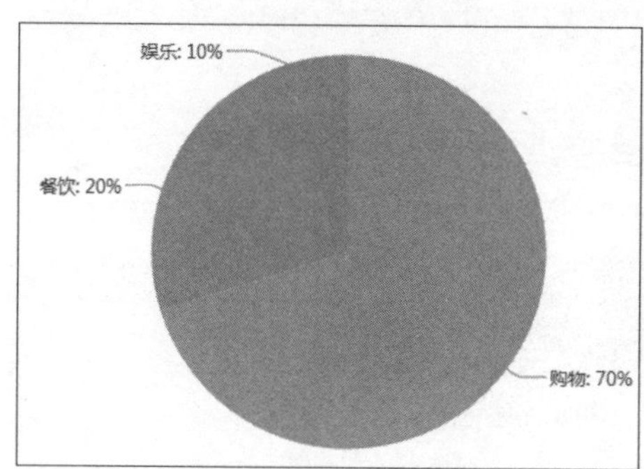

过去的占比情况

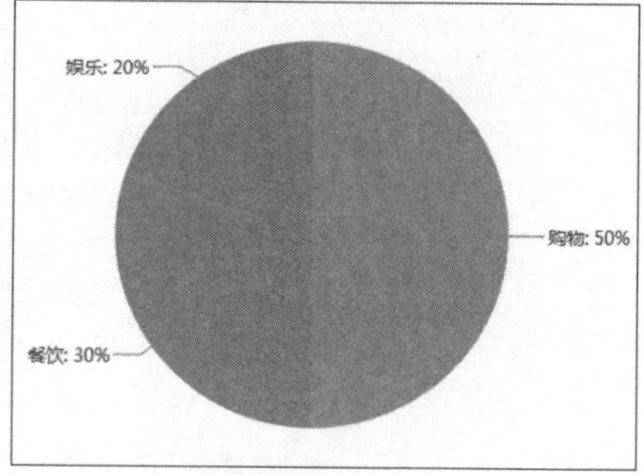

目前的占比情况

◆ 图 2-11　餐饮在线下商圈中的占比越来越高

同时，线上也诞生了很多平台经济体，如美团点评（如图 2-12 所示）、“口碑网 + 饿了么”等，与线下的综合商业体相辅相成，对餐饮外卖的经营起到了降低成本和增加效率的作用。例如，美团点评的业务覆盖超过 200 个丰富品类和 2800 个城区县网络，为 2.9 亿活跃用户和超过 500 万的优质商户提供一个连接线上线下的电子商务平台，如图 2-12 所示。

同时，国内的商业地产越来越多，线下商圈的红利正在逐渐消失，而且也呈现出两极分化的情况，那些做得差的线下商圈人流量呈现严重的衰减之势。而线上的平台经济体则运用其强大的资源吸附能力，推出了很多创新型服务，在线外卖市场的全品类特征日益明显，并且与各行业的渗透也在不断加深，有助于餐饮企业更好地发展。

◆ 图 2-12　美团点评成为强大的线上平台经济体

2.2.5　小而精的单品餐饮品牌不断兴起

如今，餐饮市场出现了严重的同质化现象，因此很多聪明的商家开始做小而精的单品餐饮品牌，其主要特点如图 2-13 所示。不但能够有效降低经营成本，而且还能帮助消费者解决“选择困难症”的问题。

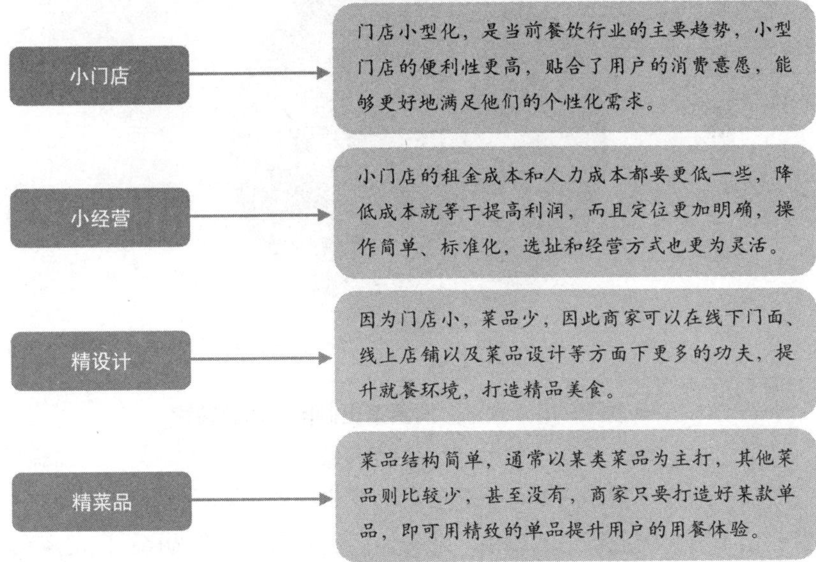

◆ 图 2-13　小而精的单品餐饮品牌的主要特点

例如，“探鱼”就是一家打着“最文艺的烤鱼”招牌的单品店铺，不但具有“小而精”的特点，而且简单时尚的菜式吸引众多年轻消费者，如图 2-14 所示。

◆ 图 2-14 “探鱼”餐厅

相关数据显示，有超过 90% 的用户会因为想吃某个菜而去某个餐厅，如图 2-15 所示。另外，餐饮外卖行业的更新迭代速度非常快，涌现出很多新兴品牌，同时很多餐饮企业也推出多品牌战略，因此市场上的细分单品类品牌也越来越多。

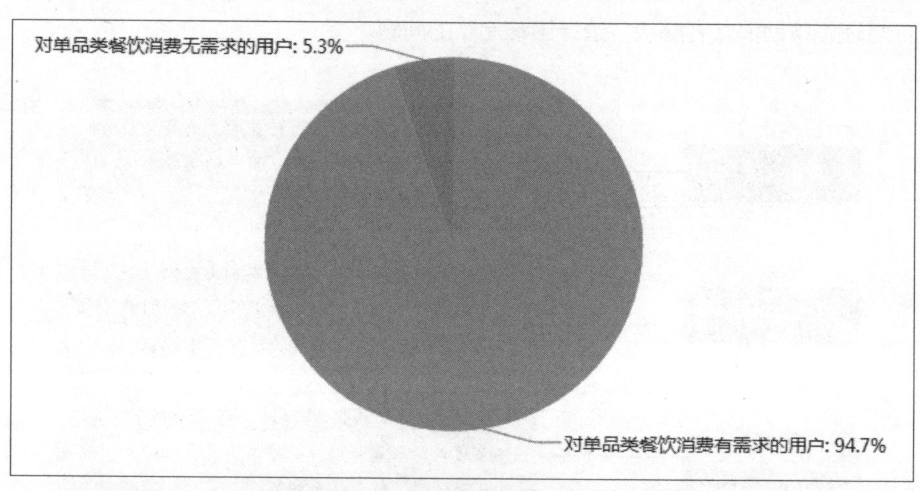

◆ 图 2-15　大部分消费者更倾向于单品餐饮

在外卖市场中，单品店铺不但显得更加专业和高品质，而且鲜明的特色容易给消费者留下食品味道不错的印象，同时他们也无须做太多选择，即可解决临时就餐问题，受到很多消费者的青睐。

日本有一家名叫“玉子屋”的外卖店就是采用单一菜单，每天只提供一种菜品，并外卖“团购”的形式，每天卖出 13 万份外卖，通过 700 人的团队就实现了 90 亿日元（约 6 亿元人民币）的年销售额，如图 2-16 所示。

◆ 图 2-16 “玉子屋”外卖店

2.3 行业头条：外卖行业近期的大事件

要进入外卖行业，必须时刻了解近期的行业事件，在其中找到自己的不足，并发现新的商机。本节列出了一些近期的外卖大事件，并进行了相关的解读。

2.3.1 饿了么推出外卖机器人“万小饿”

事件动态：饿了么联合上海万科，推出外卖机器人“万小饿”，为用户提供智能送餐服务，代替外卖小哥完成办公楼宇内的“最后一公里”，如图 2-17 所示。“万小饿”拥有简洁清新的外表，而且内置了超大容积的保温桶，同时拥有自主导航能力和自主充电能力。

◆ 图 2-17 外卖机器人“万小饿”

事件解读：饿了么提出了“未来物流”战略的创新概念，并打造了首个外卖机器人产品。使用机器人来给用户送餐，不但可以提高配送速度，而且这种新颖的科技方式还能够增强用户的好奇心和好感度，有助于提升用户体验。

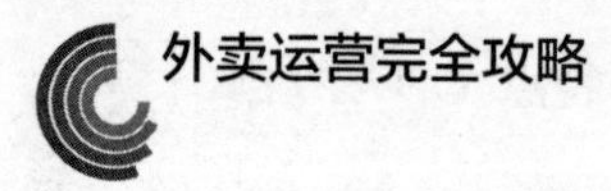

2.3.2 饿了么推出骑手智能语音助手

事件动态：饿了么携手百度外卖推出骑手智能语音助手，其外形就是一个小巧的耳机模块，可以将其内置到蜂鸟配送应用中，让骑手可以通过语音交互来操作手机，实现接受派单、到店上报、订单查询、取餐上报、语音拨打电话、送达上报以及配送任务规划等功能。

事件解读：该产品运用了大数据和 AI 人工智能等新技术，不但可以让骑手的操作更加方便快捷，同时还能减少安全隐患，更好地保障骑手的生命安全。

2.3.3 “高铁外卖时代”正式开启

事件动态：2017 年 7 月，高铁动车组开展了互联网订餐业务，以后乘坐高铁也可以订外卖了，对于广大乘客来说就餐会更加方便。在国内的 27 个高铁站点，用户在乘坐 G 字头和 D 字头动车组时，可以通过 12306 官网或者手机 APP 进行外卖订餐，如图 2-18 所示。

◆ 图 2-18　通过 12306 官网可以预订外卖

同时，高铁外卖站点也进行了大范围扩容，将陆续新增 11 个互联网订餐供餐站或特产预订配送站，包括沈阳站、天津站以及南京站等。

事件解读：对于喜欢旅行和美食的用户来说，以后坐高铁时不用下车，即可非常方便地享受沿途的各种特产美食。“高铁外卖”的最大意义在于通过这种精细化的服务措施，满足旅客多样化的用餐需求，提升旅客的出行体验。

同时，2017 年全国铁路旅客发送量完成 30.84 亿人次，增幅达到 9.6%，“外卖 + 高铁”的融合，也让外卖行业的市场得到了进一步的扩张。

2.3.4 食品产品执法打假力度加大

事件动态：2017 年 4 月 14 日，国务院办公厅发布并实施《2017 年食品安全重点工作安排》，如图 2-19 所示。由此可见，国家进一步加大对食品相关产品的执法打假力度，严惩食品安全违法犯罪行为。

2017年食品安全重点工作安排的通知

国办发〔2017〕28号

各省、自治区、直辖市人民政府，国务院各部委、各直属机构：

《2017年食品安全重点工作安排》已经国务院同意，现印发给你们，请认真贯彻执行。

国务院办公厅

2017年4月6日

（此件公开发布）

2017年食品安全重点工作安排

食品安全关系广大人民群众身体健康和生命安全，加强食品安全工作是各级党委政府的重大政治任务。2016年，全国食品安全形势总体稳定向好，但问题依然复杂严峻。为贯彻党中央、国务院关于食品安全工作的决策部署，落实“四个最严”要求，强化源头严防、过程严管、风险严控监管措施，加快解决人民群众普遍关心的突出问题，提高食品安全治理能力和保障水平，推进供给侧结构性改革和全面小康社会建设，现就2017年食品安全重点工作作出如下安排：

一、加强食品安全法治建设

完善办理危害食品安全刑事案件的司法解释，推动掺假造假行为直接入刑。（中央政法委牵头，高法院、高检院、公安部、农业部、国家卫生计生委、海关总署、质检总局、食品药品监管总局配合）加快完善食品安全相关法律制度，抓紧修订食品安全法实施条例，基本完成食品安全法配套规章制修订，落实处罚到人。推动地方食品生产经营小作坊、小摊贩、小餐饮管理办法在年内全部出台。启动农产品质量安全法修订，贯彻落实新修订的农药管理条例。研究制定餐厨垃圾回收和资源化处理相关法规。（食品药品监管总局、农业部、国家

◆ 图 2-19 《2017 年食品安全重点工作安排》内容节选

事件解读：食品安全一直是关乎民生大计的问题，国家也在不断完善相关法律法规和构建监管制度体系来加大对食品安全的监管力度。《2017 年食品安全重点工作安排》通过强化源头严防、过程严管、风险严控监管措施，以提高食品安全治理能力和保障水平。

2.3.5 百胜中国收购到家美食会

事件动态：2017 年 5 月 15 日，百胜中国以 6170 万美元的价格收购到家美食会（如图 2-20 所示）约 80% 的股份，将业务增长点放在外卖上。

◆ 图 2-20　到家美食会

百胜餐饮集团是全球最大的餐饮集团，旗下包括肯德基、必胜客、小肥羊、东方既白、塔可钟、A&W 及 Long John Silver's（LJS）等品牌，如图 2-21 所示。

◆ 图 2-21　百胜餐饮集团

事件解读：其实，百胜中国收购到家美食会，可以说是外卖市场线上线下的整合在不断加速，传统餐饮巨头们在互联网时代不得不寻求变革，稳住自己的市场份额。百胜中国通过这种收购外卖平台的方式，解决“最后一公里”的配送问题，扩大自身门店的辐射范围，从其他外送平台手中抢夺市场。

2.3.6　网络订餐须有实体店和许可证

事件动态：国务院食安办等 14 个部门联合下发《关于提升餐饮业质量安全水平的意见》文件，明确网络餐饮服务提供者必须具有实体店和食品经营许可证（如图 2-22 所示），并全面落实餐饮服务食品安全主体责任。

◆ 图 2-22　食品经营许可证

事件解读：可以看到，国家在提升餐饮业质量安全水平方面不遗余力，尤其是针对网络第三方平台和自建网站的餐饮服务提供者，将严格落实食品安全的管理责任，促进早餐、快餐、团餐和网络订餐等大众餐饮服务的良性发展。

2.4 品类分布：什么品类最畅销

对于外卖商家来说，必须关注这些问题：市场上的外卖产品都卖到什么地方去了？最畅销的外卖品类是什么？商家只要能知道这些问题的答案，并“投其所好”地调整经营策略，即可让自己的外卖订单轻松翻倍。

本节主要介绍外卖产品的品类分布情况，给大家提供一些数据参考和依据，让商家在选择外卖品类时不再盲目。

2.4.1　国内餐饮品类分布情况分析

下面将从餐饮品类的店铺数量、营业额和营业增速 3 个方面来分析国内餐饮品类的分布情况。

❶ 店铺数量

目前，我国拥有在线餐厅约 840 万家，通过分析各餐饮品类的店铺数量，可以帮助商家捕捉餐饮外卖的行业趋势和未来可能出现的风口，相关数据如图 2-23 所示。

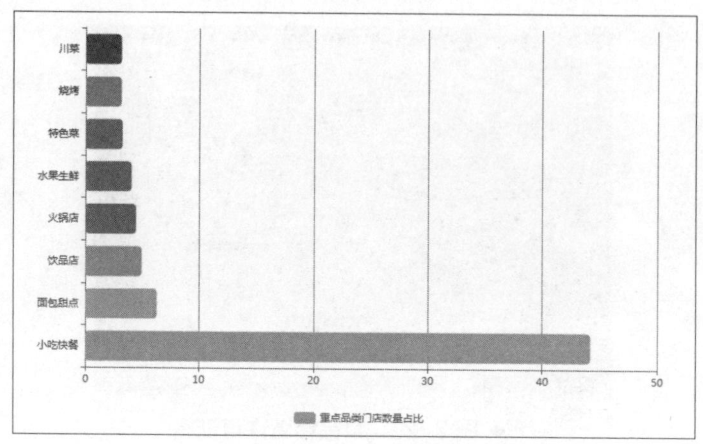

◆ 图 2-23 重点品类的店铺数量占比

可以看到，目前餐饮店铺数量最多的小吃快餐，这种品类的进入门槛比较低，而且是消费者的刚需，因此占据了餐饮门店总数的 44.2%。

❷ 营业额

在全国餐饮行业的营业额方面，火锅的贡献最大，占据了整个营业额的 22% 左右，而且是唯一一个增长比例超过两位数的品类。同时，火锅的细分品类趋势越来越明显，串串香和鱼火锅的表现非常抢眼。其中，串串香的规模达到 40000 家，而且增长势头非常强劲，成为火锅第一大细分品类，如图 2-24 所示。

◆ 图 2-24 串串香火锅外卖产品

❸ 营业增速

在营业增速方面，从 2011 年到 2017 年，外卖行业整体增长了 8.4 倍。同时，地方菜快速崛起，其中增速最为迅猛的要数西北菜。例如，西北菜第一品牌——西贝莜面村 2017 年的营业额达到 43 亿元，比 2016 年增长了 8 亿元，如图 2–25 所示。

◆ 图 2–25　西贝莜面村是餐饮行业近年来最大的一匹“黑马”

为了餐饮差异化竞争，很多餐饮人已开始打出“小菜系”品类来切入市场，重点强调地方特色来吸引消费者。不但丰富了餐饮竞争品类，也使地方菜系得到了推广。

2.4.2　主要品类在各地的发展情况

下面分析主要餐饮品类在全国各地的发展情况。

❶ 火锅

火锅是餐饮第一大品类，拥有巨大的市场存量，预计 2020 年市场规模可达 5774 亿元。同时，火锅的年增长率均在 10% 以上，其中四川、河南、山东等地区的火锅市场竞争相当激烈。

❷ 面包糕点

我国面包糕点的市场规模仅次于美国，近两年增速虽略有放缓仍是增长最快的国家，尤其是北京、上海、广州和深圳这些一线城市，消费者非常偏爱面包甜点食品。

❸ 川菜

川菜是我国传统菜系中最受欢迎的品类之一，如图 2-26 所示。川菜主要是在四川和重庆向全国扩散，但在青海、甘肃和内蒙古自治区的多个城市却遭遇发展的瓶颈，表现依旧不温不火。

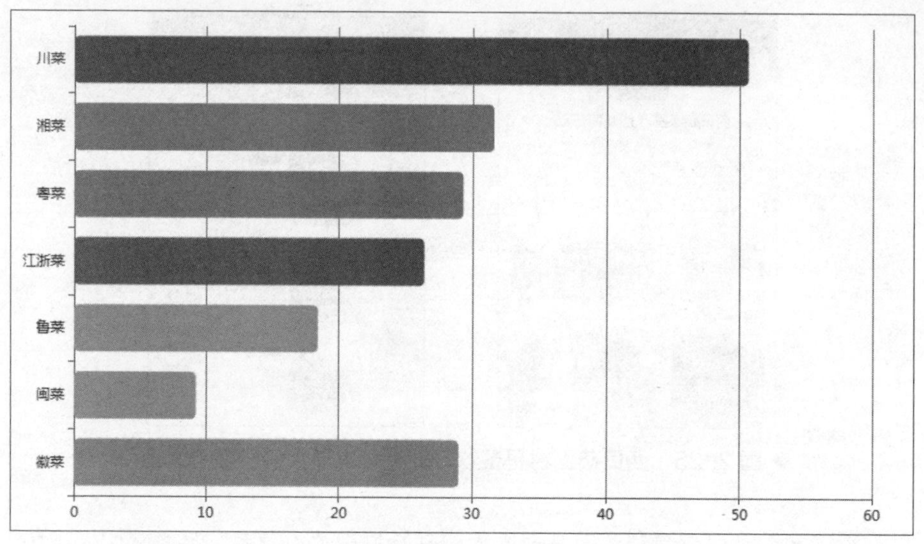

◆ 图 2-26　消费者比较青睐的传统菜系

❹ 小吃快餐

小吃快餐具有天然的高频消费特征，通过与线下商场的结合，呈现出品牌化的发展趋势，尤其是福建省的小餐饮品牌发展得如火如荼。其中，在大众点评平台中，有近三分之一的门店为小吃快餐品类。

例如，滴滴外卖给用户推荐的都是一些“国民小吃”，如黄焖鸡米饭、沙县小吃、兰州拉面以及麻辣烫等，尝试着以此打开外卖市场，如图 2-27 所示。

❺ 烧烤

烧烤经过多年的操作，逐渐被广大消费者接受并认可，成为一种主流的餐饮形式，如图 2-28 所示。在过去几年中，多元化的市场消费使烧烤市场不断扩大，呈现疯狂发展的趋势。如今，烧烤发展已经日趋平稳，其中烧烤店铺最多的城市为北京。

◆ 图 2-27　滴滴外卖目前仅在江苏部分城市上线，平台上的大众小吃超过 80%

◆ 图 2-28　烧烤外卖产品深受大众喜爱

例如，起源于北京的冰城串吧，主打性价比，在北京、天津、河北、内蒙古、济南以及安徽等省份的城市已开设了 50 多家店面，满足消费者刚需，走得是规模经济。

❻ 咖啡店

中国的咖啡馆数量已经突破了 10 万家，到 2022 年行业市场规模有望达到 439 亿元。许多咖啡馆在做外送服务，比例达到 55.02%。但由于竞争激烈、洗牌速度加剧、开店容易赚钱难，关店现象非常严重。

❼ 日韩料理

在上海、南京、北京以及青岛等城市中，日韩料理的发展非常迅猛，其营业额甚至超过了传统菜系。例如，日本料理店铺在各品类店铺数量中排在 11 位，仅次于湘菜和咖啡厅，远超杭帮菜和茶餐厅；日本料理店铺的营业额已超越粤菜和杭帮菜等传统菜系，跃居第 8 位。

2.4.3 国内各城市餐饮品类的分布

在北京、上海、广州和深圳等一线城市中，消费比例最高的是中餐，其次是火锅、烧烤和休闲茶饮等。同时，冰淇淋、蛋糕、奶茶、甜品、咖啡、酒吧、面包以及营养餐等轻餐饮正在一线城市中悄然崛起，以休闲放松、味觉享受为目的，特别受到年轻人的追捧，如图 2-29 所示。新兴的轻餐饮从大城市开始普及，开始慢慢往相对发达的中小城市发展。

◆ 图 2-29 “00”后和“90”后喜欢喝奶茶等饮品

专家提醒

数据显示，在北京、上海、广州和深圳四个一线城市中，餐饮消费的主要人群分布在 18~35 岁，80 后和 90 后成为主力军。

2.5 格局影响：外卖改变传统餐饮商业模式

在互联网的影响下，餐饮行业发生了翻天覆地的变化，这其中最为明显的就是外卖，外卖已经成为新餐饮的风口，彻底颠覆了传统餐饮的商业模式，主要表现在以下两个方面，如图 2-30 所示。

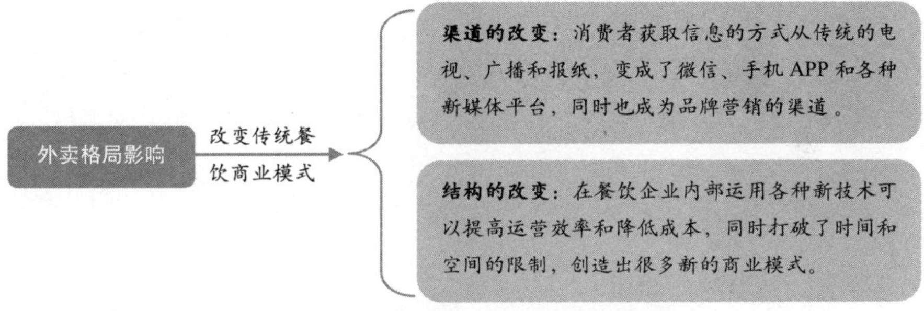

◆ 图 2-30　外卖改变传统餐饮商业模式

外卖的基本特点就是快、简单、方便，形式更加多样。据悉，每 10 个中国人中，就有 3 个人是外卖用户，而且有近一半用户每周点外卖的次数超过 3 次。而且外卖对于线下客流没有任何依赖，选址的要求也比实体店更低，中间运营成本大幅降低，可以带来更大的利润空间，如图 2-31 所示。

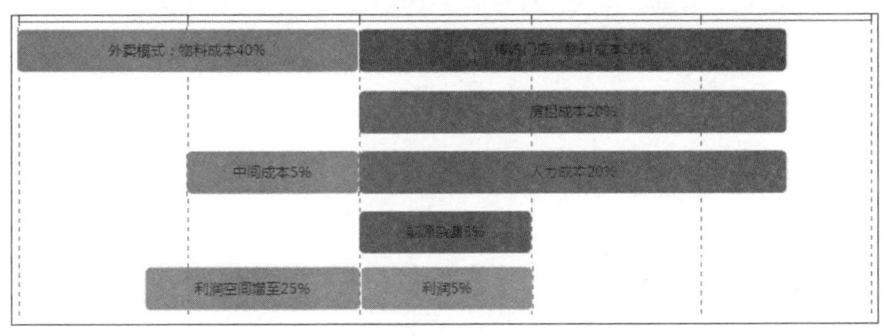

◆ 图 2-31　外卖模式与传统门店的成本对比

在外卖的经营过程中，除了配送外，基本没有服务环节，因此外卖也是一种零售，而零售的商业效率是最高的。随着“新零售”概念的兴起，餐饮外卖行业将借着“新零售”的东风，拓展到更广的领域与更深的层次。

消费特征，用户的需求正在发生剧变

对于消费者来说，外卖不但更加便利，而且可选择的菜品也非常丰富。同时，各大外卖平台通过长时间的红包补贴等优惠策略，培养了一大批忠实的外卖用户。

那么，外卖用户有哪些消费特征？他们的需求有哪些变化呢？这些都是外卖平台和商家必须了解的信息，了解用户需求才能更精准地刻画用户画像，把握用户需求，成为外卖行业竞争的胜利者。

- ✧ 时段与场景：增加用户的使用频次
- ✧ 消费特征：消费频率与消费水平分析
- ✧ 消费群体：把握 3 大外卖消费场景
- ✧ 用户画像：详解用户消费习惯特征
- ✧ 思维模式：外卖将回归餐饮行业本源

3.1 时段与场景：增加用户的使用频次

在外卖市场中，用户的主要订餐时段通常是午餐与晚餐，其中夜宵与下午茶的时段需求也占据相当一部分的比例，如图 3-1 所示。

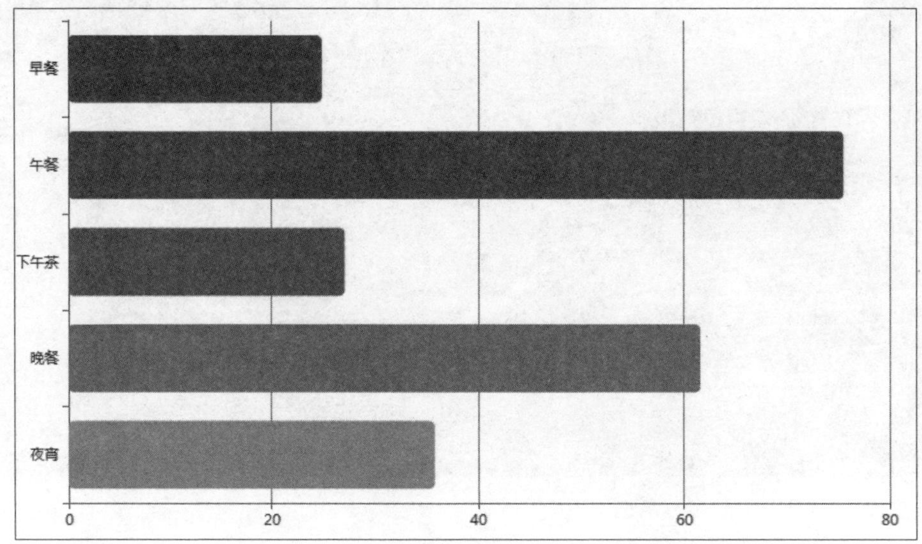

◆ 图 3-1　外卖用户的订餐时段分布情况

在外卖场景方面，主要包括家中、学校、线下商圈与工作场所等，同时还有一些休闲场所、机关单位、酒店、医院和商铺的场景，如图 3-2 所示。

在整体外卖用户中，在工作商圈和校园场景下单的用户超过半数，而且正餐占了非常大的部分，可以判断出用户点外卖的主要原因是工作繁忙和时间紧张，如图 3-3 所示。因此，聚焦白领上班族与学生的平台具有更大的市场容量。

同时，外卖用户的自我维权意识也在不断增强，用户在遇到未按时配送、送错菜品和漏掉商品等问题时，有超过一半的人会选择去平台上投诉。目前，用

户最关心的还是食品安全和配送速度问题，但大部分人都比较满意，如图 3-4 所示。

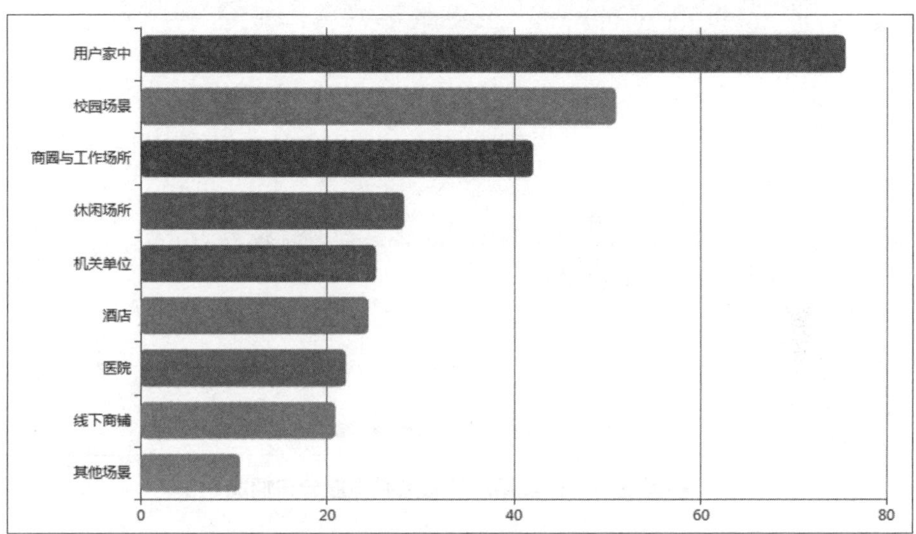

◆ 图 3-2　外卖用户的订餐场景分布情况

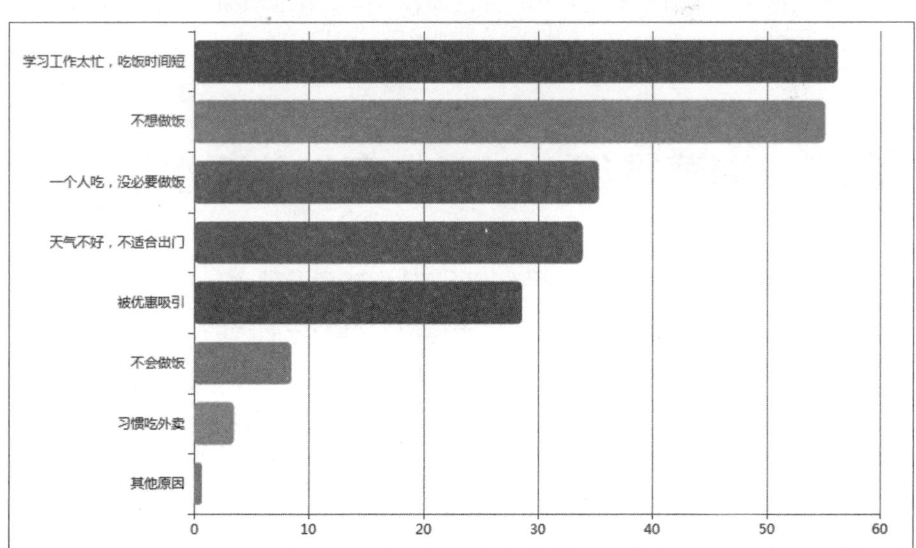

◆ 图 3-3　外卖用户的订餐原因分布情况

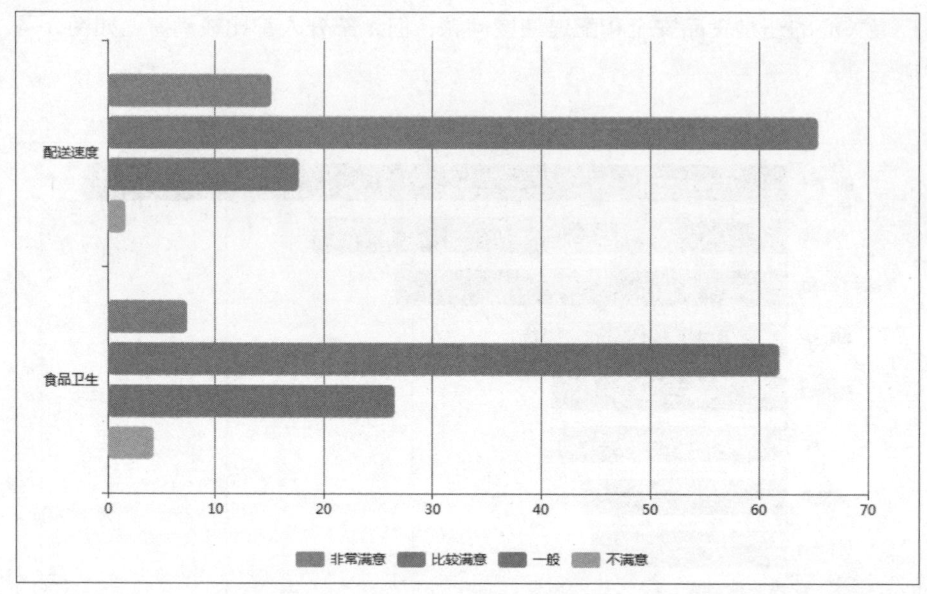

◆ 图 3-4 外卖用户的服务满意度分布情况

外卖平台和商家都需要针对用户反馈的问题和信息，对经营过程中的不足之处及时进行改进，提升服务水平和产品品质，才能更好地增加用户使用外卖的频次，最终实现互利共赢。

3.2 消费特征：消费频率与消费水平分析

随着外卖用户的消费特征不断升级，他们的消费理念、消费结构以及消费品类等都发生了相应的变化，下面将重点分析外卖用户的消费频率与消费水平。

根据艾媒咨询 2017 年的相关数据显示，在外卖用户群体中，有近 80% 的用户每周至少都会点一次外卖，有十分之一的用户每天都会点外卖，整体活跃用户数量非常可观，如图 3-5 所示。

同时，外卖用户的消费水平处于中上游，收入在 3 万元到 10 万元区间的高频外卖用户占到了八成以上，如图 3-6 所示。

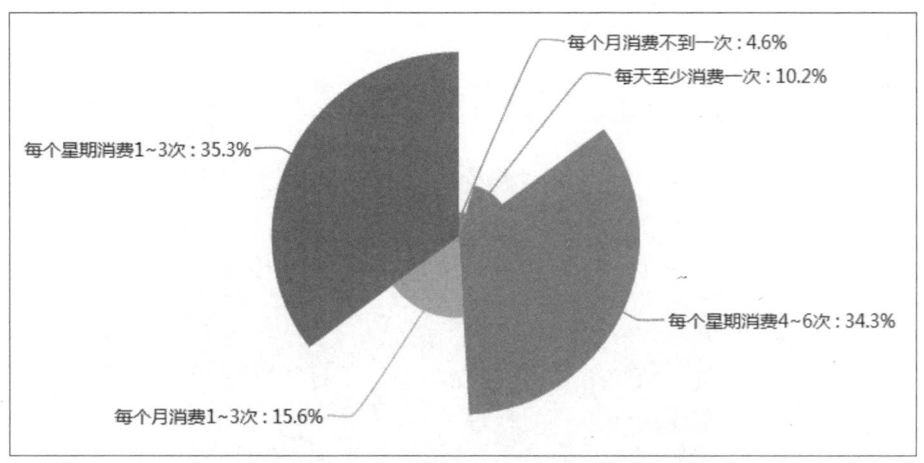

◆ 图 3-5　外卖用户的消费频率分布情况

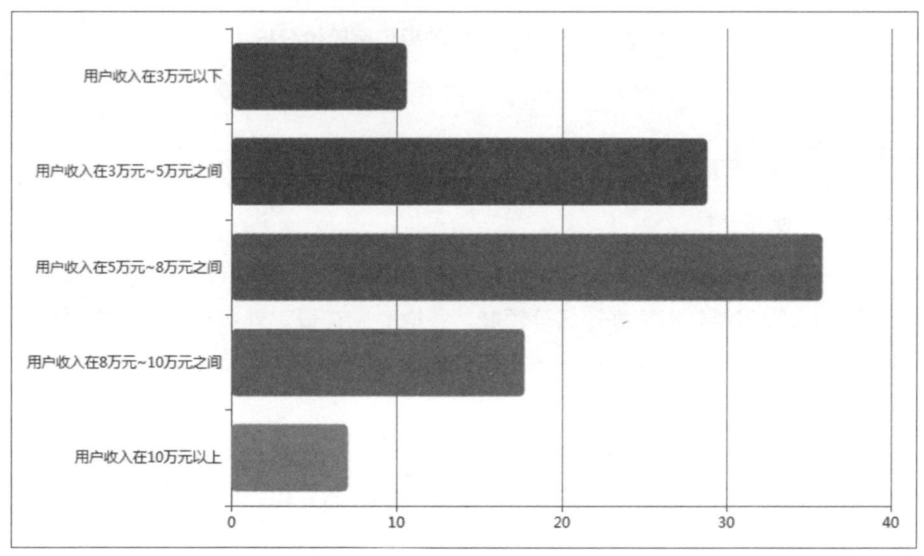

◆ 图 3-6　外卖用户的消费水平分布情况

在人们的日常生活中，点外卖变得和去餐厅吃饭一样平常，逐渐成为大家的一种生活方式，而且经常点外卖的用户都是具有一定消费能力的人群，2017 年平均一单外卖的价格为 40 元左右，且保持了较高的增速，如图 3-7 所示。

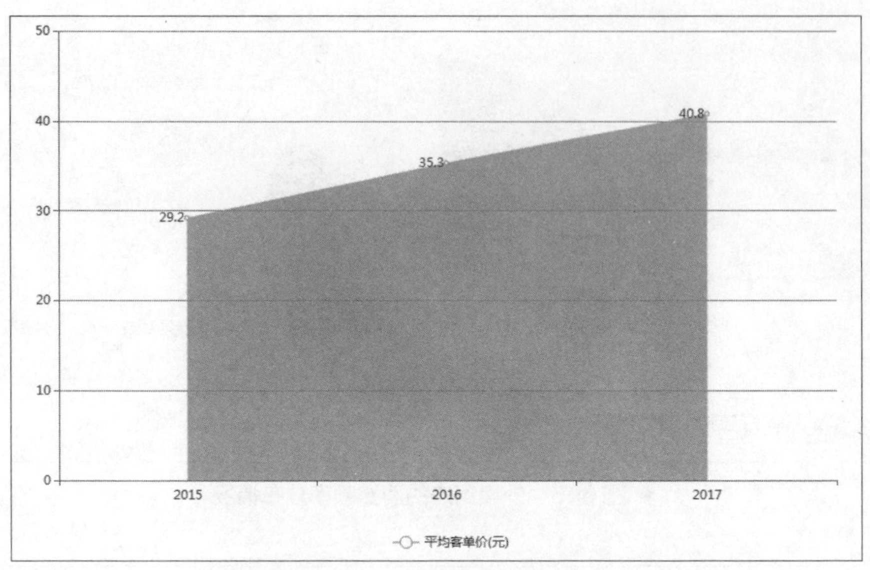

◆ 图 3-7　外卖用户的平均客单价分析

3.3 消费群体：把握外卖消费场景

近 3 年来，根据外卖的主要消费场景，可以得知其消费群体主要集中在校园及周边、白领工作区和家庭社区等领域。餐饮商家在设定外卖价格时，需要根据消费群体和场景的不同进行差别化定价策略。

3.3.1 校园外卖市场

对于校园中的学生群体来说，比起要去食堂排队打饭，订外卖更加简单，已经成为大家校园生活中必不可少的一部分，其主要原因如图 3-8 所示。

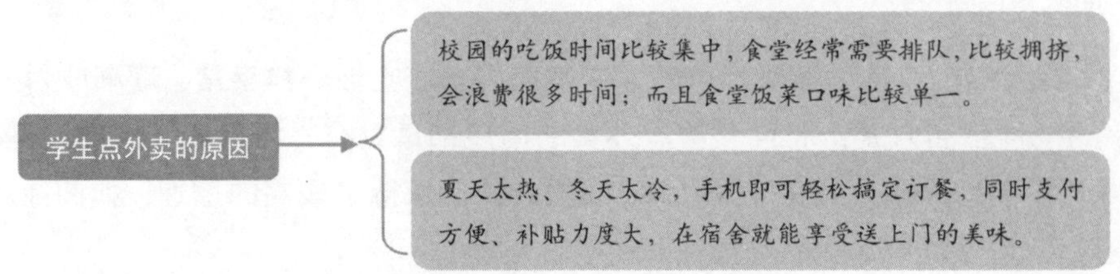

◆ 图 3-8　学生点外卖的主要原因

校园外卖市场的主要消费人群是学生和少量教职工人群，满足他们在校园内的就餐需求。校园外卖市场的消费时段特征也比较明显，通常是集中在上学期间，到了假期后，外卖的客单量就会明显减少。

同时，学生几乎没有收入，经济方面全靠父母，生活费有限。因此，在定价策略方面，建议商家采用低价策略，给学生带来既优惠又值得信赖的食品。

3.3.2 白领商务市场

白领商务外卖市场的消费场景主要集中在办公区域内，消费时段大部分为午餐，品类以快餐为主。在白领商务外卖市场，不管是消费频次还是单价，都在稳步提升，市场前景无可限量，是外卖商家的必争之地。

❶ 消费单价

白领商务人群的单次消费能力近两年都得到了明显提升，且增速迅猛。根据DCCI发布的《白领市场报告》显示，在美团外卖、饿了么和百度外卖3大平台中，有40%左右的客单价达到40元以上，如图3-9所示。

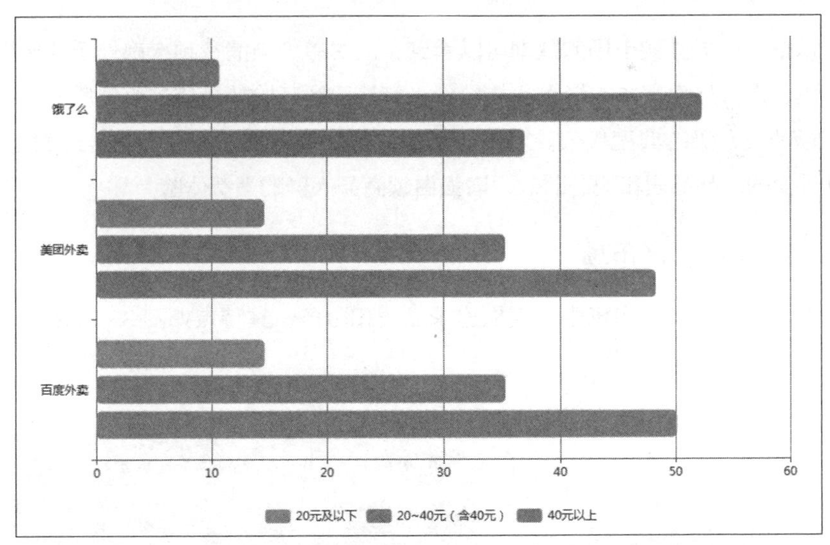

◆ 图3-9 白领商务人群的消费单价分布

❷ 消费频次

白领商务人群的消费频次也得到了同步提升。例如，根据DCCI发布的《白领市场报告》显示，百度外卖在2017年平均每周消费10次以上的人群上升到

35.9%，增幅是 2016 年的 7 倍，如图 3-10 所示。

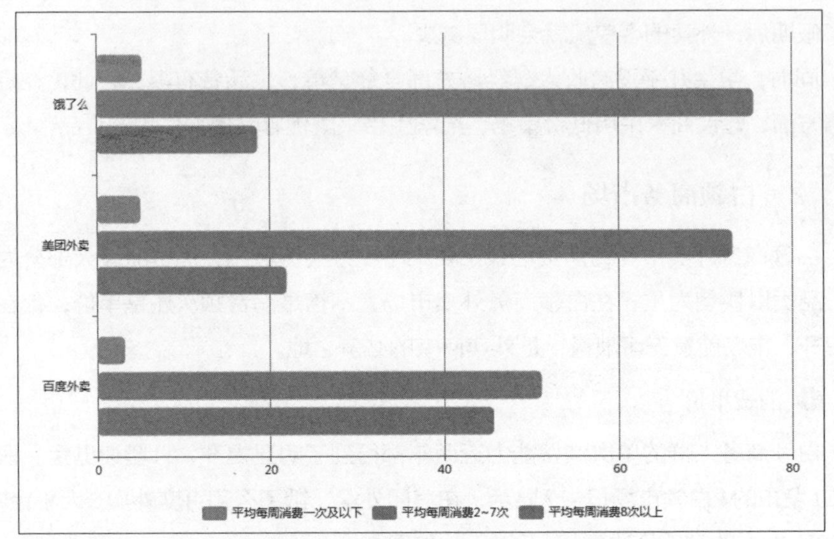

◆ 图 3-10　白领商务人群的消费频次分布

从白领商务外卖市场的数据可以看到，消费单价与消费频次都处于飞速提升的阶段，占据外卖市场的绝大多数份额，而且已经开始从量变过渡到质变，是外卖市场消费升级的典型代表。对于商家来说，应该着重开发白领商务外卖市场，提升外卖的产品品质和配送时效，增强白领商务人群的消费体验。

3.3.3　家庭社区市场

在家庭社区外卖市场中，更加追求品质和服务，其特点如图 3-11 所示。但目前该市场还有待开发。

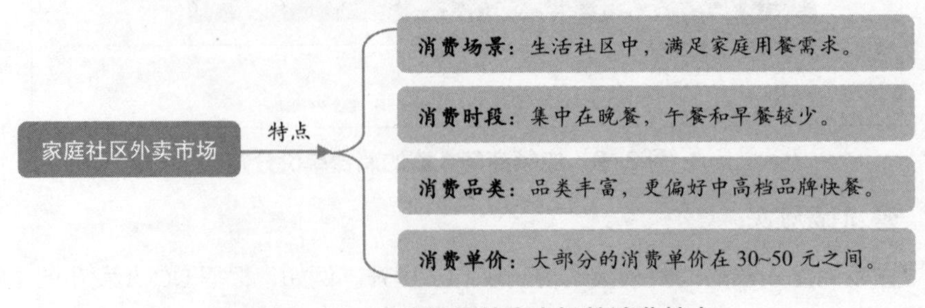

◆ 图 3-11　家庭社区外卖市场的消费特点

外卖不仅是家庭用户特殊的用餐需求，也让他们有了更好的家庭就餐体验，以及更多的用餐选择，同时也诞生了很多以家庭社区市场为主的外卖平台。例如，“爱品味”APP 就是一个家厨外卖软件，让用户品尝不同的私房美食，如图 3-12 所示。

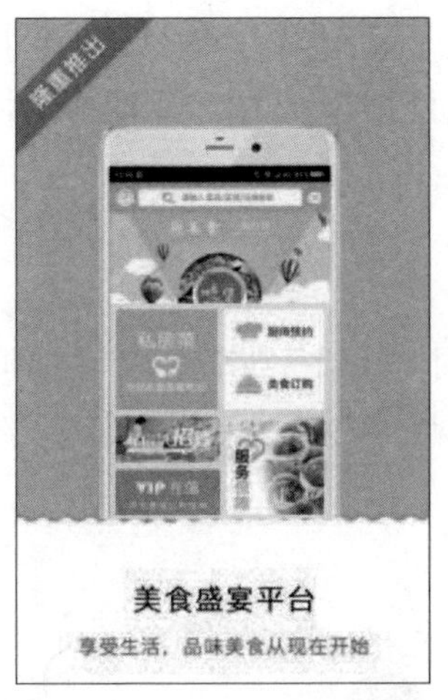

◆ 图 3-12 “爱品味”APP

很多厨师开始在家做饭，通过“爱品味”平台进行合作，并下载专门的商户端 APP 来接收订单和处理订单，改变传统餐厅厨房的服务状态，如图 3-13 所示。

◆ 图 3-13 “爱品味”商户端

3.4 用户画像：详解用户消费习惯特征

我国在线外卖用户的数量还在不断增长，因此外卖行业的相关从业者必须全方位挖掘用户的消费需求，增强用户的消费体验，才能提高用户对平台和商家的黏性。要做到这些，还需要了解用户的消费习惯特征，根据用户的社会属性、生活习惯和消费行为等信息，从而刻画出的用户画像模型，实现精准营销。

3.4.1 餐饮消费者的基本特征画像

如今，我们正处在一个大数据时代，对于外卖行业来说，大数据的典型价值就是可以将消费者的所有行为可视化地呈现在餐饮企业和商家面前，制作成一幅幅用户画像，如图 3-14 所示。

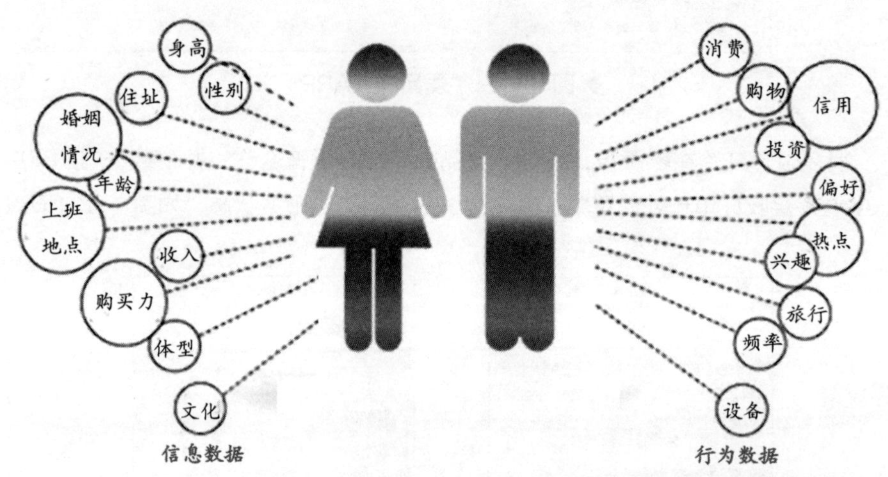

◆ 图 3-14 用户画像

在给餐饮用户进行画像时，其核心任务就是给他们打上各种标签，如年龄、地址、收入、性别以及兴趣爱好等，这些标签都是一群用户的高精度特征标识，将其进行综合提炼和分析后，即可形成餐饮人群的用户画像，具体步骤如图 3-15 所示。

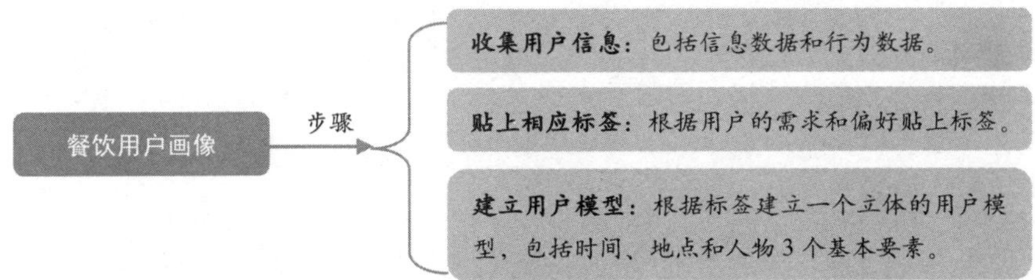

◆ 图 3-15　餐饮用户画像的基本步骤

当餐饮企业获得准确的用户画像后，即可进行更加精准的营销，以获得店铺流量。如图 3-16 所示为根据消费场景、消费者年龄和购买力等数据信息，制作而成的餐饮消费者的基本特征画像。

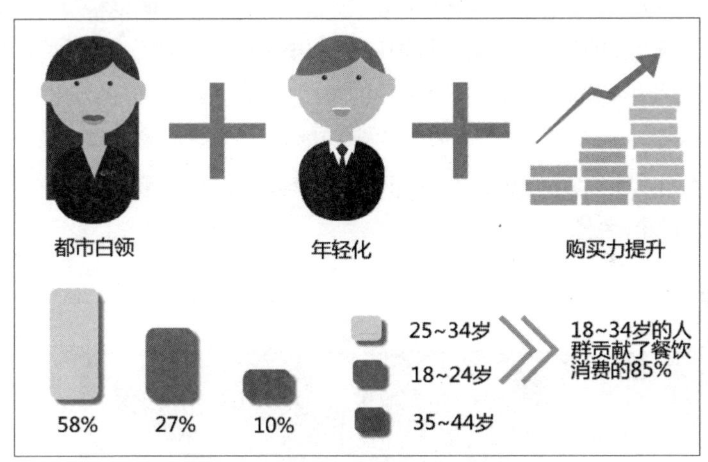

◆ 图 3-16　餐饮消费者的基本特征画像

前面对于消费群体已经进行了分析，白领商务市场是外卖的主要市场，80 后和 90 后等年轻化消费者是主要的外卖用户群体，这些人群的外卖消费频次最高。

专家提醒

根据美团点评的相关数据统计显示，在餐饮用户群体中，超过 70% 以上的消费者均为 20~35 岁的年轻人，同时他们对于消费额的贡献占比在七成以上。

> 在年轻人眼中，配送效率和食品安全是选择外卖时首先考虑的要素，同时他们也更加关注具有休闲风尚的轻餐饮品类。很多外卖商家看到了其中的商机，已经开始从传统的“将外卖卖给更多人”，转变为“将外卖卖给对的人”，为白领商务等中产阶层的消费者提供新的生活方式。

3.4.2 不同维度的消费者画像分析

在互联网时代，用户画像在任何领域中都能够起到非常重要的作用，通过用户调研、数据分析和问卷访谈等方式，将用户的一些基本信息和行为属性综合起来，然后得出用户的精准画像，将用户这个角色更加立体化、个性化和形象化，帮助餐饮外卖企业和商家能够针对用户的属性特点，找出最好的经营方式。

据 Analysys 易观千帆 2017 年的数据显示，外卖消费男女比例基本相当，不论男女都喜欢美食。如图 3-17 所示为 2017 年前 3 个季度的男性与女性外卖用户订单和客单价对比。

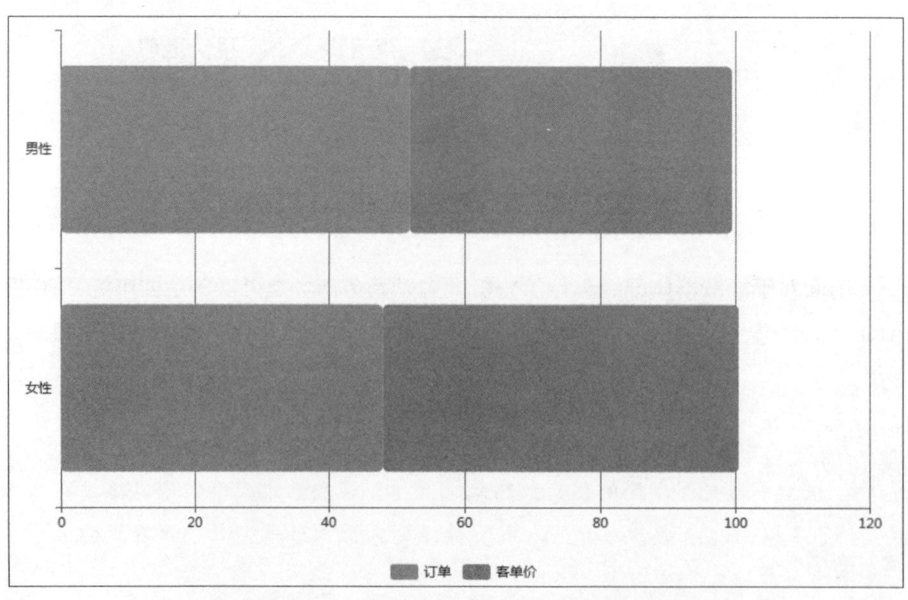

◆ 图 3-17　男女外卖用户订单和客单价对比

正所谓“抓住男人的胃，不如抓住女人的心”，虽然男性用户的消费频次稍高一些，但女性用户的消费能力则比男性用户更强。如图 3-18 所示为男女外卖用户的消费能力对比。

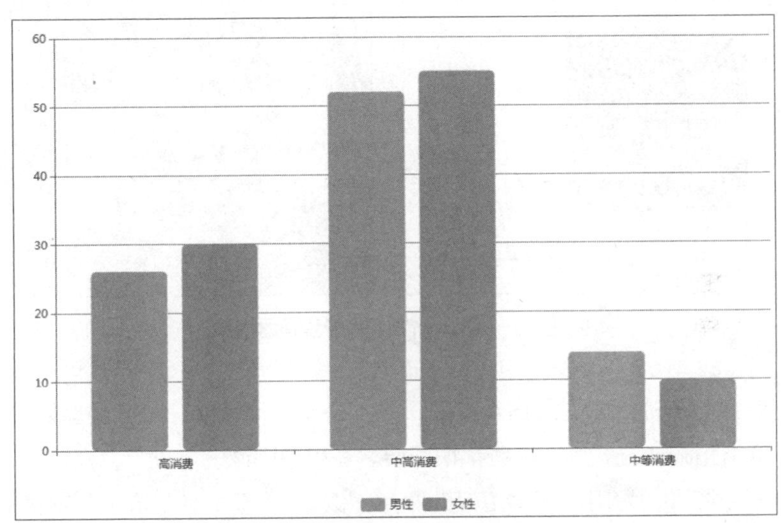

◆ 图 3-18 男女外卖用户消费能力对比

在国内外卖市场，用户规模表面看上去很大，其实全网渗透率还非常低，只有 8% 左右，如图 3-19 所示。而美国的外卖在全网的渗透率已经达到两位数，说明我国的外卖用户规模还有很大的上升空间。

◆ 图 3-19 外卖领域的用户规模占全网活跃网民的比例

3.4.3 基于画像打造个性化的服务

对于外卖企业和商家来说，可以基于精准的用户画像，打造个性化和差异化的外卖服务。例如，最近比较流行的在外卖小票上画画的服务，引起了很多消费者的关注和转发，虽然只是简单几笔的小动物，或者一些鼓励的话语，但对点外卖收到小画的用户来说，也许是一次感恩和希望，能够抓住了用户的心，如图 3-19 所示。

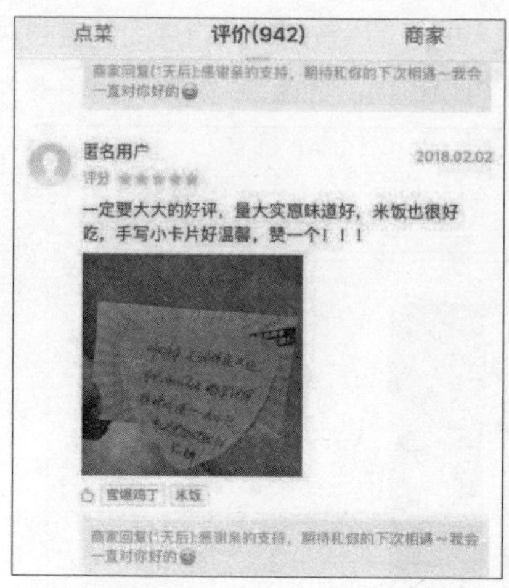

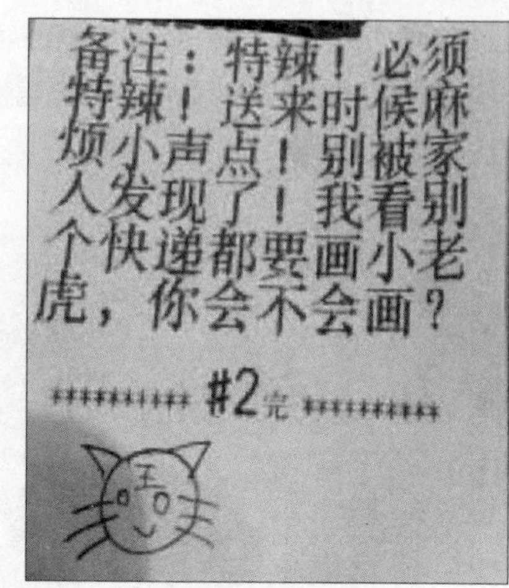

◆ 图 3-20　个性化的外卖画画服务

想要提高店铺流量、月售及交易，并不是一蹴而就的，必须要有好的产品、服务、价格和沟通方式等，这些都很重要。在用户画像的基础上，商家可以从垂直细分领域切入，为用户提供更好的服务。例如，“晚 1 点”是一个垂直细分型外卖平台，专门经营中高端五星级海鲜外卖产品，至今已获得两轮投资，上线 15 个月会员数就超过 10 万，受到用户的广泛好评，如图 3-21 所示。

◆ 图 3-21　“晚 1 点”用海鲜外卖俘获众多吃货

“晚 1 点”拥有非常集中和精确的消费群体，同时通过垂直细分品类来打造出独具匠心的极致外卖服务，给予用户更多的价值体验感，将品牌软性植入他们心中，其经营特色如图 3-22 所示。

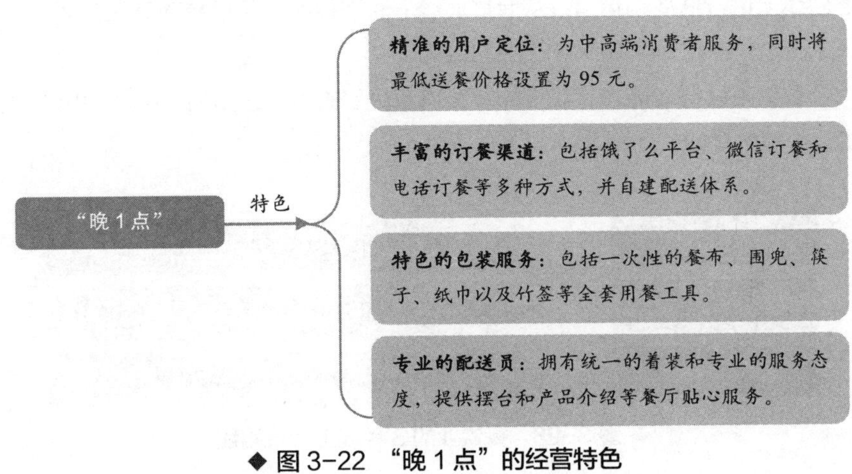

◆ 图 3-22 “晚 1 点”的经营特色

3.5 思维模式：外卖将回归餐饮行业本源

纵观历史，自进入 21 世纪以来，互联网发展到今天，对人们的衣食住行影响是十分巨大的。随着互联网科技的蓬勃发展，传统的餐饮行业不断面临着新的挑战，这种时代的紧迫感仿佛在潜移默化的指引着众多的餐饮品牌做出改变，因为餐饮业是社会上最为重要的经济体之一，所以我们不得不思考这种变化的核心，找到互联网时代的新思维。

“互联网 + 餐饮”生成了外卖，同时各种互联网思维模式，如大数据、互联网营销以及品牌 IP 化等，也非常自然地融入外卖经营中。其实，外卖归根结底还是餐饮行业，而且是更加纯粹的餐饮行业，产品质量还是外卖行业的核心所在，也是所有思维模式的根源。在互联网思维的深度应用下，不管是跨界还是整合，外卖终将回归餐饮行业的本源，那就是好吃、安全、实惠。

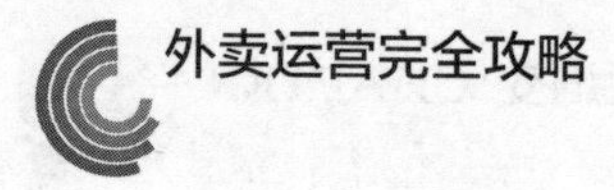

3.5.1 跨界思维：线下与线上的跨越

餐饮行业的商家要明白，商铺都会经历一个从线下到线上的互联网转型过程，意思就是说我们会先有线下的实体商铺，基于此，通过互联网思维的革新，转移到线上进行推广和运营，从而打通线下商铺和线上各平台的良性循环。下面为大家逐步分析和介绍商家所需具备的要点。

于餐饮外卖行业而言，线上的发展路线星罗密布，这里为大家整理出 3 种主要的线上思维路线，如图 3-23 所示。

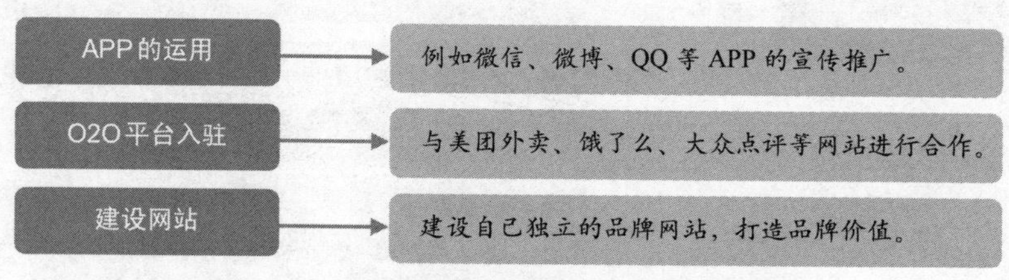

◆ 图 3-23　餐饮业的 3 种线上思维路线

专家提醒

除此之外，能跟餐饮外卖行业关联的线上思维路线还有很多，比如“三只松鼠”的 B2B 平台销售模式和“真功夫”的公众号营销等，还有较为新颖的“小程序”中也有不少商家投入了积极的营销工作。所以，商家朋友要多关注本行业正在发生的方方面面，在互联网的世界里，任何风吹草动也许就隐藏着无限商机。

思维路线明确之后，我们就要进一步了解，从线下跨到线上所能带来的优势，接下来以图解的形式为大家展开优势和导向介绍，如图 3-24 所示。

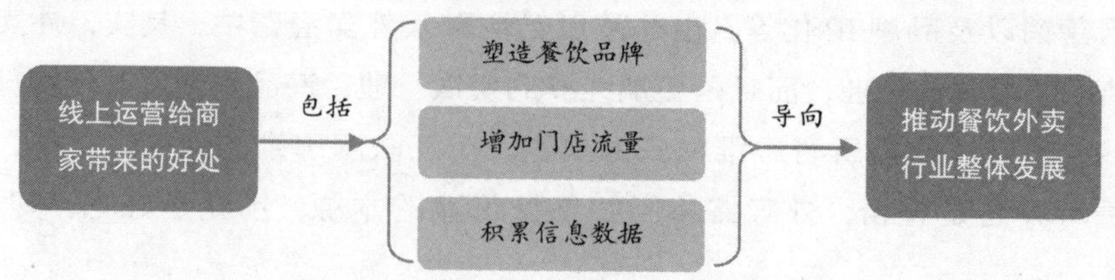

◆ 图 3-24　线上运营的优势和导向

思维路线和优势都明白后，我们还应意识到线上推广运营不是说要抛弃线下实体店的传统经营。不能一味地追求线上推广运营而忽略线下实体店，这是饮鸩止渴的行为，只有将线下和线上巧妙地结合起来，才能实现餐饮外卖品牌和利益的价值最大化。

3.5.2 整合模式：线上与线下的整合

前面已经介绍了餐饮外卖行业的线上线下思维路线，讲解了行业发展优势，下面将从线上线下的整合模式角度出发，基于融合理念，实现该模式的落地。

接下来为大家举例说明，"本味元素"是一家极具特色的餐饮品牌，主张还原本味、健康自酿的绿色自然食品特色餐饮连锁店，在追求食品安全、食品本色的时代，"本味元素"受到广大消费者的好评。图 3-25 所示为"本味元素"线下实体店。

◆ 图 3-25 "本为元素"线下实体店

紧跟互联网趋势的浪潮，"本味元素"与"美食家微餐厅"进行积极合作，实现餐饮业的线下和线上的融会贯通，这使得消费者可以实现自助点餐、便捷支付等功能，之后更是受到新老顾客的热捧与口碑推荐，而"本味元素"也降低了品牌运营成本，实现了线上品牌的完美扩张。

另外，"江边渔火"也是一个很成功的例子。创立的几年期间，广受大众好评。除了"用心制作"的企业文化，线上线下结合的营销，让"江边渔火"在竞争激烈的餐饮行业打下了成功的基础，如图 3-26 所示。

◆ 图 3–26 “江边渔火”的线上平台

下面为大家分别从线下和线上做出分析。

（1）线下：在线下营销过程中，“江边渔火”定期让所有的店铺做单品优惠，每年一次店庆活动及节假日相关优惠活动，以此活跃线下实体店的老顾客群体。

（2）线上：目前，“江边渔火”的营销核心是针对线上领域，同时，“江边渔火”也是最早与互联网资源采取紧密合作关系的餐饮品牌之一，通过互联网 PC 端口和 APP 端口等第三方平台助力其品牌打造，收获了大量的到店消费者和外卖用户。

商家运营，如何去经营一家外卖店

外卖运营完全攻略

外卖创业和转型，并没有想象中的那么简单，小到选址、顾客群和开店，大到行业种类和产业风向等，面对市场竞争，都需要制定正确的策略。

本章主要介绍外卖运营的相关技巧，包括开店注册等前期准备，以及店铺包装、出餐管理和成本控制等店铺运营策略，帮助大家掌握完整地经营一家外卖店铺的所有流程。

- ✧ 准备工作：开店流程和平台入驻
- ✧ 店铺包装：视觉设计 + 文案优化
- ✧ 出餐管理：用高效经营提高营收
- ✧ 平台规则：牢记于心的 5 大规则
- ✧ 成本管理：如何向成本要效益

4.1 准备工作：开店流程和平台入驻

随着外卖行业的火爆，现在越来越多的人加入外卖大军中，但很多人却不清楚如何开店或者不会注册，本节将以美团外卖为例，介绍在外卖平台的注册开店流程及准备工作，帮助大家轻松开一家外卖店铺。

4.1.1 了解外卖开店的基本流程

如果你是一位商家用户，想让顾客通过外卖 APP 在你的店内消费，只需加入外卖平台即可，那么外卖平台入驻的基本流程是什么，下面就为大家介绍一下，如图 4–1 所示。

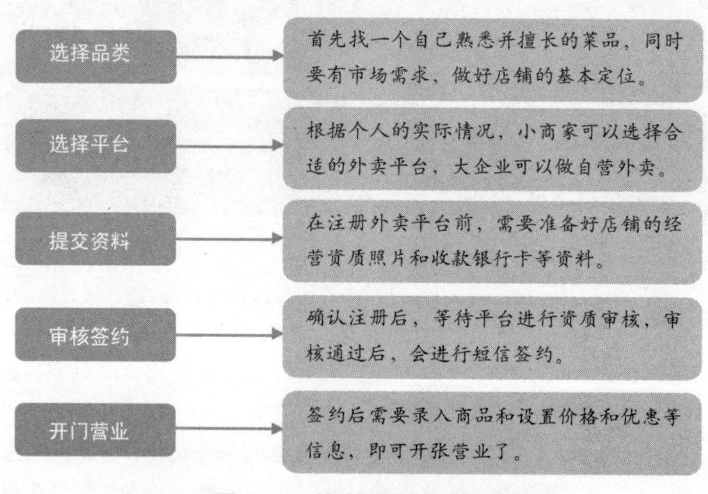

◆ 图 4–1　外卖开店的基本流程

当然，如果是选择平台入驻，不同的平台对于入驻商家有一些特殊的要求，下面介绍美团外卖和饿了么平台的条件，如表 4–1 所示。

同时，商家还要注意平台的相关资费，如美团外卖开店不收取任何费用，但店铺产生外卖订单时，美团外卖会按照展示费率收取平台服务费。如图 4–2 所示，商家可以在美团外卖的入驻界面查询配送费率。

表 4-1　外卖平台的开店要求

外卖平台	实体店铺	开店要求
饿了么	需要有线下实体店铺	需要准备门脸照片、店内照片、门店 Logo、身份证照片、营业执照、餐饮许可证
美团外卖	需要有线下实体店铺	提供符合国家法律规定的经营许可证照，包括但不限于营业执照、各类许可证以及特许证件等。支持的品类范围包括：餐饮美食、甜品饮品、鲜花绿植、生活超市以及生鲜果蔬

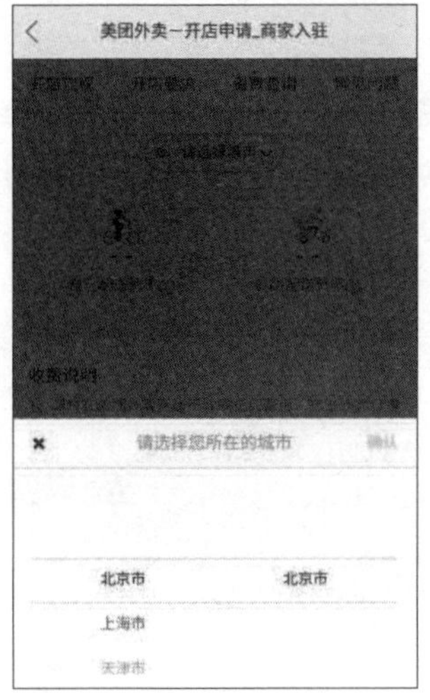

◆ 图 4-2　查询配送费率

4.1.2　了解外卖开店的相关准备

了解基本的外卖开店流程后，有意向的用户就可以着手进行开店的准备工作了，首先要做好心理准备和资金准备，如图 4-3 所示。

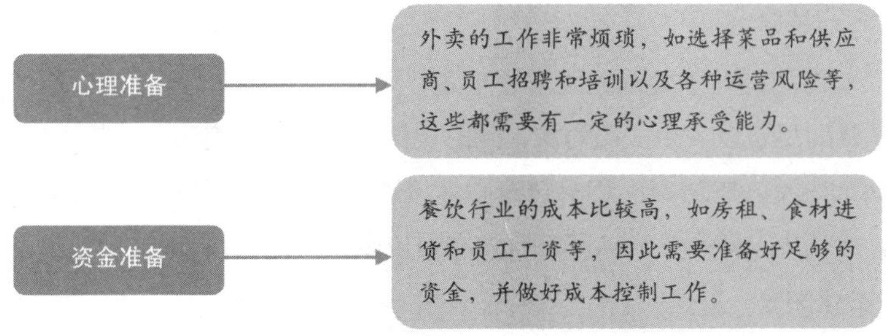

◆ 图 4-3　外卖开店的心理准备和资金准备

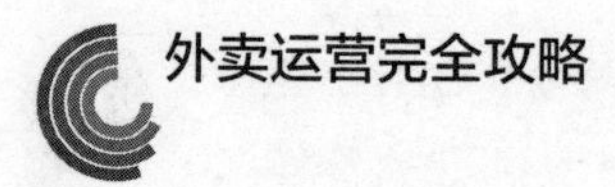

除此之外，外卖开店还需要注意以下事项。

❶ 店铺选址

现在开外卖店铺都需要有线下实体店，实体店的地址选择尤为重要，如果地址选择得不好，就会影响商铺的运营，甚至导致大量的亏损。因此，初入餐饮行业的创业者在开店之前，首先要对不同地段的优势和不足进行详细分析，从而找准最具营销优势的餐饮外卖旺铺。

在选择门店地址时，首先需要对这一地段的人流量进行预估，并且判断所在商圈的主要消费群体是否与自身的品牌定位、目标消费人群定位一致，除此之外，店铺的开业成本以及经营成本等也是在店铺选址时需要考虑的问题。商家可以使用一些专业的大数据选址工具来帮忙，让店铺选址更加精确，如图 4-4 所示为“美味不用等”开店选址工具。

◆ 图 4-4 “美味不用等”开店选址工具

❷ 店铺装修

外卖实体店铺对于装修的要求并不高，尤其是那些以“纯外贸”业务为主的店铺，装修时尽量以实单实用为主，同时要保持店铺、厨房和门头的干净整洁。

在店铺内部，厨房操作和食材仓库等位置的设计，需要方便厨师和员工的操作管理，提高出菜效率，具体的装修方案可以跟厨师进行沟通和调整。

❸ 组建团队

团队组建对于外卖创业来说非常重要，人员配置通常调度为 1~2 人，送餐人

员为 2~5 人，可以根据实际订单量来调整。另外，手机、电脑和电瓶车等工具也是必不可少的。

同时要注意配送人员的培训，外表要保持干净整洁，给顾客留下良好印象，出现问题要及时和顾客沟通。并做好团队的奖罚制度，多劳多得。

4.1.3 掌握外卖平台的入驻方法

做好相关的准备后，商家即可选择合适的外卖平台来创建自己的线上店铺。下面以美团外卖为例，介绍电脑端和手机端的注册方法。

❶ 通过手机端注册

通过手机注册美团外卖平台的具体方法如下。

步骤 01 首先在手机应用商店中下载并安装外团外卖应用，打开 APP 后进入其主界面，点击右下角的“我的”按钮，如图 4-5 所示。

步骤 02 进入“我的”界面，在页面底部的“更多推荐”中点击“商家入驻”按钮，如图 4-6 所示。

◆ 图 4-5 点击“我的”按钮

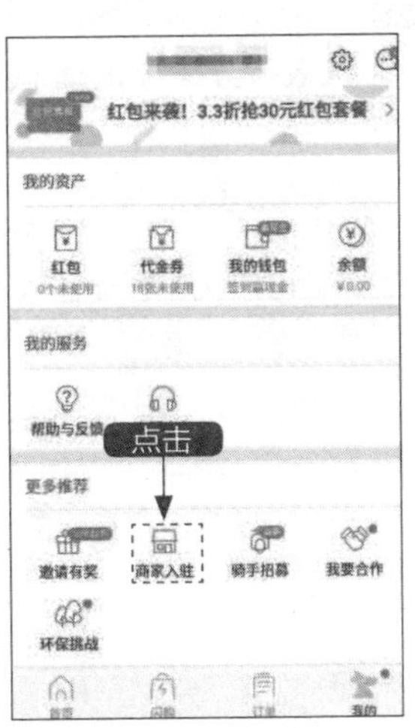

◆ 图 4-6 点击“商家入驻”按钮

步骤 03 执行操作后，进入“美团外卖 - 开店申请 _ 商家入驻”页面，点击“立即开店”按钮，如图 4-7 所示。

步骤 04 执行操作后，进入“商家注册 | 美团商家中心”页面，❶ 输入手机号码；❷ 点击“下一步”按钮，如图 4-8 所示。

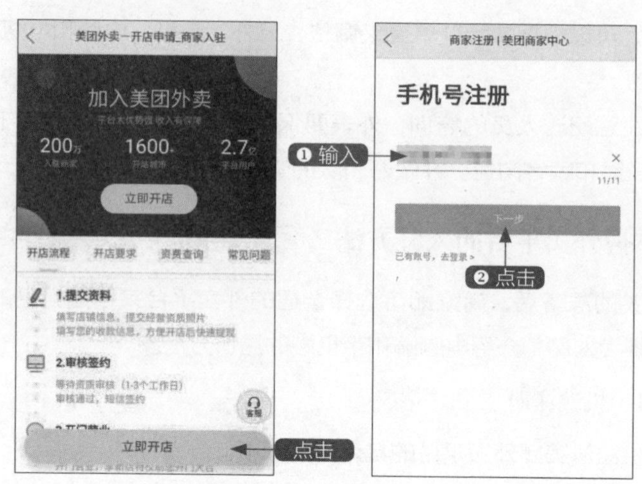

◆ 图 4-7　点击“立即开店”按钮　◆ 图 4-8　输入手机号码

步骤 05 执行操作后，将收到的验证码填入提示框中，点击“确认”按钮，如图 4-9 所示。

步骤 06 进入“我要开店”界面，提示用户做好开店准备，包括门店照片、店内环境照片、法人手持身份证照、运营执照以及餐饮服务许可证，如图 4-10 所示。

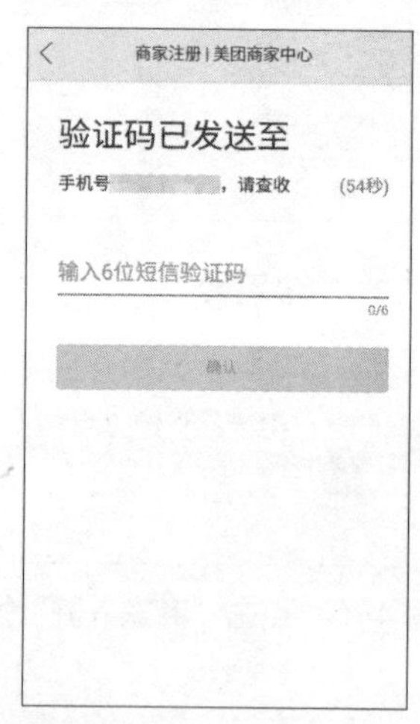

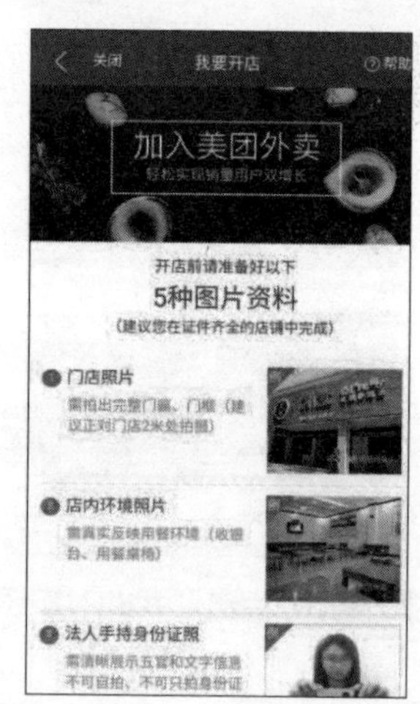

◆ 图 4-9　填入验证码　◆ 图 4-10　“我要开店”界面

步骤 07 确认准备完成后，点击页面底部的“我准备好了”按钮，如图 4-11 所示。

步骤 08 进入“店铺介绍”界面，输入相应的店铺名称，如图 4-12 所示。

◆ 图 4-11　点击“我准备好了”按钮　◆ 图 4-12　输入店铺名称

步骤 09 点击“请选择经营品类”按钮，选择合适的外卖品类，如图 4-13 所示。

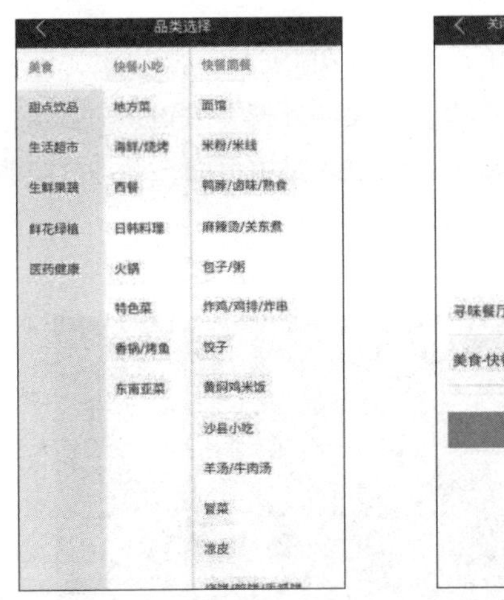

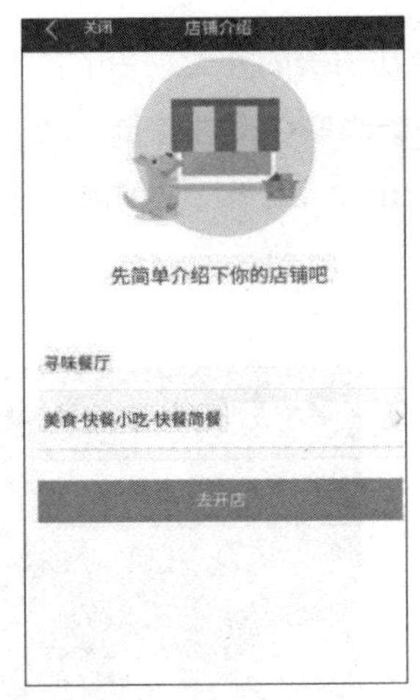

◆ 图 4-13　选择合适的外卖品类

步骤 10 点击“去开店”按钮，根据提示设置相应的店铺信息即可，包括店铺地址、配送方式、联系人以及店铺图片等，如图 4-14 所示。

步骤 11 设置完毕后，等待平台进行审核即可，审核时间通常为 1~3 天左右，如图 4-15 所示。另外，美团外卖还支持“先开店上线，再补充资料”的入驻方式，而且不同配送方案和不同地方的收费标准均不同，提交入驻申请后，会有业务员与商家进行详细沟通。

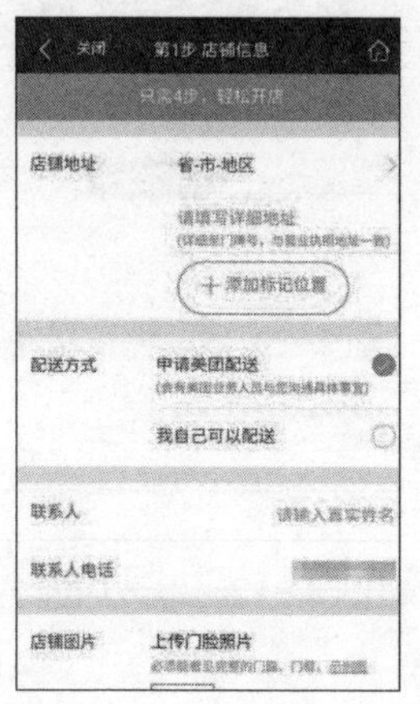

◆ 图 4-14 填写店铺信息

◆ 图 4-15 等待平台审核

❷ 通过电脑端注册

通过电脑注册美团外卖平台的具体方法如下。

步骤 01 商家可以在百度中输入“美团外卖”关键词并搜索，也可以直接输入注册地址 https://kd.meituan.com/ 进入其主页面，单击“申请开店”按钮，如图 4-5 所示。

◆ 图 4-16 单击“申请开店”按钮

步骤 02 进入“美团外卖 | 商家中心”的注册页面，❶依次输入账号、密码、确认密码、手机号码、账号使用者手机以及验证码等；❷单击“注册”按钮即可注册商家账号，如图 4-17 所示。

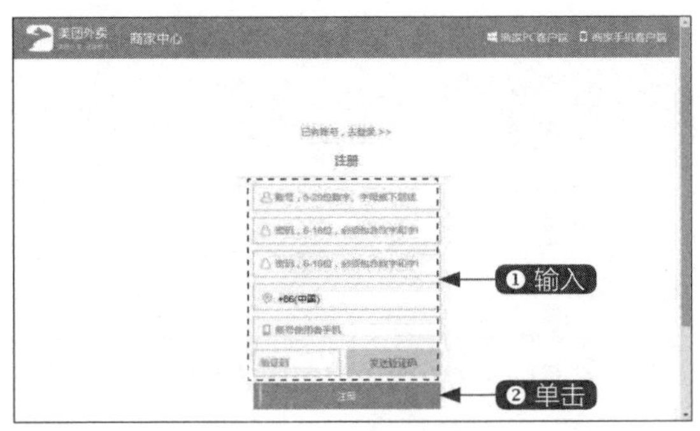

◆ 图 4-17　**注册页面**

步骤 03 如果商家已有账号，也可以单击“已有账号，去登录”按钮，进入“账号密码登录”页面，❶输入账号和密码；❷单击“登录”按钮即可，如图 4-18 所示。

步骤 04 执行操作后，需要进行短信验证，输入收到的验证码，单击“验证并登录”按钮，如图 4-19 所示。

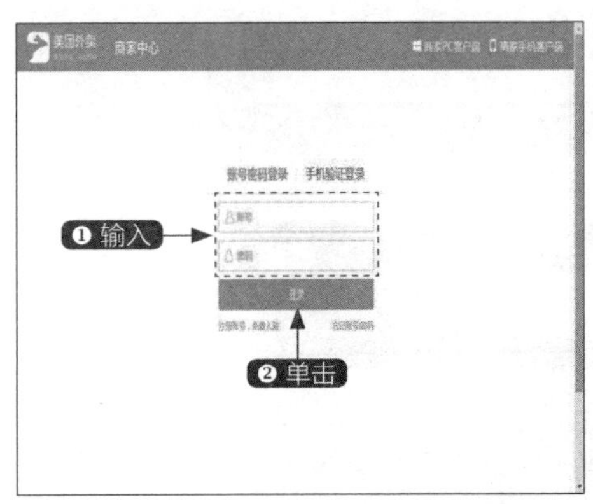

◆ 图 4-18　**“账号密码登录”页面**

◆ 图 4-19　**验证并登录**

步骤 05 登录成功后，进入“美团外卖 | 我要开店”页面，单击“新建店铺”按钮，如图 4-20 所示。

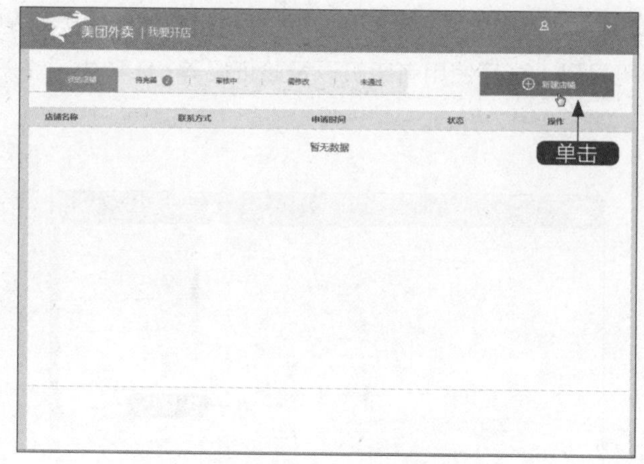

◆ 图 4-20　单击“新建店铺”按钮

专家提醒

另外，商家如果忘记了密码，也可以选择“手机验证登录”的方式，通过注册手机接收验证码来快速登录。

步骤 06 执行操作后，出现“开店前，您需准备如下材料”的提示，单击“材料已准备好，马上申请开店”按钮，如图 4-21 所示。

◆ 图 4-21　单击“新建店铺”按钮

步骤 07 执行操作后，设置店铺名称和选择品类，并填写相关的店铺信息、资质信息、收款信息和认证签约人等，如图 4-22 所示。设置完毕后提交资料，即可进入审核程序等待平台审核。

◆ 图 4-22　设置店铺信息

4.2 店铺包装：视觉设计 + 文案优化

打造良好的品牌形象，充分发挥品牌效应，对于一个外卖企业或店铺来讲十分重要。在经营外卖店铺时，商家也应注重视觉设计和文案优化，打造最佳的视觉效果，增加品牌的记忆点，从而提高消费者对自身品牌的认知度与关注度。这一点对于新开店的商家来说，尤为重要，可以帮助新店快速获得流量。

4.2.1 设置店名

店名是一个企业的核心标志之一，它如人名一样，彰显着企业和商铺的形象。餐饮外卖行业因为经营的品类众多，所以，店名也不尽相同。外卖店名一旦确定，一般情况下，很少会发生变动，因此，在取名时就要从长远的角度出发，要综合考虑多方面的因素。

在为外卖店铺取名时，要考虑到自身品牌的定位，注重凸显品牌特色，另外，选择的外卖店名应该遵循易读、易记的原则，过于生僻拗口的店名不利于消费者的记忆，不利于品牌认知度的提升。

外卖店名的选取也是有一定技巧的，好的店名对于品牌的推广、产品的营销具有重要意义。因此，掌握一定的店铺取名技巧对于餐饮管理新手来说是很有必要的。下面分步骤为大家讲解取名的相关知识点。

❶ 以喜庆、吉祥主题

中国是礼仪之邦，素来讲究吉祥如意的美好事物，这种方式的命名能有效地激发消费者内心的美好向往，因为每个人心里都会对这种正面且美好的事物有所追求。

以喜庆、吉祥为主题店名，符合中国人的思维习惯，更容易赢得消费者的好感。图 4-23 所示为“好好香锅”店名中就包括了“好好”两字，好听又吉利，好生意从好店名开始。

❷ 融入数字

一些商家将数字融入店铺的名字之中，一般较多使用的数字是 1 到 10，这能很容易让人记住。

在外卖店名中融入数字，简单易记，增加了消费者对品牌的记忆点。一般而言，在店名中选择的数字会被赋予特殊含义，因此，外卖创业者如果要在店名中融入数字，可以选择一个与品牌定位、管理理念等有关联的数字。

◆ 图 4-23 “好好香锅”外卖店铺

由于数字具有易记、好读的特点，在外卖市场上，有不少餐饮品牌中都融入了数字。图 4-24 所示为“马来一号”外卖门店招牌案例。之所以取名“马来一号”，是因为马来一号外卖的食物主打东南亚风味，它汇集了泰国、马来西亚、印度尼西亚等国的美味，结合中国人的饮食习惯，创造出与众不同的口味。

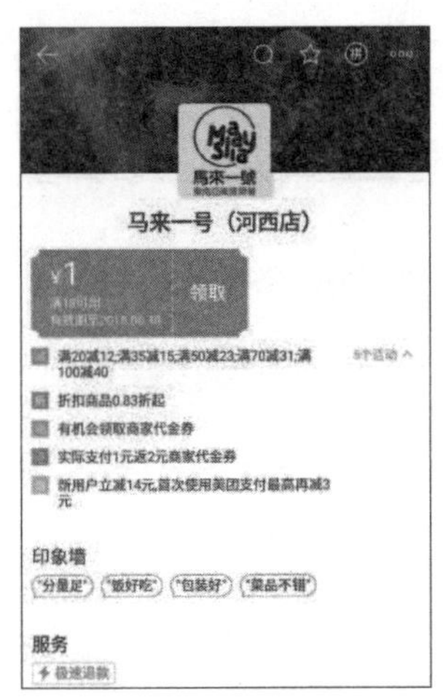

◆ 图 4-24 “马来一号”外卖店铺

❸ 典雅意境

现代人对事物的审美逐渐趋于古典、雅致、诗意，基于此，在取名时不妨往

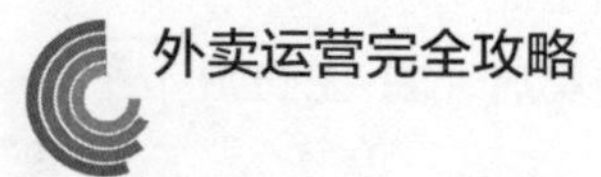

这方面靠拢，但一定要切记不能完全脱离自己经营的行业，最起码要有直接的关联。致力于营造典雅意境的店名，体现出独特的品牌魅力。

专家提醒

此类取名方式，在餐饮行业还有很多，如品牌餐饮“尚滋味”、牛奶产品“牧羊人”以及夜宵商铺“以诗下酒”等。这类名字取得好，念起来有滋有味，活色生香，更有利于后期的品牌宣传，商家可在这上面多花点儿心思。

❹ 关联姓氏或名字

餐饮行业历史悠久，以姓氏或名字取名早已司空见惯，如“王嫂干锅鸡”、“郑家碳烤鱼”等。那么这一取名方式为何流传至今还备受广大餐饮商家的青睐呢？原因就是足够接地气，也容易让人记住，弘扬出一种活色生香、原汁原味的品牌文化。

还有一种以关联姓氏或者名字作为餐饮店名或者品牌名称的取名方法，这种取名方法在餐饮行业并不少见。为什么不少餐饮企业会比较热衷于用姓氏或者名字作为店名或品牌名呢？一方面是由于用姓氏或名字作为品牌名称具有鲜明的个性化特征，能够突出品牌的独特风格；另一方面，这类品牌名称具有简单直接的特点，能使消费者产生熟悉感，从而更容易获得消费者的认可。如图 4-25 所示的“赵记传承特色牛奶甜品”外卖店铺就是以姓氏“赵记”来取名的。

◆ 图 4-25 “赵记传承特色牛奶甜品”外卖店铺

4.2.2 店铺招牌

外卖店招，顾名思义，就是店铺的招牌，从外卖商品的品牌推广来看，想要在整个店铺中让店招变得便于记忆，在店招的设计上需要具备新颖、易于传播等特点。如图 4-26 所示为“香他她煲仔饭（湘腾步步高店）”的店招，采用的是门店内的一个“香”字顶灯设计，体现品牌特色。

店招通常位于外卖店铺首页的最顶端，它的作用与实体店铺的店招相同，是大部分消费者最先了解和接触到的信息。店招是店铺的标志，大部分都是由产品图片、宣传语言以及店铺名称等组成，漂亮的店招与签名可以吸引顾客进入店铺。

一个好的店招设计，除了给人传达明确信息外，还在方寸之间表现出深刻的精神内涵和艺术感染力，给人以静谧、柔和、饱满以及和谐的感觉。要做到这些，在设计店招时需要遵循一定的设计原则和要求，通常要求有标准的颜色和字体、清洁的设计版面，还需要有一句能够吸引消费者的广告语，画面还需要具备强烈的视觉冲击力，清晰地告诉顾客你在卖什么，通过店招也可以对外卖店铺的装修风格进行定位。

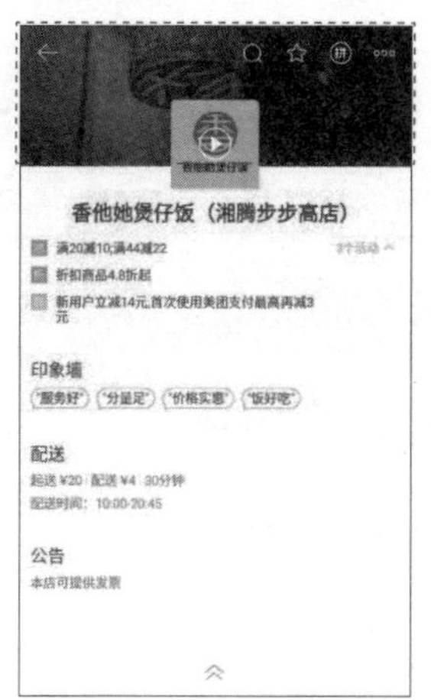

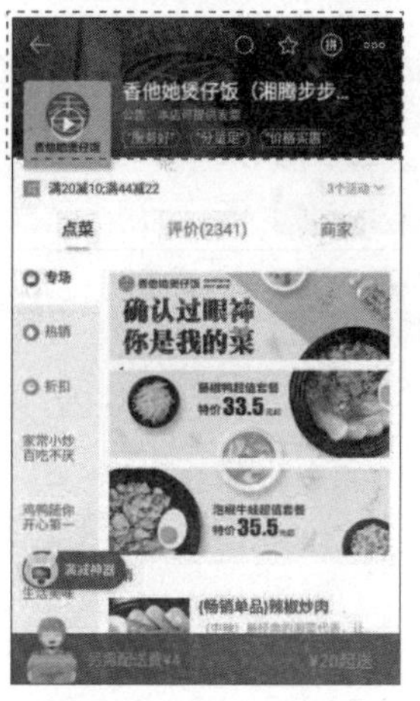

◆ 图 4-26 “香他她煲仔饭（湘腾步步高店）”外卖店铺

消费者需要掌握的店铺品牌信息最直接的来源就是店招，其次才是店铺装修的整体视觉感受。对于品牌外卖店铺而言，店招可以让消费者进来第一眼就知道经营的品牌信息，而不用消费者再去其他页面或者模块中寻找。

对于经营外卖店铺的商家而言，尤其要有成本意识，节省消费者了解你的成本，节省你向消费者介绍自己的成本。在店招中清晰地、大方地显示出店铺的名称，在店招中添加 Logo 和店名，加深顾客的记忆，提升品牌的推广度。

店招还可以体现外卖店铺的定位，对于没有什么知名度的商家，有“口号”和“广告语”就放上去，没有也需要一个品牌的关键词介绍，起码让顾客知道店铺的特点和特色，形成无形的品牌推广作用。店招可以营造出外卖品牌的氛围和感觉，体现品牌气质很简单，可以通过品牌专属颜色、Logo 颜色和字体等的规范应用，先从视觉上统一。

4.2.3 店铺 Logo

外卖店的 Logo 是消费者首先能看到、能感受到的标志，商家在设计自身品牌 Logo 时要体现自身的品牌特色，注重品牌记忆点的打造，从而便于消费者对自身品牌的记忆，间接提高消费者对品牌的认知度。

外卖商家在设计品牌 Logo 时，为了打造出最佳的视觉效果，应遵循一定的设计原则。接下来以图解的形式介绍餐饮企业在设计品牌 Logo 时应遵循的原则，如图 4-27 所示。

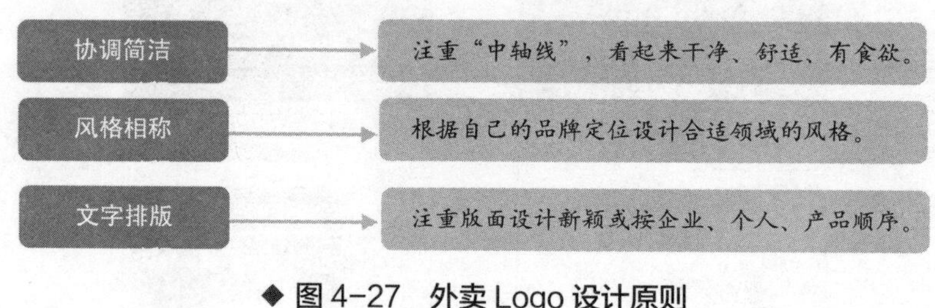

◆ 图 4-27　外卖 Logo 设计原则

专家提醒

外卖行业的品类繁多，设计品牌 Logo 时一定要结合自身领域，也可以找一些设计公司进行合作，与专业的设计师进行沟通，设计出符合自身品牌的 Logo 标志。一个好的 Logo 设计一定是大多数人所认可的。

外卖 Logo 设计的水准决定了消费者对餐饮店的第一印象，好的餐饮 Logo 能充分体现餐饮企业的独特文化与风格定位，增加品牌的辨识度。例如，在美团外卖中，采用了动态的视频 Logo 设计形式，可以更好地讲述品牌故事。如图 4-28 所示为“CoCo 都可”的视频 Logo，点击 Logo 图片后，可以通过短视

频的形式来传播品牌故事，让品牌 Logo 更加形象生动，同时也便于用户分享。

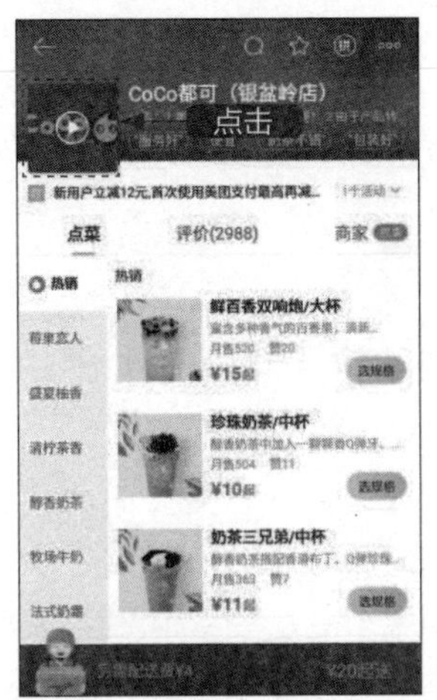

◆ 图 4-28 “CoCo 都可”的视频 Logo

另外，需要注意的是，简单协调的 Logo 设计原则不是说越简单越好，它的重点应该是从视觉上让人们觉得有协调感，而且容易让人记住。图 2-29 所示为“快乐柠檬”的品牌 Logo，其特点是一个拟人化设计的柠檬形象与招牌文字简单搭配，采用柠檬黄的整体色调设计，看起来简洁又协调。

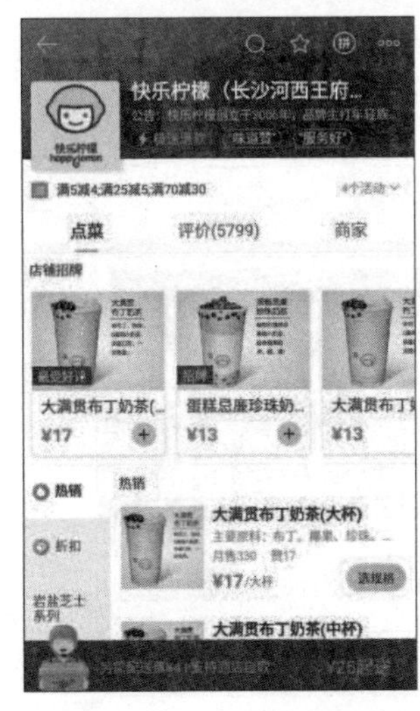

◆ 图 4-29 “快乐柠檬”Logo 案例

图 4-30 所示为一家名为“窑鸡王”的外卖店铺 Logo，它将品牌 Logo 巧妙结合极具品牌文化的窑鸡图案进行二次加工设计，作为店铺头像，突出了品牌的独特性。

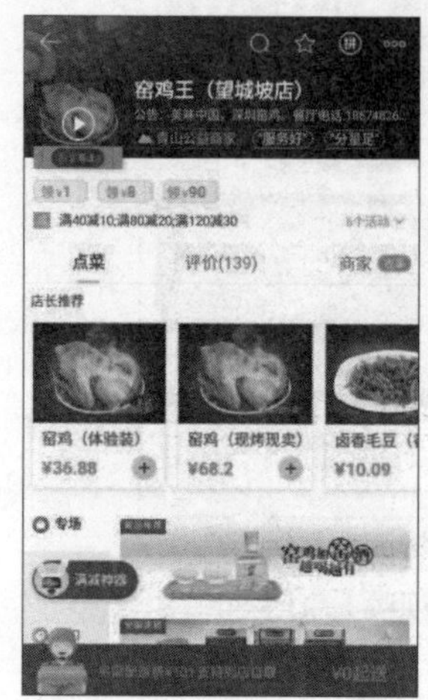

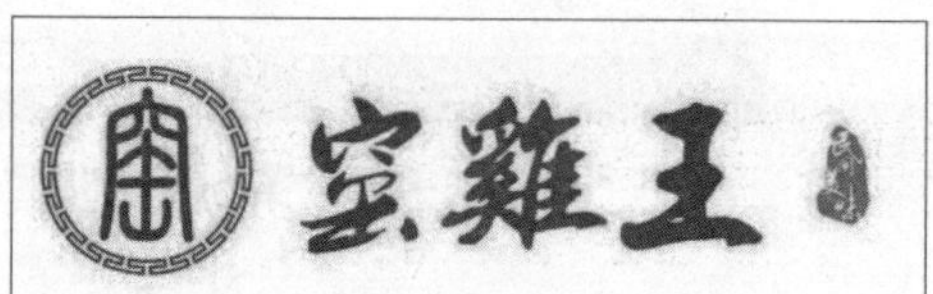

◆ 图 4-30 “窑鸡王”Logo 案例

4.2.4 店内海报

不管是美团外卖还是饿了么，商家都可以设计一些精美的店内海报以便进行活动宣传，如图 4-31 所示。

◆ 图 4-31 美团外卖和饿了么平台上的店内海报

外卖平台的店内海报主要以横幅广告为主，内容则主要以活动文案为主，并加上一些产品图片作为辅助。如图 4-32 所示为“擂饭（奥克斯店）”的店内海报，采用两张拼接的横幅广告组合设计，比较新颖有趣。

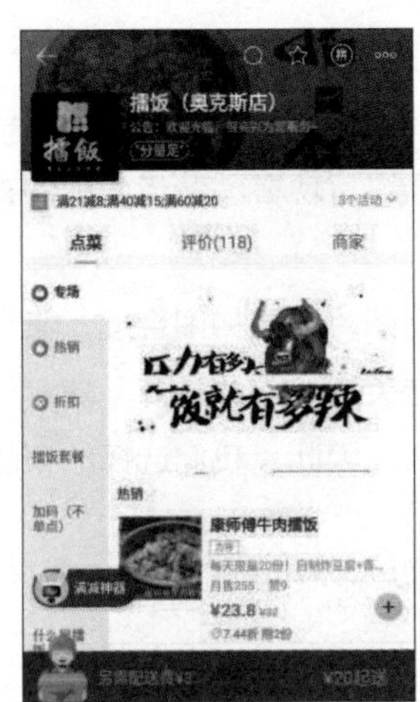

◆ 图 4-32 “擂饭（奥克斯店）”的店内海报

除了创意设计外，海报还应该展现出活动的优惠信息，这是吸引消费者点击和下单的关键所在。如图 4-33 所示为“尊宝披萨（钰龙店）”的店内海报，通过 3 张拼接的海报组合，展现出各种产品的折扣优惠信息。

◆ 图 4-33 海报展现活动优惠信息

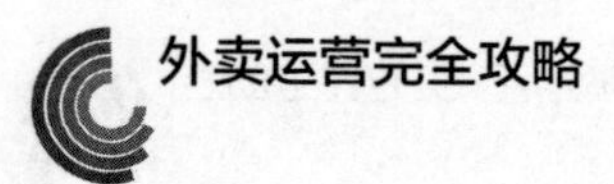

店内海报通常位于店招和 Logo 下方，商品列表的上方，位置比较突出，当消费者进入店铺后，一眼便可以看到这些活动信息，不仅可以提升商家活动的曝光率和点击率，而且还能调动消费者的积极性，让他们买到更实惠的餐品。

4.2.5 菜品图片

菜品图片作为视觉营销过程中必不可少的一个环节，是店铺在进行视觉设计时必须要考虑的问题。菜品图片拍摄的好坏严重影响最终呈现在消费者面前的视觉效果。

要想菜品图片呈现出最佳的视觉效果。选择的菜品图片一是构图合理、富有层次感；二是要突出商品亮点与卖点，从而吸引消费者关注。除此之外，随着现代社会的经济转型，人们更愿意接受“高品质”的食物，因此，我们选择的菜品图片应该具备一定的质感，从而彰显品牌格局。

下面对高质感菜品图片应具备的 3 个要素进行详细介绍。

❶ 色香味俱全

任何外卖行业的菜品图片都必须具备“色香味”这一元素，这里所说的“色香味”并不是指图片本身需要散发的气味，而是指一张成功的商品图片除了能给消费者带来强烈的视觉冲击之外，还应具备使消费者通过视觉产生联想，从而引发嗅觉、味觉等多种感官感受，呈现良好的产品视觉效果，以此来刺激消费者产生消费欲望，如图 4-34 所示。

◆ 图 4-34　色香味俱全的菜品图片

❷ 文化宣传到位

关于文化宣传，我们更是不能忽略，特别是在针对店铺的主打菜系的时候，无论是产品本身的悠久历史，还是品牌背后存在的故事，都需要商家用心去打造。当一张商品图片被赋予了文化价值以后所带来的历史厚重感，会极大地增加消费者对商品的信任度，并且引起消费者的好奇心理。

例如，“囍鱼谣酸菜鱼 @ 麻饭”的菜名设计非常有文艺范，如“念奴娇”、“临江仙”、“渔阳曲”以及“忆江南”等，如图 4-35 所示。

◆ 图 4-35 赋予文化气质的菜品名称和图片

❸ 突出产品价值

在广告宣传中产品价值是重中之重，现在的消费者对吃越来越讲究，他们除了关注菜品的价格，还关注菜品的价值。因此，菜品的宣传图片需要体现其价值，才能向消费者传递商品的重要信息，凸显产品的卖点，达到预期的营销效果。下面以图解的形式详细归纳外卖行业在设计菜品图片时的方向和方法，如图 4-36 所示。

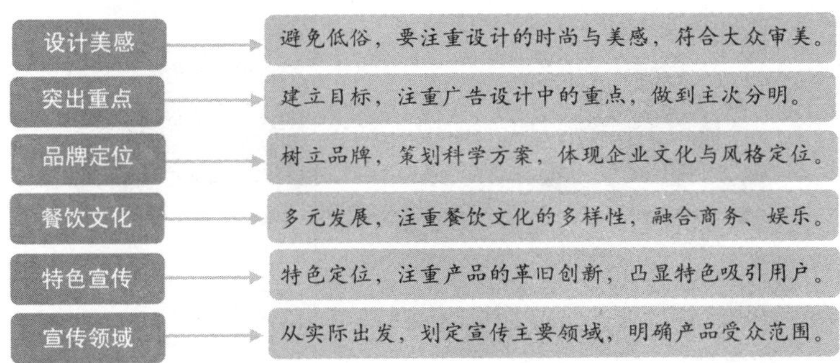

◆ 图 4-36 外卖行业菜品图片设计方法

4.2.6 菜品文案

外卖菜品文案主要包括菜品标题、菜品描述和活动文案 3 个部分，下面分别对其进行介绍。

❶ 菜品标题

在设计菜品标题时，通常采用组合标题的形式，如“土豆片炒肉 + 小菜 + 米饭”，如图 4-37 所示。同时还可以展现菜品的规格或分量等信息，如“红豆奶茶 / 中杯”如图 4-38 所示。

◆ 图 4-37 组合标题

◆ 图 4-38 展现菜品的规格或分量

❷ 菜品描述

当用户被你的图片吸引进来后，接下来能够刺激他快速下单的地方就是菜品描述了，这些文案内容可以让用户彻底了解自己将要点的菜品。

如图 4-39 所示，这个餐品的商品描述中只写了一句“品牌店铺 / 现炒”，内容太过简单，将这个最直观的展示区域白白浪费了。如图 4-40 所示，同样是辣椒炒肉，这个店铺却非常用心地写了商品描述文案，不但写明了基本的菜品配料，同时还给顾客提了很多贴心的小建议，很容易打动顾客。

◆ 图 4-39 商品描述（简单）

◆ 图 4-40 商品描述（精细）

如图 4-41 所示，通过菜品描述来展现食材的环保健康，可以给顾客带来好感。如图 4-42 所示，在菜品描述中加入数字，可以增强代入感和说服力。

◆ 图 4-41　展现食材的环保健康

◆ 图 4-42　数字化描述内容

如图 4-43 所示，在菜品描述中说明分量，可以帮助顾客更好地进行决策，给用户带来更好的体验。如图 4-44 所示，在菜品描述中将特殊情况进行备注说明，可以有效避免用户产生误解。

◆ 图 4-43　说明分量的菜品描述

◆ 图 4-44　备注说明的描述内容

❸ 活动文案

外卖营销活动通常是运用图文结合的方式，让其具备更强的视觉冲击力，让菜品文案能引导消费者更好地理解和接受产品，让他们有购买的冲动。

例如，商家可以巧妙地将一些当下流行的、热门的、符合自身产品的热点整合利用起来，并最终将它推广出去。例如，“上隐荷叶饭”和“香她他”某店铺在 2018 年世界杯期间策划了很多紧扣该热点的活动文案，同时推出了相应的套餐产品，如图 4-45 所示。

◆ 图 4-45　热点文案

4.2.7　菜单设计

外卖店铺的菜单设计也是不容忽视的，高颜值的菜单可以吸引用户关注，让用户在选择菜品时更加愉悦。例如，“老长沙烧烤岳麓店”的菜单设计不但精致简洁，而且菜单名称也是别出心裁，如“不一样的烧烤不一样的品味”等，可以让顾客对店铺的印象更加深刻，如图 4-46 所示。

在设计菜单时，还要保证图片的精美度和真实性，可以请一些专业的美食摄影师，将食物拍摄得更加诱人一些。同时，图片上展示的商品，最好与实际商品相符合，以免产生误导顾客的嫌疑。

◆ 图 4-46　“老长沙烧烤岳麓店”的菜单设计

4.3 出餐管理：用高效经营提高营收

外卖的出餐速度对于用户体验的影响非常大，高出餐率的高效运营手段是商家们都在积极探索的方向，而且还可以让商家有更多的时间来服务更多的顾客，对于营收的提升很有帮助。

4.3.1 合理的动线设计

优良的动线设计在外卖运营过程中特别重要，如何让食品在后厨中更快地进行烹饪和打包，减少障碍物，是一门很大的学问。例如，食品原材料从仓库送到厨房的线路可能有好几条，如何考量并留下足够空间，需要进行精心的设计。

对于外卖的动线设计来说，效率是其所有工作的核心，商家可以根据食品的生产和操作流程来进行合理规划，具体原则如图 4-47 所示。

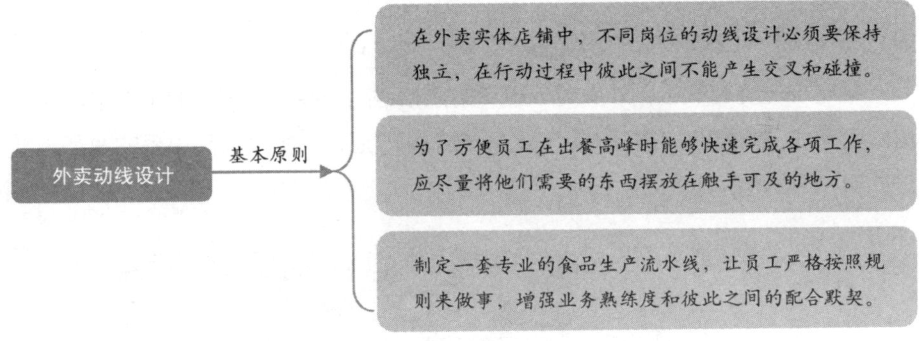

◆ 图 4-47　外卖动线设计的基本原则

4.3.2 标准的生产流程

前面在设计外卖动线时就提到过要制作生产流水线，也就是将食品出餐的各个流程进行标准化的优化，包括定位、采购、厨具、烹饪、包装和配送等过程，进行优化改良，提高食品的出餐效率，方法如图 4-48 所示。

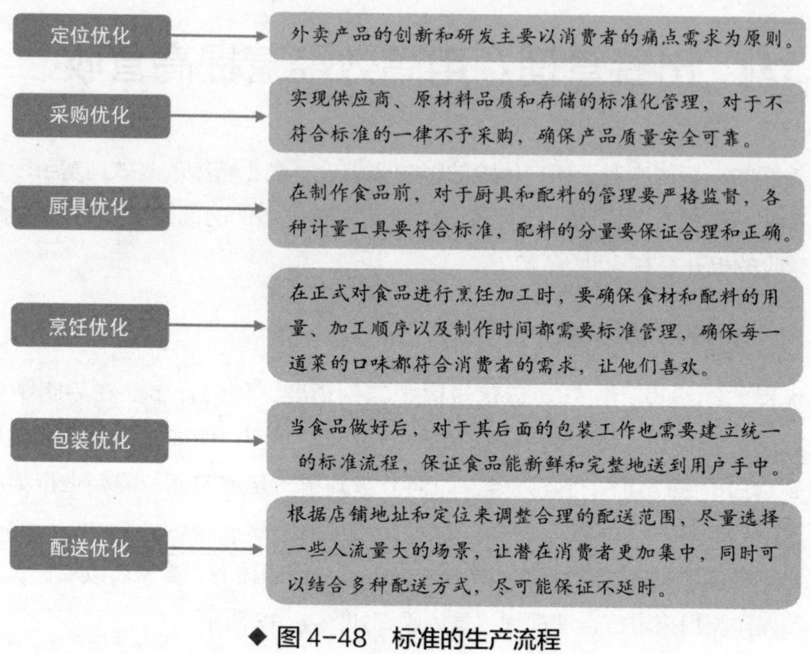

◆ 图 4-48　标准的生产流程

4.3.3　合适的外卖厨房

相比于传统餐饮店，外卖对于厨房的依赖更高一些，大部分的工作都是在厨房里面完成，因此商家需要对厨房进行合适的改造，以提高菜品出餐的速度，方法如图 4-49 所示。

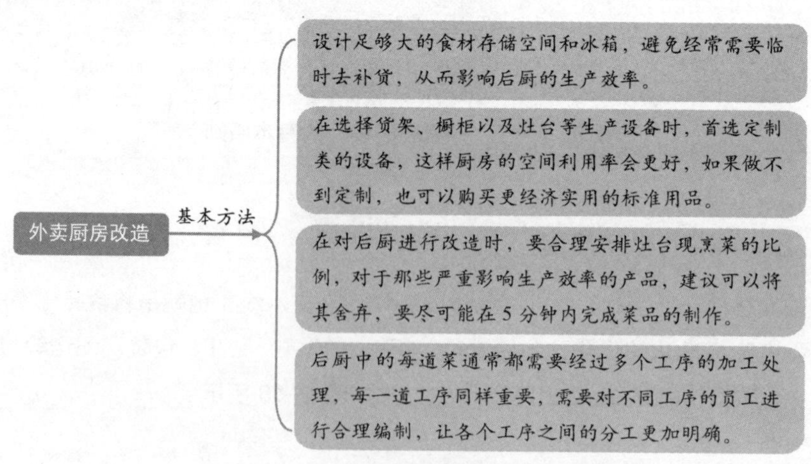

◆ 图 4-49　外卖后厨改造的基本方法

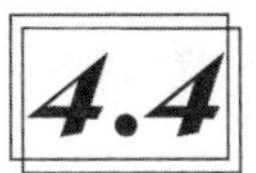

平台规则：牢记于心的规则

在运营外卖店铺的过程中，商家必须牢记和遵守外卖平台的相关规则，以免辛苦经营的店铺被封，确保店铺能够正常有序的运营。

4.4.1 排名规则：掌握提升门店排名的秘诀

影响外卖店铺排名的因素有很多，具体包括营业时间、经营品类、交易额、转化率、用户评价、禁止刷单、店铺特色以及新商家排名等。下面介绍各自优化店铺排名的方法。

❶ 延长营业时间

外卖店铺排名的主要规则为：正常营业的排名 > 预下单的排名 > 忙碌 / 休息的排名，因此商家可以尽量延长营业时间来获得更好的排名。

❷ 做好经营品类

经营品类的排名优化方法如下：

步骤 01 主营品类：在不同的经营时段会优先展示不同的商家，外卖商家的主营品类如果与主营时段一致，则会获得优先展示的机会，如早餐、下午茶以及夜宵等主营时段，如图 4-50 所示。

步骤 02 偏好品类：如果商家的主营品类与用户偏好相符合，如某用户经常点麻辣烫和冒菜等菜品，则经营该菜品的商家就会优先展示，如图 4-51 所示。

◆ 图 4-50　早餐商家会在早餐时段优先展示

◆ 图 4-51　用户偏好品类会优先展示

同时，商家还需要注意店铺实际经营的项目，必须与选择的主营品类保持一致，将主营时段的经营做好，提升店铺排名。

❸ 增加交易额

交易额越高的店铺排名也更有优势，提高交易额的主要方法如图 4-52 所示。

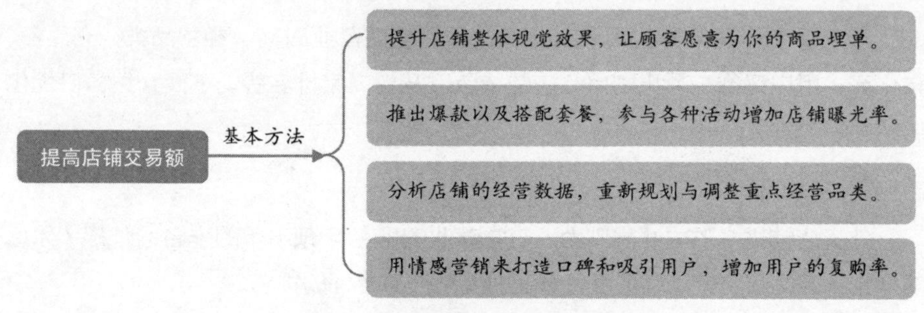

◆ 图 4-52 提高交易额的主要方法

❹ 提升转化率

转化率就是进入店铺的用户数与最终下单购买的用户数比例。在外卖店铺中，活动、图片、菜单排序及文案等都是决定用户转化率的关键因素。另外，有实体的商家也可以将线下顾客引流到线上平台，增加线上平台转化率。

❺ 做好评价管理

店铺的评价星级会影响其排名，如图 4-53 所示。尤其是差评对于排名的影响非常大，差评会导致排名下降、客源减少，因此商家一定要做好评价管理。可以通过媒介提示、许诺福利以及提升品质和服务来引导用户给予好评，并通过完善的客服体系和细心的引导避免产生差评，如图 4-54 所示。

❻ 新店加权

现在外卖平台上都有一个新店 7 天排名优先的“特权”，对于一家新店来说，如果浪费了这 7 天，以后用 10 倍的人力、财力、物力去弥补也未必会有这个效果。商家可以通过设计活动和打造爆款来为店铺引流，以及设计套餐来拉高客单价，充分利用好这几天的扶持“特权”。

◆ 图 4-53　好评可以提高店铺排名

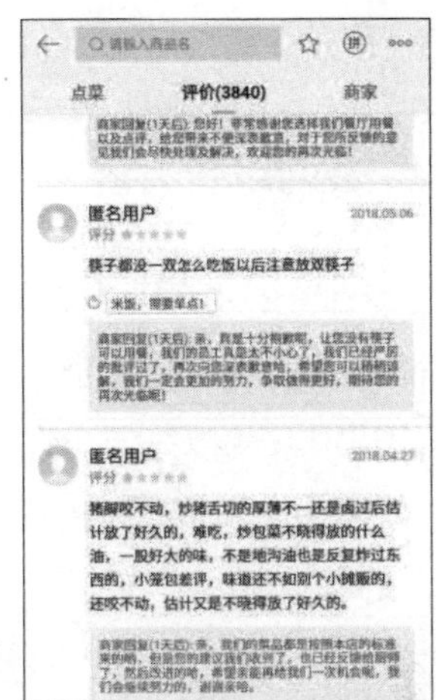

◆ 图 4-54　及时回复，积极解决差评

4.4.2　刷单处罚：刷单将面临这些处罚

外卖刷单是指商家直接参与或教唆、怂恿以及联合其他商家、骑手或用户参与的虚假下单行为，以及获取虚假销量、虚假好评、骗取补贴和获取不正当的位置排名等行为。

对于刷单行为，各个外卖平台都是严格禁止的，同时也制定了相关的处罚规则，避免商家的刷单行为。如表 4-2 所示为美团外卖的刷单处罚。

表 4-2　美团外卖的刷单处罚

<table>
<tr><th rowspan="2">刷单行为</th><th colspan="3">处罚规则</th></tr>
<tr><th>第 1 次</th><th>第 2 次</th><th>第 3 次</th></tr>
<tr><td>刷排名</td><td>置休一天，次日生效</td><td>置休 3 天，次日生效</td><td>永久下线，次日生效</td></tr>
<tr><td>刷补贴</td><td>下活动，30 天；头部商家和大连锁商家次日生效，其他商家当日生效</td><td>下线，次日生效；商家只有主动赔付完成后方可再次上线，且上线 30 天内不能享受美团外卖补贴</td><td>永久下线，次日生效</td></tr>
<tr><td rowspan="2">刷配送费</td><td colspan="3">剥夺众包配送功能</td></tr>
<tr><td colspan="3">取消商家众包配送功能</td></tr>
</table>

刷单商家经电脑查实后，会经过商家电脑端或手机端后台推送消息，通知商家是否承认刷单，如图商家承认则需要主动赔付，平台会执行扣款并进行酌情处理。如果商家不承认刷单行为，则需要提供相关证据，平台审核通过后，会排除

商家的刷单行为。若商家不能提供有效证据，则平台会维持处罚。

商家在运营外卖店铺时，切不可因小失大，采取刷单等作弊行为，而应该保证一个公平、公正的竞争环境。

4.4.3 餐损赔偿：赔偿的条件、流程和时间

外卖商家在日常经营店铺时，难免会遇到消费者退款的情况，会造成餐品的损失。美团外卖平台针对这种情况推出了“餐损赔付”功能，商家可以申请赔付来降低自己的损失。餐损赔付的必要条件如图 4-55 所示。

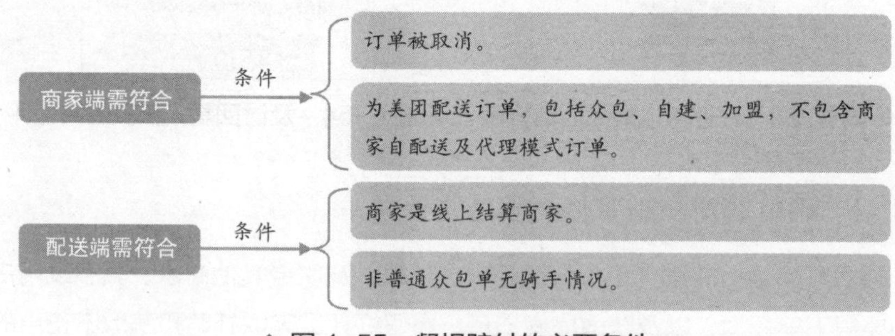

◆ 图 4-55 餐损赔付的必要条件

已满足商家端餐损赔付申请的全部条件后，还需要再符合下列任何一个条件，即可发起餐损申请，如图 4-56 所示。

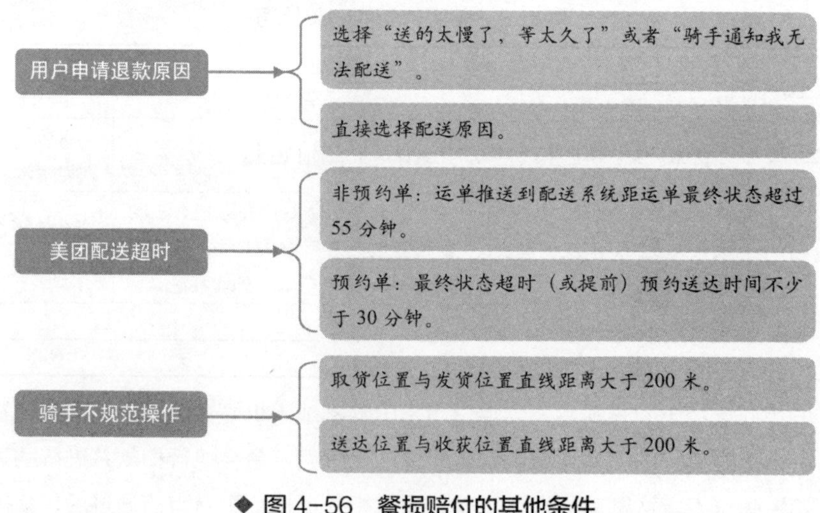

◆ 图 4-56 餐损赔付的其他条件

另外，需要注意的是，商家必须在用户退款成功开始的 48 小时内申请，一个工作日审核完成即可赔付，否则超时视为主动放弃。

如果是由于商家自身原因和用户原因造成的餐损，则美团外卖有权利拒绝商家的赔付申请。

4.4.4 原价虚高：商品被判原价虚高怎么办

价格虚高是指商家通过调整价格欺骗消费者和外卖平台为目的的行为。如图 4-57 所示为美团外卖平台判定价格虚高的标准。

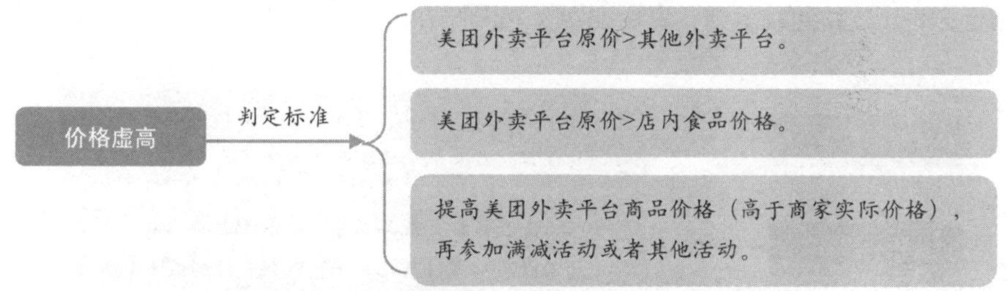

◆ 图 4-57　美团外卖平台判定价格虚高的标准

价格虚高的危害非常大，会严重影响用户体验，而且商家的诚信也会受到质疑，并有可能会形成一个恶性循环，如图 4-58 所示。

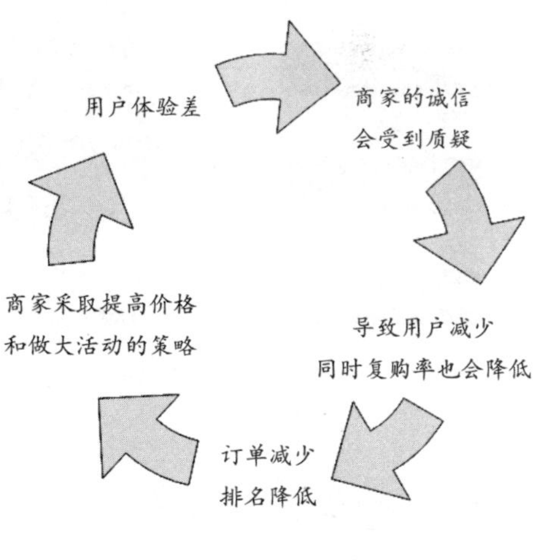

◆ 图 4-58　价格虚高的危害

当商家自己不确定是否有价格虚高的行为时，可以在每周一 20:00 后登录美团外卖商家端，在消息中心查看标题为“重要原价虚高菜品整改通知”的通知，里面会有具体需要整改的菜品和整改价格。当然，商家也可以联系业务经理进行了解，整改时间是当周周五的 18:00 以前，完成整改则不会处罚。如果商家觉得整改内容与实际情况不符，也可以联系业务经理进行申诉。处罚包括但不限于整改菜品暂停售卖、活动取消和暂停营业等。

4.5 成本管理：如何向成本要效益

外卖是一门平民化的生意，产品价格通常不会太高，因此对于成本的管理尤为重要。对于外卖商家来说，需要根据用户需求上的痛点，思考如何进行成本支出和降低控制，让餐品可以满足相应的成本需求。

4.5.1 外卖店铺的成本构成

外卖店铺运营的主要成本包括房租成本、物料成本、人力成本、配送成本、营销成本以及其他成本等，具体如图 4-59 所示。

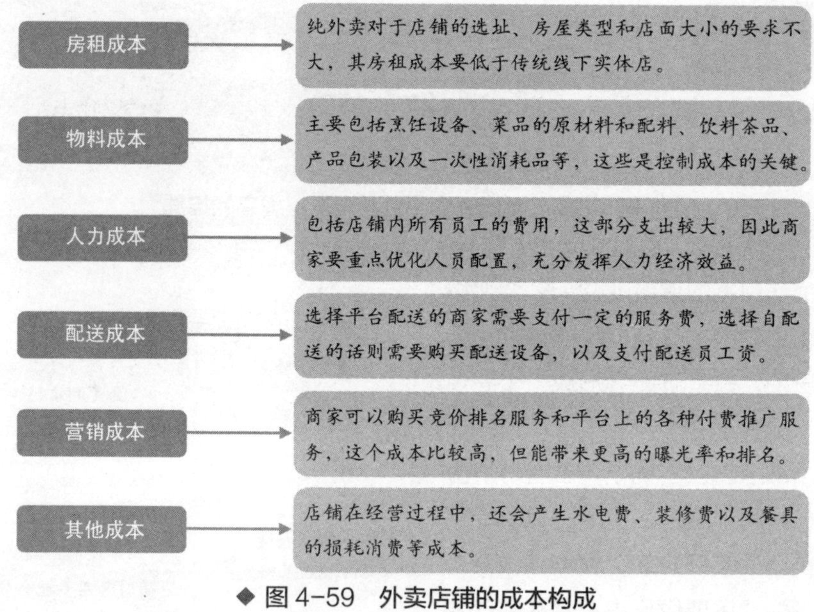

◆ 图 4-59　外卖店铺的成本构成

4.5.2 店面成本的控制技巧

在外卖店铺的所有成本构成中，物料成本和人力成本占了很大一部分，是商家在进行成本控制时最需要注意的地方。

❶ 物料成本的控制

物料的成本控制核心在于采购渠道，外卖商家应尽量选择品质好的进货渠

道，同时还要把控采购数量和价格，把成本控制在一个合理的范围内，具体方法如图 4-60 所示。

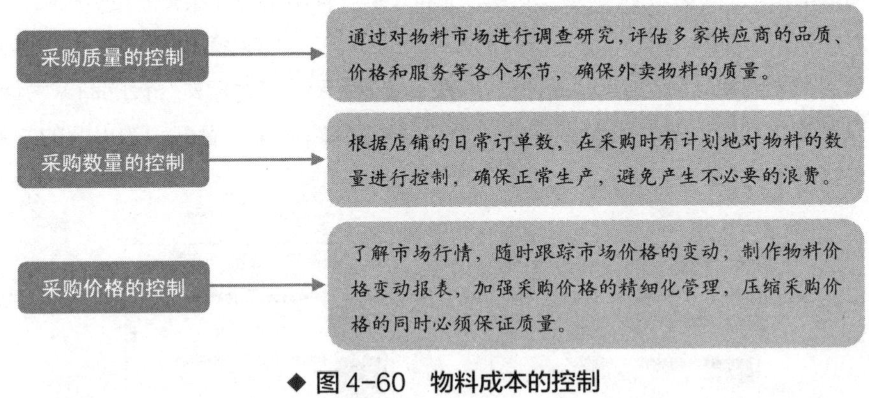

◆ 图 4-60　物料成本的控制

❷ 人力成本的控制

很多外卖企业和商家对人力成本的控制并没有足够重视，致使人力成本长期居高不下，严重影响了店铺的经济效益。外卖商家必须调整自身的用人策略，运用巧妙的人员配置方案，使得人员的利用更加合理，具体方法如图 4-61 所示。

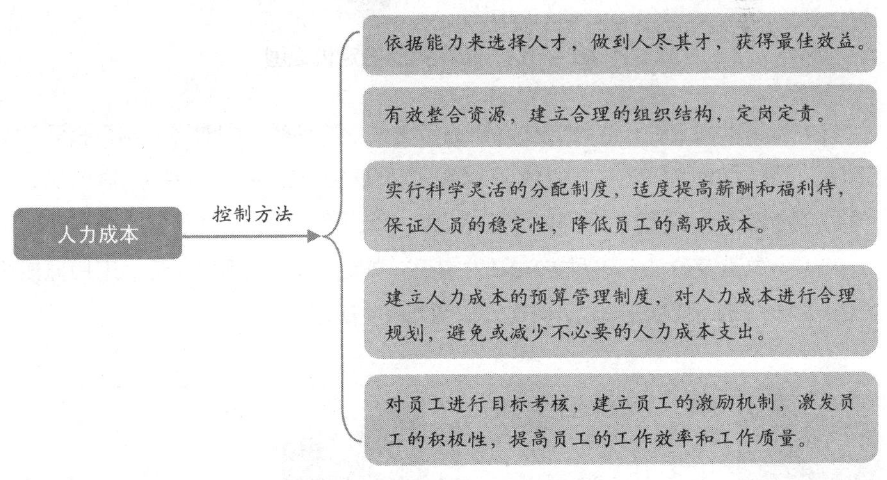

◆ 图 4-61　人力成本的控制方法

4.5.3 外卖菜品的定价技巧

成本是定价的基础，商家必须采用合理的定价策略，单价设置不要虚高为好，平衡成本和定价，才能获得长久发展。下面介绍 3 种常用的外卖餐品定价技巧。

（1）竞品对比定价：商家在对商品进行定价时，可以参考竞争对手的价格，以及同商圈内相同品类的商品价格。如图 4-62 所示。以经营煲仔饭的商家为例，可以搜索煲仔饭产品，设置搜索条件为“销量最高”，可以看到卖的火爆的产品的价格基本在 10 元左右。

◆ 图 4-62 搜索竞品的定价范围

（2）套餐折扣定价：这种方法比较适合快餐小吃品类，同时可以与折扣活动配合运用，折扣力度可根据“十位数至少减一”的方法来计算。如图 4-63 所示，该套餐原价为 20 元，采用 8 折优惠后价格为 16 元，符合“十位数至少减一”的原则。

（3）小数点定价法：这种方法最为常见，如定价 9.9 元和 10 元，用户显然更容易接受 9.9 元，因为没超过 10 元，如图 4-64 所示。

◆ 图 4-63 套餐折扣定价

◆ 图 4-64 小数点定价法

争夺用户，用户心智的变化是关键点

外卖运营完全攻略

“顾客就是上帝”，这是一句随处可见的口号，外卖企业因用户需求而存在和成长，所以要牢固树立服务用户的价值理念，以用户为本，更好地满足用户需求。

在外卖下半场，外卖企业的运营关键在于了解互联网时代用户心智的变化，进入用户心智以赢得用户的更多关注，简而言之就是留下用户，抢占更多用户时间、吸引注意力。

- ✧ 互联网时代，用户行为的特征分析
- ✧ 新零售的出现：让用户与餐饮更紧密
- ✧ 竞争对象：不再局限同行，而是用户心智的争夺
- ✧ 提升用户消费体验、培育用户忠诚度
- ✧ 用户运营：打破顾客留不住的“魔咒”

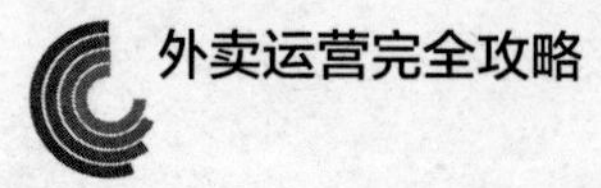

5.1 互联网时代，用户行为的特征分析

互联网时代不但改变了用户的消费习惯，而且也让他们产生了一系列的行为特征，本节将具体分析这些用户行为，以及外卖商家的应对策略。

5.1.1 信息获取碎片化

与以往的传统媒体相比，用户通过互联网媒体了解的信息量更大，而且内容更趋向于分散，互联网让人们的生活更加“碎片化”、注意力更加分散。

我们每天可以通过不同的渠道、设备、媒体或者应用来获取信息，其中手机是最重要的媒介之一，如手机上的各种应用，让人们的信息获取变得更加简单和碎片化。例如，早上起床时、吃饭时、坐公交车时、上班的休息时间、上厕所时以及睡觉时等，这些碎片化的时间都能够获取信息。

例如，用户在思考中午要吃什么的时候，可以随时拿出手机，打开外卖或者团购 APP，查一查附近的美食信息，如图 5-1 所示。用户不需要花费太多的时间与精力，即可随时随地快速了解周边的美食信息。

◆ 图 5-1　通过手机百度外卖查看附近的美食信息

在信息碎片化时代，外卖商家也更容易获得用户信息，与其花心思在促销活动策划、产品降价优惠，倒不如把注意力回归到用户本身，挖掘用户关注的是什么，倾听用户对产品和品牌的诉求，让用户主动找上你。

5.1.2 鲜明的个人特征

互联网时代的用户拥有鲜明的个人特征，更注重张扬个性与关注自我，用户在消费时更加倾向于自己的特殊化选择，注重获得个性的满足、精神的愉悦、舒适及优越感。因此，用户在选择产品时，更多的会倾向于那些外形差异、色彩差异、诉求差异以及其他能够彰显个性化的产品。

例如，在各大短视频平台上非常火爆的“网红虾”，就因为做法简单粗放，过程惊险刺激，而且各种个性化的花式厨艺层出不穷，非常切合年轻人的胃口，成为了风靡一时的“网红”美食，如图 5-2 所示。

◆ 图 5-2 火爆的“网红虾”

在互联网时代，人们对于自由的体验和个性的想法更加天马行空，他们不希望受到环境、空间、时间甚至设备的限制。因此，对于外卖平台来说，应该为用户带来任何时间、任何地点、任何设备以及个性化内容的体验。

例如，饿了么推出的“为流浪动物点外卖 · 爱心后院”活动，就是一个满足用户个性化追求的活动，主要针对喜欢小动物的用户，如图 5-3 所示。

◆ 图 5-3 “为流浪动物点外卖 · 爱心后院”活动

用户可以在这里领养一只属于自己的小狗或者小猫，可以给它取名并喂养它，在平台下单点外卖可以赚金币，使用金币可以补充宠物粮食，同时通过打扫和喂食等行为可以获得爱心值，提升爱心值有红包奖励，如图 5-4 所示。

◆ 图 5-4　互动玩法

独特有趣的互动玩法，加上公益场景的展现，可以展现饿了么平台的社会责任和影响力，同时可以提升用户活跃度，满足用户的个性化体验。

5.1.3　有极强的冲动性

随着互联网和移动支付技术的发展，不管是生活消费，还是日常购物都可以在手机上进行，而且用户在消费时具有极强的冲动性，很多消费项目都是没有计划、现场临时决定的。因此，外卖商家可以通过一定的诱因，增强这些消费者的冲动性购买行为，如店内环境和具有促销效果的因素。

影响外卖店铺氛围的因素主要是图文内容的设计，包括店内海报、色香味俱全的产品图片以及店内生意火爆的图片等，如图 5-5 所示。

◆ 图 5-5　通过产品图片提升店铺氛围

具有促销效果的因素则包括优惠券和价格折扣，如图 5-6 所示。当用户在店铺中获得优惠券时，对于这种“意外之财”，用户会有更大的可能性把它们花费出去。

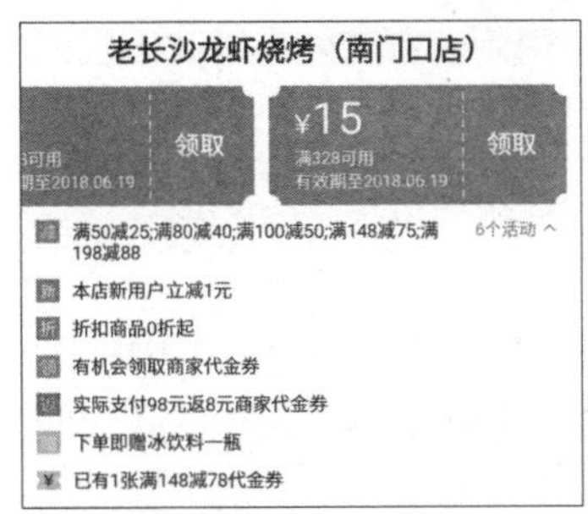

◆图 5-6　优惠券可以给消费者带来“收入效应”影响，使得他们进行更多计划外的购买行为

5.1.4　热衷于线上消费

如今，消费者日益热衷于在线上购买体验和服务，并且成为他们的日常生活消费的一部分，如网购、团购、外卖、生活缴费以及旅游出行等，这些都可以在线上进行。同时，消费者开始逐渐适应“新零售”，更加期待线上和线下实体店消费的更高程度的融合。

对于传统餐饮行业来说，必须改变自己的营销方式，满足用户日益旺盛的线上消费需求。例如，百度外卖联合线下商家推出的“超市购”服务，用户可以在手机上购买附近超市和便利店的商品，如图 5-7 所示。

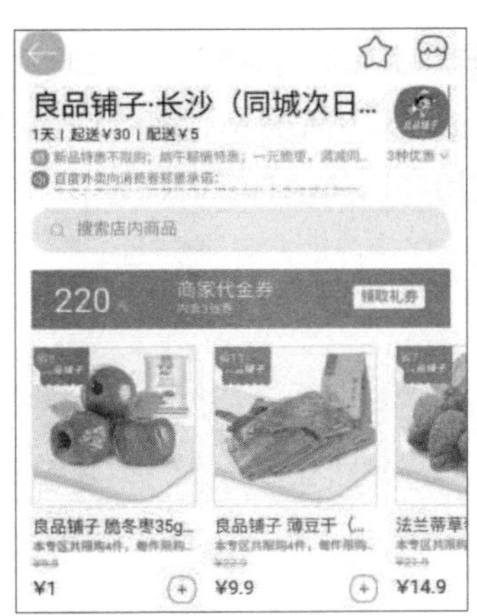

◆ 图 5-7　百度外卖“超市购”服务

“超市购”服务的推出，可以在线上满足用户更多的消费需求，如想要在下班午餐前吃一些零食，或者是周末在广场跑步运动时喝一罐饮料，“超市购”最快

可以半小时内送达，让用户想到就能吃到、用到。百度外卖以“上门式服务”取代传统的“到店式服务”，实现了营销模式上的突破。

5.1.5 消费主动性更高

在互联网时代，传统企业正面临前所未有的激烈竞争，市场正在由卖方市场转向买方市场，人们的消费主动性更高，消费者主导的营销时代已经来临。如图 5-8 所示为消费者的心理分析。

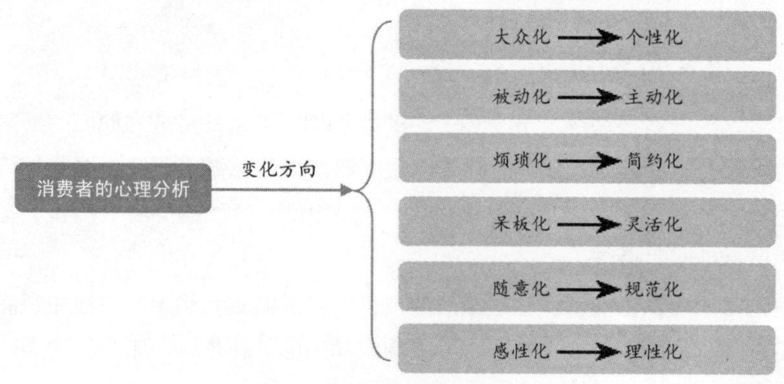

◆ 图 5-8 消费者的心理分析

为了避免买到不合格、不中意的商品，消费者通常会去主动搜索相关的商品信息，并进行对比和分析，最终产生购买决定。因此，对于外卖商家来说，一定要善于利用好店铺中有限的信息展示空间，增强消费者对店铺和品牌的信任度，降低他们选择商品时的不确定性。

专家提醒

从某种程度上来说，消费者已经成为外卖企业营销战略的“决定者”，很多时候他们对于菜品的了解程度甚至超过了商家。

5.1.6 泛娱乐，爱社交

互联网是年轻人的天下，娱乐和社交是他们习以为常的生活需求，而信任与分享则已成为用户的主流互联网态度。例如，当用户觉得某个餐厅的美食非常好

吃时，就会忍不住要拍张照片，发个朋友圈给朋友们推荐一下，紧接着就会吸引一大群好友下单购买，这样的场景屡见不鲜，如图 5-9 所示。

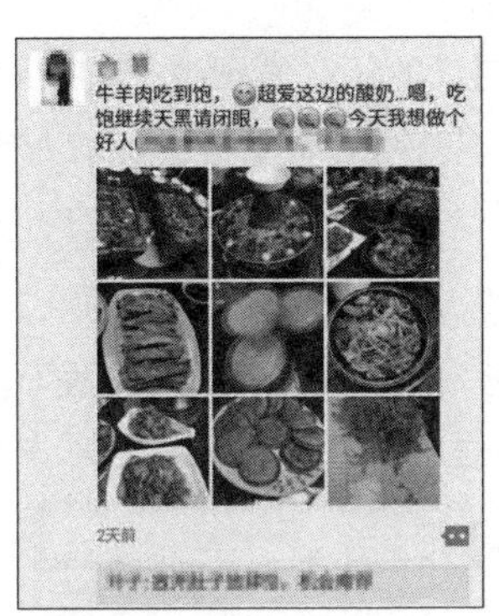

◆ 图 5-9　朋友圈分享美食的场景屡见不鲜

互联网和社交娱乐的关系非常紧密，可以让各种社交娱乐活动不再受时间和地域的限制，为消费者带来更加丰富的精神层面的消费追求。例如，《致敬奋斗了一年的你》是由饿了么推出的一部外卖界的励志大片，通过微电影的形式讲述了人们对于美好生活的定义和追求，同时以饿了么的配送员贯穿整个剧情，品牌暴露不生硬，如图 5-10 所示。

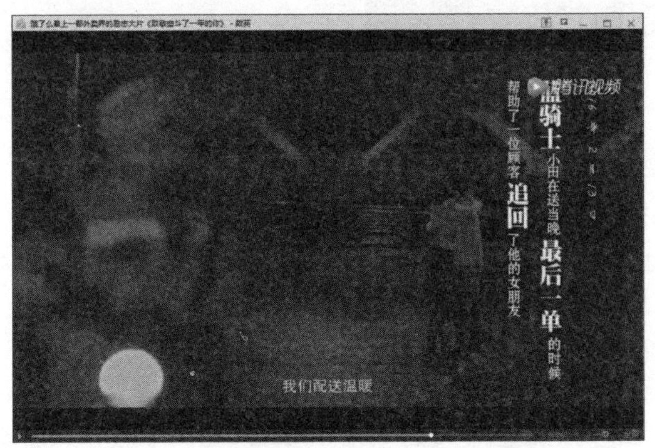

◆ 图 5-10 《致敬奋斗了一年的你》

饿了么通过微电影这种泛娱乐的形式将品牌“场景化”与用户结合，与用户建立一种更深的情感连接，传递饿了么一直以来的陪伴和温暖，像家人般一直都

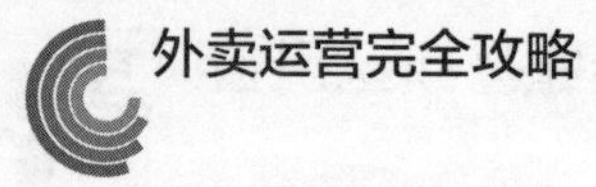

在，触发用户的情感共鸣。

5.1.7 品牌信任度变高

互联网时代的年轻消费者在选择商品时更偏好品牌，他们极具品牌意识，注重品牌带来的身份认同感，同时可以彰显出他们对于高品质生活方式的追求。很多外卖店甚至不用去做广告，只要打上“品牌”标签，就会得到消费者人尽皆知的效果。例如，在饿了么平台的筛选菜单中，就有一个“品牌商家”的标签，可以快速帮助用户找到身边的品牌商家，如图 5-11 所示。

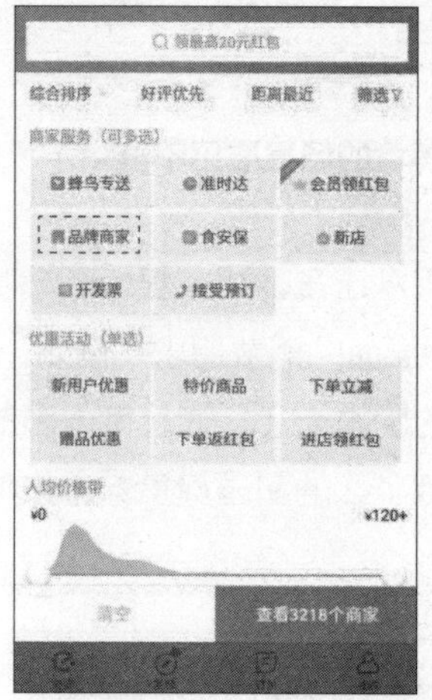

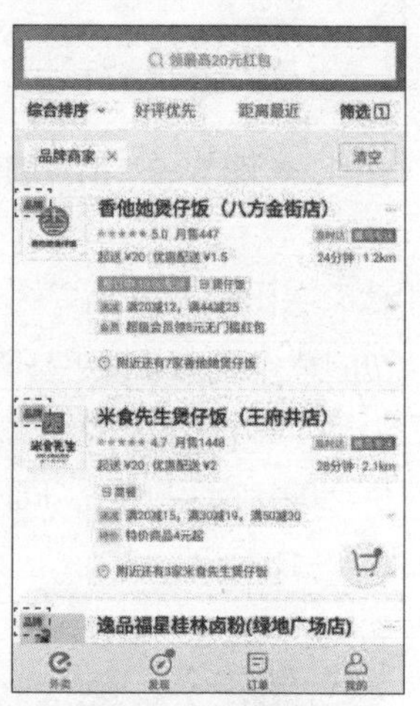

◆ 图 5-11 饿了么平台的“品牌商家”筛选功能

消费者是外卖店铺的“衣食父母”，特别是那些经常光顾的老顾客，不仅能够给店铺带来持续的收益，而且还能为店铺传播良好的口碑。因此，品牌商家一定要重视外卖店铺的经营细节，提升服务质量，同时还要经常开展一些优惠活动，让顾客感受到一种实实在在的优惠。

5.2 新零售的出现：让用户与餐饮更紧密

新零售的出现，进一步加深了网红品牌、外卖市场与互联网之间的联系，同时让用户与餐饮的联系更紧密。新零售 + 新餐饮可以为外卖平台和商家带来更加

高效的管理和运营模式，这种模式把大家从松散的对接，变成一个紧密的衔接，反应会更快、摩擦会更少，协作会更高效。

5.2.1 泛娱乐时代，快闪店、“网红”店遍地开花

泛娱乐是指在互联网与移动互联网的基础上打造明星 IP 的粉丝经济，IP 即 intellectual property（知识产权）的缩写，是整个泛娱乐时代的核心所在，一本书、一个故事、一首歌或者一个角色等，IP 可以是任意拥有大量粉丝的事物。

近年来，各种快闪店和“网红”店层出不穷，成为一种非常火爆的新零售业态，而且这种热门的营销方式不仅可以帮助店铺在短时间内快速吸引大量粉丝，而且还能够很好地宣传品牌，扩大品牌的影响力，同时增加业绩。

例如，火遍大江南北的“喜茶”是当下非常受消费者追捧饮品，成为互联网时代的著名品牌，已在全国各地开设了 80 多家门店。在中国拥有几千年传统的茶，一直被看作慢文化的代表，而“喜茶”则把茶做成了快消品，以迎合年轻人。“喜茶”门店的生意非常好，门前经常排起了“长龙”，火爆到有人甚至不惜花数小时排队买一杯芝士奶盖。

队伍越是长，就会有越来越多的人好奇和关注，从而引发更大一轮的从众消费，而且顾客们都禁不住拍照发朋友圈，如此循环，品牌效应会越来越大。与此同时，“喜茶”还在线上开设了外卖店铺，来分流线下的人流量，减少用户排队等候的时间，提升用户体验，如图 5-12 所示。

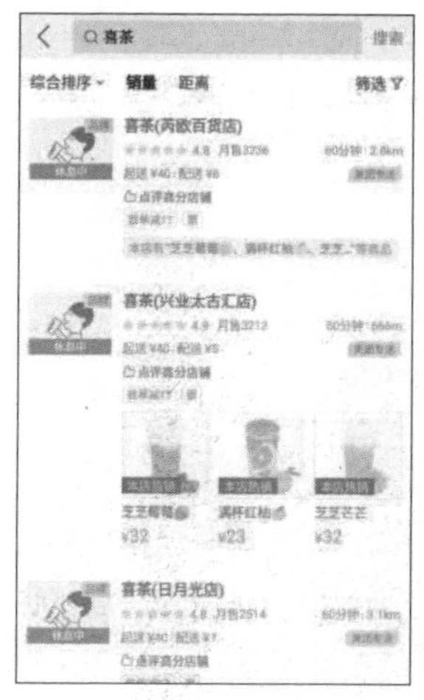

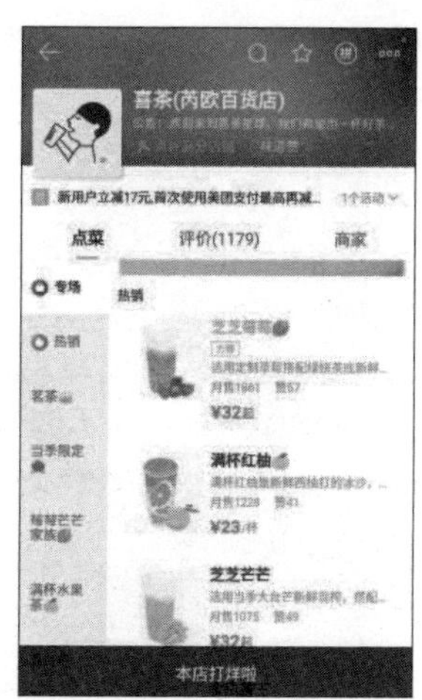

◆ 图 5-12 “喜茶”外卖店铺

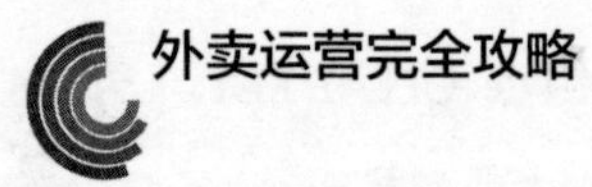

“喜茶”非常重视社交媒体账号的运营，经常会在官博上和年轻人进行有关的话题互动，互动后还会给粉丝送小礼物，如图 5-13 所示。

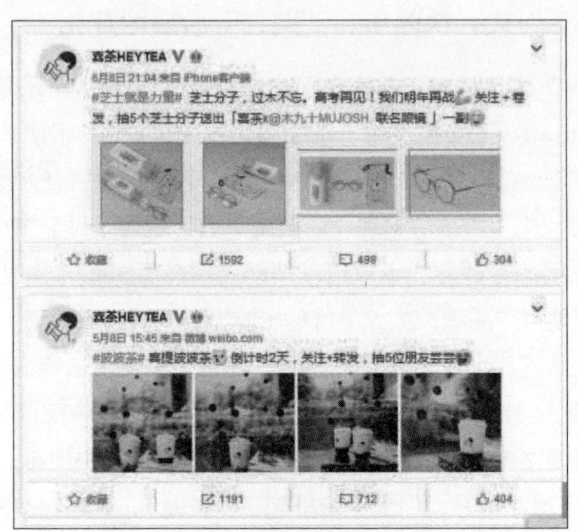

◆ 图 5-13 “喜茶”通过微博与粉丝互动

另外，“喜茶”还善于进行跨界营销，经常与一些当下非常流行的、时尚的、高端的以及年轻人喜欢的品牌进行合作，强化自己的品牌形象，同时吸引这些品牌的目标受众。如图 5-14 所示为喜茶和贝玲妃跨界合作推出的产品。

◆ 图 5-14 喜茶和贝玲妃跨界合作推出的产品

据悉，在上海的所有“喜茶”门店中，外卖带来的销量占据了日销量的 10% 左右，而且人均订单都在 2 杯以上。同时,“喜茶”还经常在外卖时段处于“打烊”状态，因此还被人称为“佛系外卖”。喜茶“爆红”，已迈出了占领消费者心智的第一步。在战略上，喜茶正不断尝试与年轻消费群体互动，刷新品牌新鲜感。

5.2.2 爆款 IP 跨界外卖，获得更大的品牌影响力

在互联网时代，各行各业的界限变得越来越模糊，而且互联网具有连接一切的属性，让企业和粉丝直接的黏性与互动更强，而且产品的连接融合现象也更加明显，彼此之间可以协同打造同一个明星 IP，构建一个全新的商业生态。

同时，众多自媒体名人和各类 IP 都在跨界餐饮，双方拿出自己最好的资源强强联合，为彼此带来更多的流量。对于外卖行业来说，运用 IP 营销能够快速地吸引用户关注和互动，增加用户对品牌的认知度和好感度，进而刺激用户对产品的消费需求和购买。

例如，美团外卖借势口碑好剧《人民的民义》热门大 IP，联手打造《人民的名义》视频，并与众多微博名人联合做转发推广，形成病毒传播，借此向年轻用户传统“送啥都快”的核心理念，打造美团外卖的品牌形象，如图 5-15 所示。

◆ 图 5-15　美团外卖借势大 IP 打造的《人民的名义》视频

据悉，美团外卖的视频播放总量达到 2700 万，累计评论量达到 2665 次，传播整体覆盖人数达到 3.76 亿，微博话题量达到 1.4 亿次，讨论量达到 13.9 万次。同时，有超过 20+“蓝 V”、100+“黄 V”等自媒体名人参与评论并自发传播。

再例如，美团外卖骑士在六一儿童节期间，还借助经典动画 IP《葫芦兄弟》做了一次很好的跨界营销，推出《葫芦兄弟之番外篇》4 支短视频，如图 5-16 所示。通过借势热点、悬念制造、话题引爆，勾起成人们的童年记忆。同时，借助六一儿童节，“葫芦娃”归来之际，巧妙地宣传了美团外卖品牌。

可以说，外卖行业与 IP 的跨界合作，是新零售环境下各取所需的必然结果。对于外卖行业的相关企业和品牌来说，必须注重 IP 营销这种与年轻人的良好互动形式来挖掘他们真正喜欢的东西，以赢得目标消费群体的好感。

◆ 图 5-16 《葫芦兄弟之番外篇》

5.2.3 品牌联合营销，打造 O2O 营销新范式

在新零售时代，品牌们之间的联合营销越来越猛烈，成为品牌宣传效果最大化的不错选择。外卖品牌们也可以选择适合自己的联合营销对象，通过创意的营销呈现形成，即可打出一手很好的组合牌，打造 O2O 营销新范式。

例如，美团外卖在三周年期间联合众多品牌商家玩转定制化营销，包括肯德基、避风塘、海底捞、汉堡王、太平洋咖啡、蒸功夫、必胜客、西贝莜面村、尊宝比萨以及 CoCo 十大品牌商家，如图 5-17 所示。

美团外卖和各大外卖品牌通过这种深度联合的营销模式，实现了“1+1>2”的品牌双赢效益，不但可以在用户面前呈现一个“合二为一”的强大品牌印象，同时还集中了大量的明星资源、营销创意和全媒体平台投放渠道，以帮助各个品牌增加其用户黏性并提升销售业绩。

◆ 图 5-17 美团外卖与汉堡王的品牌联合营销

5.3 竞争对象：不再局限于同行，而是用户心智的争夺

在互联网时代，外卖市场的竞争更加激烈，不再局限于同行，竞争的对象也更广泛，如外卖与方便面的竞争，而且外卖商家的竞争对象还可能是各类跨界餐饮的营销人。面对这种广泛的竞争，其制胜关键在于用户心智的争夺，对商家洞察用户、挖掘需求的能力提出更高要求。

商家要想占领用户的心智，必须为用户带来更好的消费体验。本节将从线上体验和线下体验两部分入手，帮助商家打造强有力的竞争力。

5.3.1 用户体验才是核心竞争力

用户体验，也就是用户在使用产品过程中出现的主观感受的好坏，其影响着外卖企业在市场竞争力的大小。准确来说，用户的体验过程其实也是积累企业竞争力与影响力的过程。本节主要介绍用户体验的实质、基本类型及变化趋势。

用户体验是用户的主观感受，会受到很多外界因素的影响，呈现出一种不稳定状态。由于用户体验的主观性与不确定性，反映了用户需求的不稳定性。因此，在餐饮行业，管理者要想了解消费者的需求，可以通过分析消费者的消费体验，找到消费者需求的痛点，从而满足消费者需求的餐饮产品。

提到用户体验，首先需要了解任何事物都需要注意的两个问题，如图 5-18 所示。

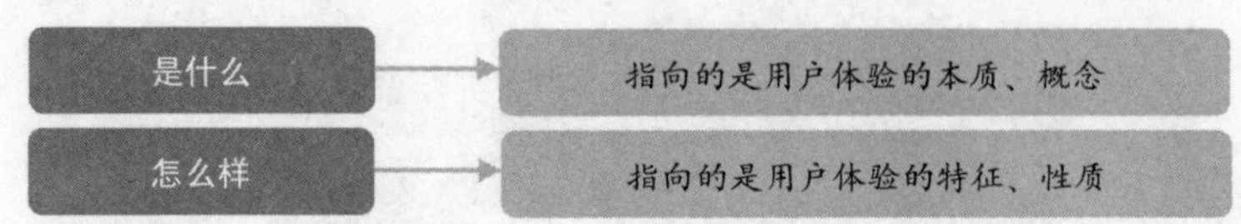

◆ 图 5-18　用户体验是什么和怎么样

❶ "是什么？"的问题

所谓"用户体验"，实质是消费者关于所消费的产品或服务的纯主观感受的总和。可以说，在产品或服务的消费过程中，企业或商家提供给消费者的基于服务这一平台的商品创造的认知印象和回应。用户体验受到很多因素的影响，总体上可分为 3 类。下面以图解的形式介绍用户体验的影响因素分类，如图 5-19 所示。

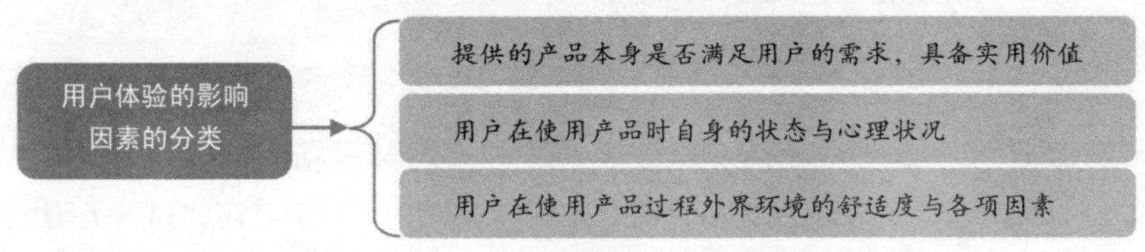

◆ 图 5-19　用户体验的影响因素分类

只有很好地从消费者的角度出发，做到以下 3 点，才能提升消费者的用户体验，才能称为好的用户体验。

（1）带来超出用户预期的惊喜与感动。在外卖企业或商家给用户提供产品或服务时，达到用户预期的体验效果并不能称为完全成功的用户体验，只有那些超出用户预期的产品或服务，才能带给用户带来额外的惊喜与感动，才能更好地提升餐饮企业或商家的形象，形成良好口碑。

（2）带来能为用户所具体感知的价值。外卖产品或服务给用户带来的体验，贯穿用户食用产品或享受服务的全过程。当外卖企业或商家在这一过程中能创造被用户具体感知的好的价值和体验。那么，它们就有可能获得竞争优势。

（3）带来贯穿每一个细节的魅力感受。细节，因其重要性，所以一直是人们特别强调要注意的问题；也因其细小，因此，也是人们经常容易忽略的问题。基

于此，注意把握细节往往更容易获得成功。下面以图解的形式介绍重视产品细节的原因，如图 5-20 所示。

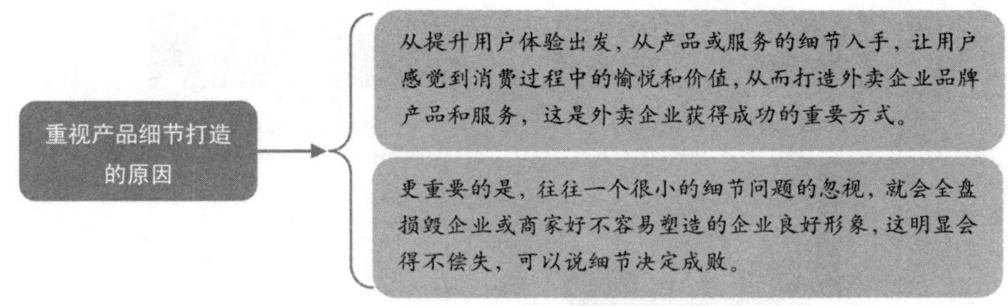

◆ 图 5-20　重视产品细节的原因

❷“怎么样？”的问题

以消费者为核心的营销中，用户体验是一个影响营销全局和发展前景的重要因素。随着外卖模式在餐饮行业应用与发展，再加上消费者的消费观念从传统的“为产品而消费”转变为“为生活而消费”，更加注重自我需求的满足。

在这种形势下，用户体验更是备受关注。因此，企业或商家所提供的、好的用户体验不仅是外卖商户营销实现的重要条件，也是提升客户忠诚度和增加客户黏度的重要保证。

营销实现与客户忠诚度的保持，它们与企业或商家之间有一个非常重要的连接途径，那就是企业品牌的建立。在如今端到端、点到点和社会化的营销布局中，企业和商家可以基于 O2O 模式的应用，通过自媒体建立自身的营销品牌。

可见，用户体验的提升是建立企业品牌的绝佳途径。对外卖企业或商家而言，改善和提升用户体验，可以使得消费者在某种程度上重新认识品牌产品，并在此过程中形成企业或商家与消费者互动的营销模式。

5.3.2　满足各类用户的线上需求

随着越来越多的外卖企业开始注重线上渠道的开拓，实现流量的转化，如何打造优质的线上服务，满足各类用户的消费需求，为消费者提供好的线上服务体验，成为外卖企业或商家运营过程中需要思考的问题。

❶ 店铺公告

对于外卖店铺来说，店铺公告是进行线上内容营销的重要区域之一，商家可以在此对进入店铺的顾客进行宣导，体现出商家的良好用心，增强用户体验。如图 5-21 所示为饿了么平台上的店铺公告。

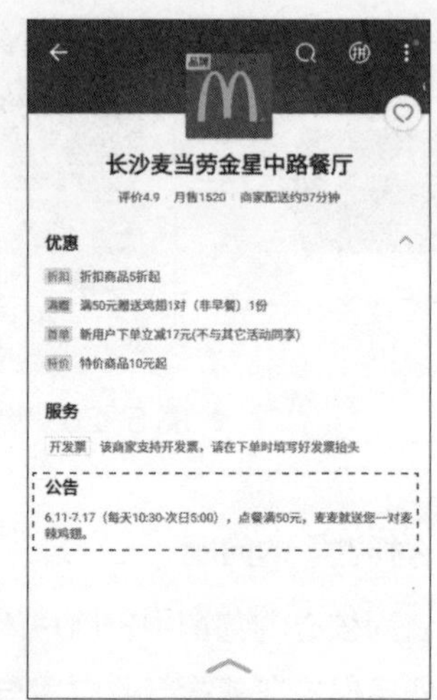

◆ 图 5-21　饿了么平台上的店铺公告

外卖商家可以通过店铺公告来宣传自己的品牌理念和店铺信息，主要内容如图 5-22 所示。商家在编写公告内容时，可以根据实际情况展现一个要素，如主打特色菜的店铺可以在公告内容中展示自己的“特色菜品”；或者可以同时结合两个要素，如新店开业可以主打“新品推荐”+“促销活动”。

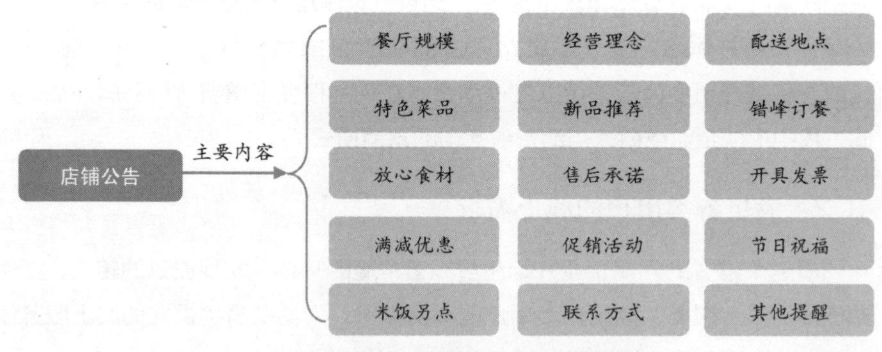

◆ 图 5-22　店铺公告的主要内容

例如，“快乐柠檬”外卖店铺的公告内容就是主打“经营理念”+“餐厅规模”，

如图 5-23 所示。“良品铺子”外卖店铺的公告内容则是主打应季新品“话梅果干”，如图 5-24 所示。

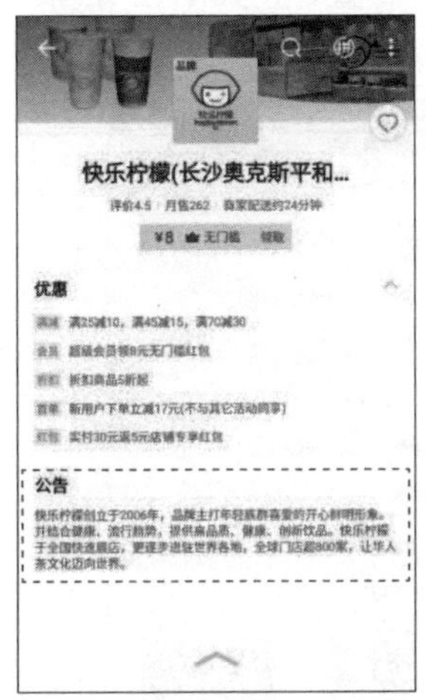

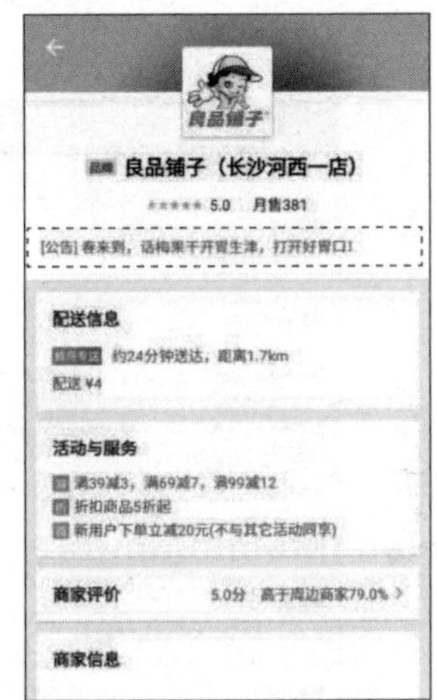

◆ 图 5-23 “快乐柠檬”的店铺公告 ◆ 图 5-24 “良品铺子”的店铺公告

需要注意的是，外卖店铺的公告内容尽量精辟、简洁、易懂，不能与店铺主营产品偏离，可以突出品牌概念，或者突出活动信息。

❷ 营业资质

外卖店铺也属于电商范围，用户在线上点餐时，是看不到产品实物的。因此信任度比线下实体店要更低。此时，外卖商家可以尽可能地完善店铺的营业资质信息，以便消费者能够在线上店铺内查看，如图 5-25 所示。

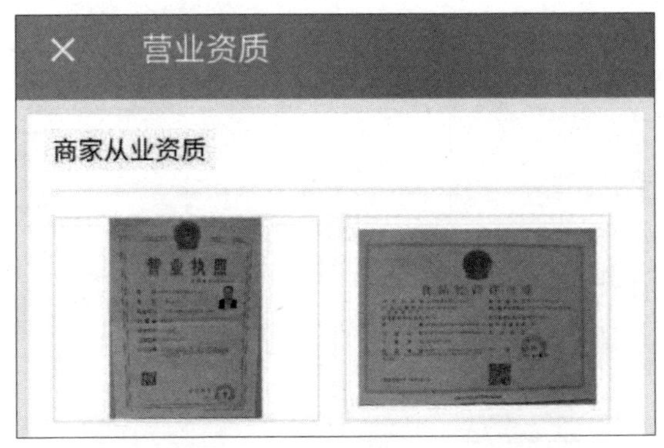

◆ 图 5-25 查看店铺的营业资质信息

商家的营业资质越详细，越能让用户放心购买，因此商家尽可能在后台编辑好商家信息和相关资料，包括食品安全监督公示、单位名称、经营地址、法定代表人、许可证号、经营范围、有效期以及从业资格证等，如图 5-26 所示。

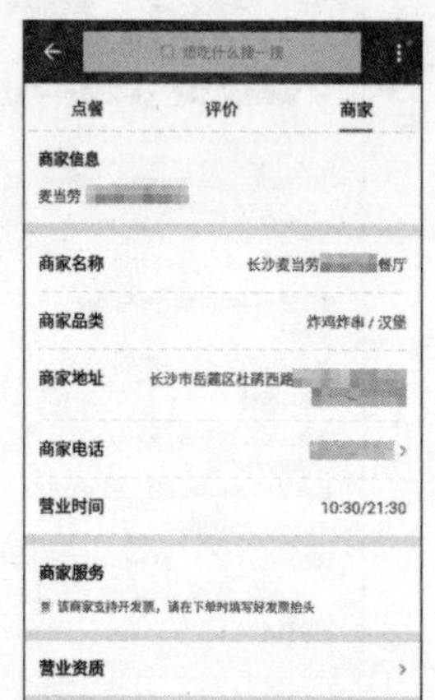

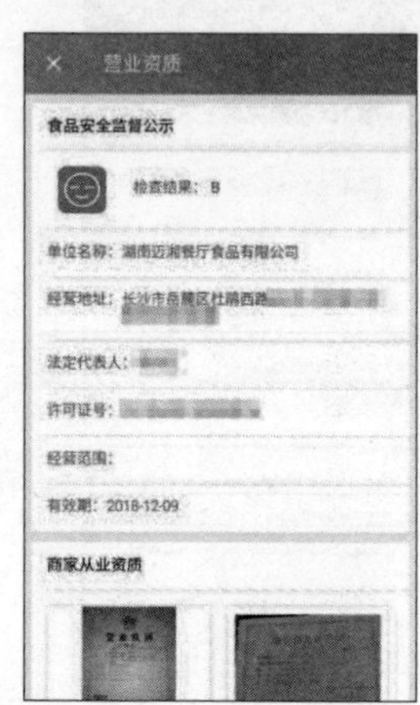

◆ 图 5-26　商家信息和营业资质要尽可能设置得详细一些

❸ 商家服务

外卖商家服务主要包括开具发票和接受预订两种。

步骤 01 开具发票：开具发票能够很好地保障消费者的相关权益，而且还有很多用户需要发票凭证来报销，因此提供开发票功能的店面能够给消费者带来更好的线上体验，如图 5-27 所示。不过，很多外卖店铺的发票都必须满足一定的订单金额，如图 5-28 所示。

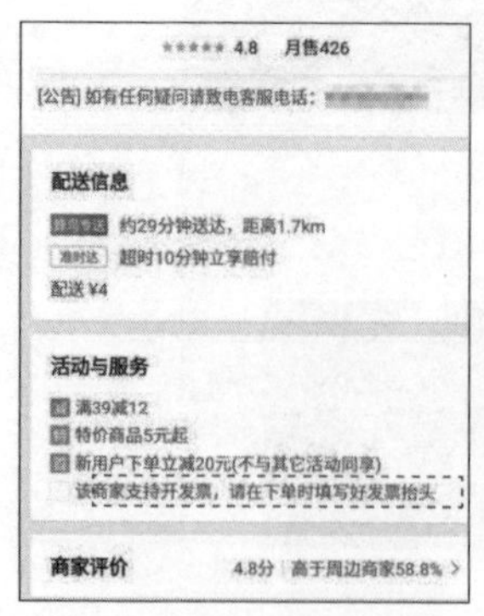

◆ 图 5-27　开发票功能

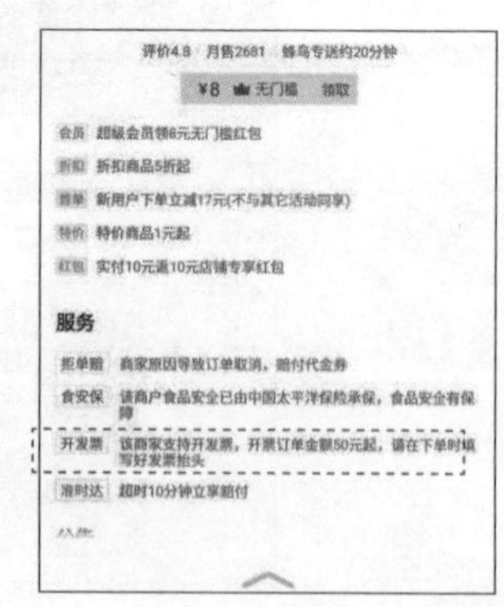

◆ 图 5-28　发票需满足一定订单金额

步骤 02 接受预订：大部分外卖商家都会提供接受预订功能，也就是还没到饭店营业时间，店员还不好接单，但是消费者可以下单预订，商家营业后就会马上给你送过来，可以让消费者不至于错过点餐时间，同时在配送时也能更快送达。如图 5-29 所示。消费者在白天即可预订夜宵类外卖，到了规定时间后商家就会开始配送。

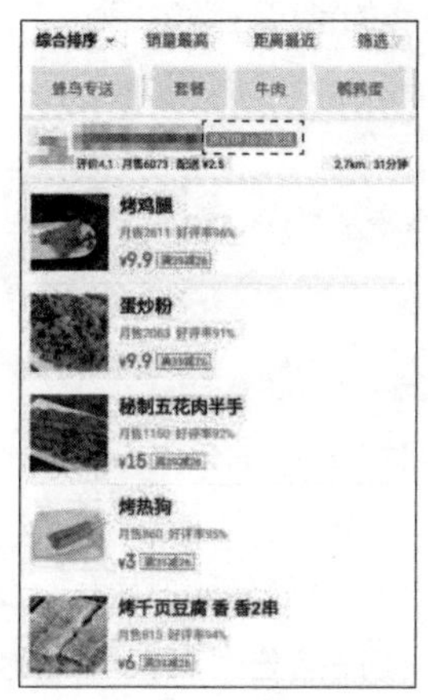

◆ 图 5-29 在白天也可以预订夜宵类外卖

❹ 产品分类

产品分类是指按照一定的分类标准，将外卖产品划分到相应的范围。做好产品的分类工作，一方面能引导消费者顺利找到需要的外卖产品；另一方面也能充分展示出外卖企业或商家在细节处的关注度，从而间接提升消费者对外卖企业或商家的好感与信任度。

在进行产品分类时，需要明确一定的分类标准。在设立分类标准时，外卖商家不仅要考虑到产品本身体现出来的分类特征，如原材料、做法和口味等，还需要考虑到自身品牌定位与目标消费群体的需求。

产品分类在一定程度上体现了外卖企业提供的产品的特色与价值。产品分类是否科学，将对消费者线上体验的好坏产生重要影响。因此，掌握一定的产品分类技巧对外卖企业或商家是十分必要的。下面以图解的形式介绍产品分类的常见分类依据，如图 5-30 所示。

为了保证产品分类的准确性与科学性，最大限度地体验产品的特征与价值，外卖企业或商家在进行产品分类时，应遵循相应的分类原则。下面以图解的形式介绍在进行产品分类时应遵循的分类原则，如图 5-31 所示。

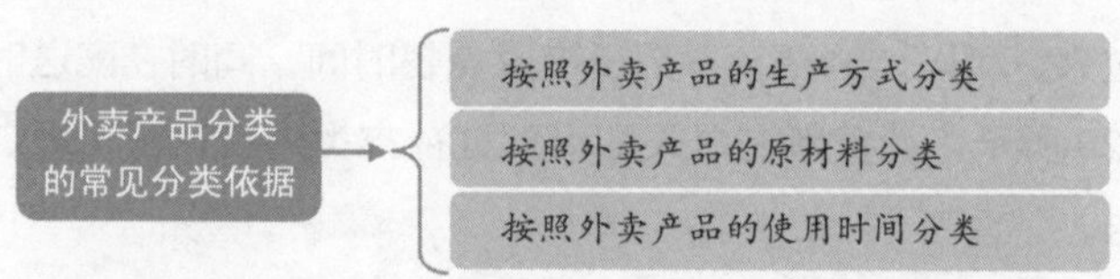

◆ 图 5-30　外卖产品分类的常见分类依据

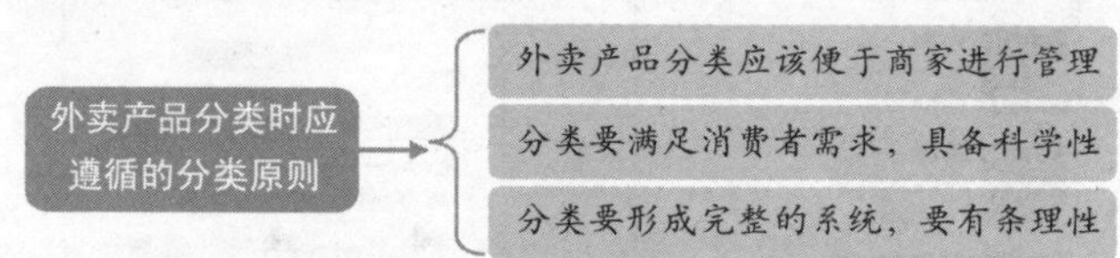

◆ 图 5-31　外卖产品分类时应遵循的分类原则

要真正做好产品分类工作，除了在分类时体现产品的特征，凸显产品的价值之外，还需要注重产品之间的内在关联性，使产品分类具备一定的层次，体现系统化特征。产品分类是否细致，在一定程度决定着消费者消费体验的好坏。

例如，一家名为“中国兰州精品拉面”的外卖店，在产品分类上就做到了细致全面，如图 5-32 所示。商家不仅注重产品分类的细致，还详细展示了产品的图片，列出了网友推荐的菜品，帮助消费者更好地进行产品选择。

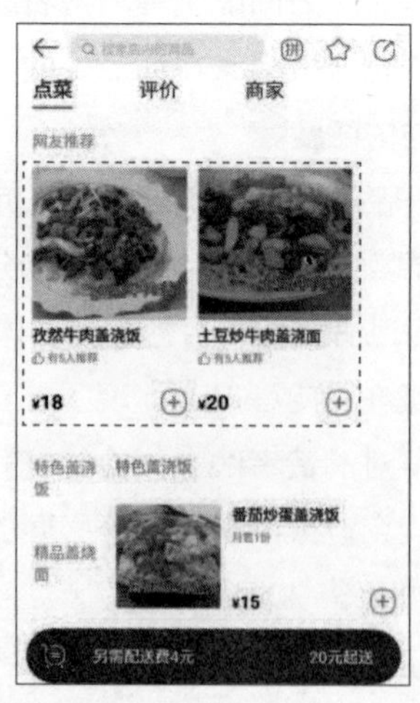

◆ 图 5-32　“中国兰州精品拉面”的产品分类

❺ 印象墙

在美团外卖平台中，平台会根据店铺的用户评论来摘取其中的关键字，组成一个“印象墙”，如“服务好”、“好吃”以及“分量足”等，让店铺的优势一目了然，更好地帮助消费者了解店铺特色。如图 5-33 所示为“大碗厨”某店铺的印象墙。

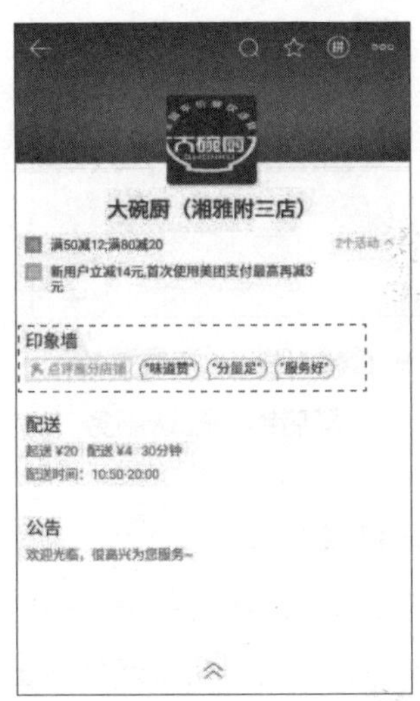

◆ 图 5-33 “大碗厨”某店铺的印象墙

5.3.3 打造优质的线下体验服务

相对于线上体验而言，线下体验更容易获得消费者的信任，这是线下运作的优势之一。基于这一优势，消费者在享受线上消费的同时也普遍希望线上企业提供更多的实体终端以供他们体验产品。下面就以线下体验为主题进行具体介绍。

❶ 配送速度

通常，外卖平台会要求商家标明送达时间，商家应尽可能在此时间段内完成配送，而且骑手在接单的时候也要把握好配送距离。如图 5-34 所示。“尚粤粥铺”某店铺由商家自己提供配送服务，并在配送说明中有注明“送达 43 分钟”。

另外，很多商家是与平台签约的配送服务。如“蜜哆哆韩式炸鸡”某店铺采用饿了么平台的蜂鸟专送配送服务，显示送达时间约为 32 分钟，同时还提供了“准时达”服务，超时消费者可以获得赔付，如图 5-35 所示。

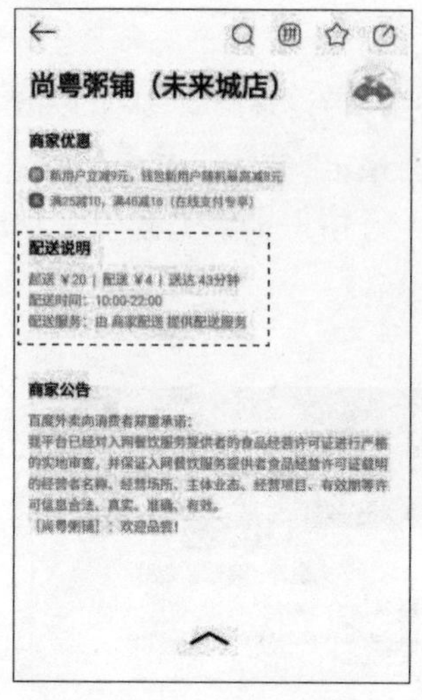

◆ 图 5-34 “尚粤粥铺”某店铺的配送服务

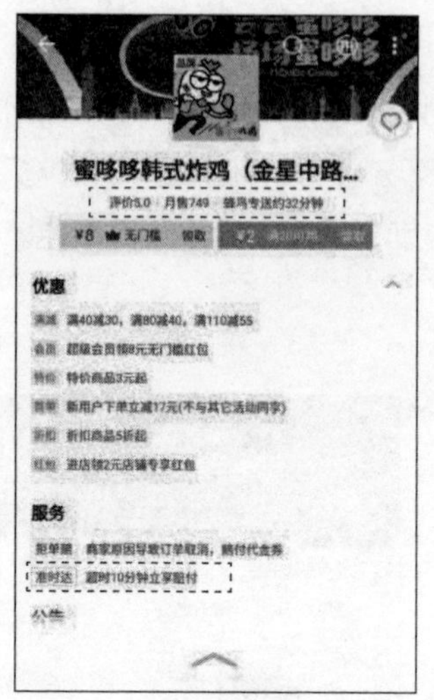

◆ 图 5-35 “蜜哆哆韩式炸鸡”某店铺的配送服务

❷ 到店自取

在美团外卖上，还有一种“到店自取”服务，如果餐饮商家开通了“到店自取”功能，则消费者在美团外卖上提交订单后，有“外卖配送”和“到店自取”两个功能，如果顾客是在回家的路上提交订单，而在回家的路上刚好需要经过下单的餐饮店铺，那么顾客可以选择“到店自取”服务，而且可以省去配送费。

在如图 5-36 所示的美团外卖店铺中，用户选择相应的菜品后，左下角显示“支持到店自取”服务，表示该商家已开通该功能，选择好菜品后，点击下方的“去结算”按钮，进入“提交订单”页面，其中包括“外卖配送”和“到店自取”两个标签，点击右侧的“到店自取”标签，确认信息无误后，点击下方的“提交订单”按钮，然后进入支付页面，支付成功后即可到店自取食物。

❸ 0 元起送

很多消费者在选择外卖产品时比较看重起送门槛，如果商家的起送门槛都设置得比较高，而消费者只是想点一杯咖啡或者一个小蛋糕，可能为了凑满起送要求，不得不多点一些分量，用户体验自然不会太好，如图 5-37 所示。

商家可以根据自己的品类、配送范围和配送费来有选择性地推出“0 元起送”服务，更好地为用户服务，如图 5-38 所示。

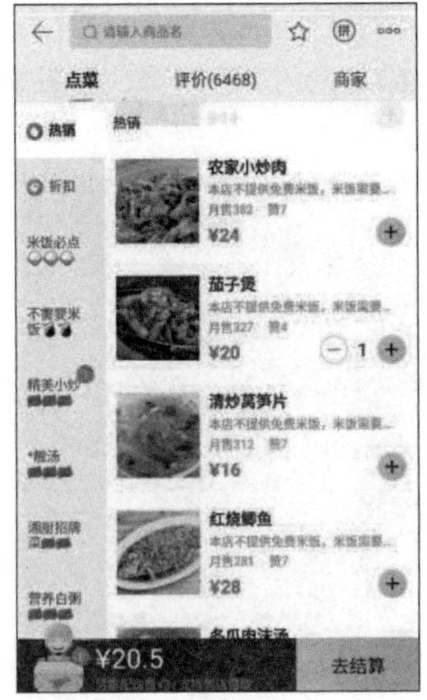

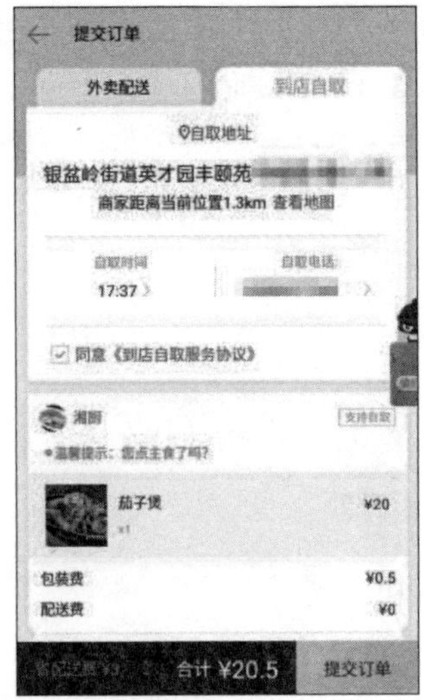

◆ 图 5-36 “支持到店自取”服务及相关操作

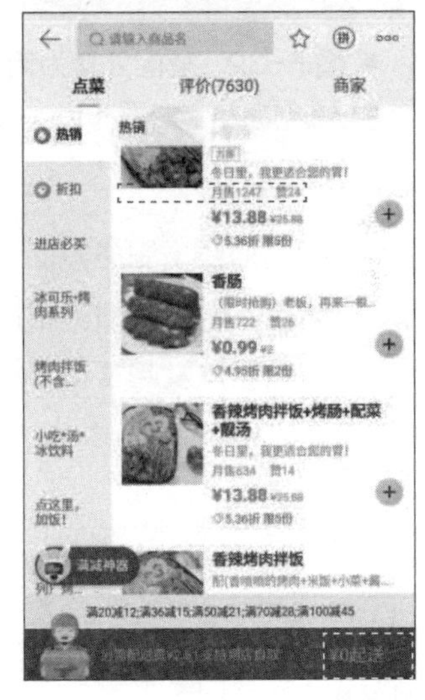

◆ 图 5-37 起送门槛为 42 元 ◆ 图 5-38 “0 元起送”服务的商家

❹ 货到付款

货到付款是一种常用的电商支付方式，也就是说，消费者可以在收到外卖后再付款，对于那些没有开通在线支付或者线上钱包余额不足的消费者来说，这会让支付更加便捷和灵活，带来更好的支付体验。

例如，用户可以在美团外卖的筛选菜单中选择“货到付款”选项，然后选择商家订外卖，在付款时将“支付方式”设置为“货到付款”即可，如图 5-39 所示。

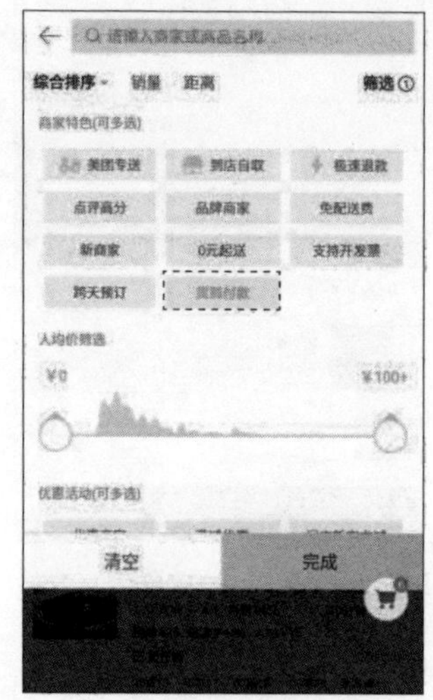

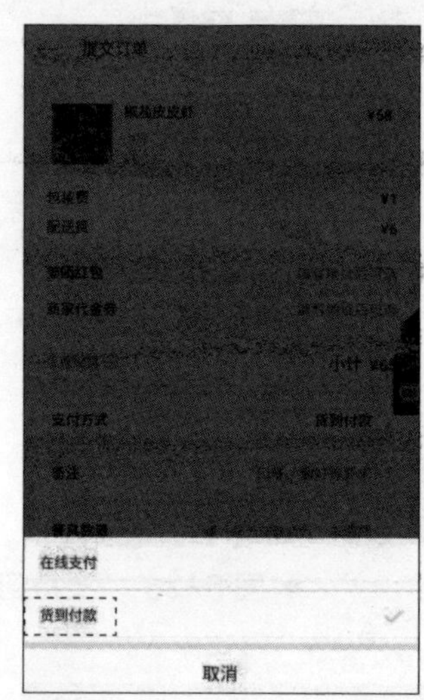

◆ 图 5-39　美团外卖为用户提供货到付款的便捷支付方式

❺ 其他线下服务

在外卖平台的其他线下服务方面，平台和商家都可以从细节出发，为消费者提供更好的服务体验。例如，很多用户是在家里叫的外卖，根本不需要餐具，美团外卖平台针对这些用户发起了“不需要餐具”活动，减少消费者一次性餐具的使用量，让外卖更加环保节约，如图 5-40 所示。

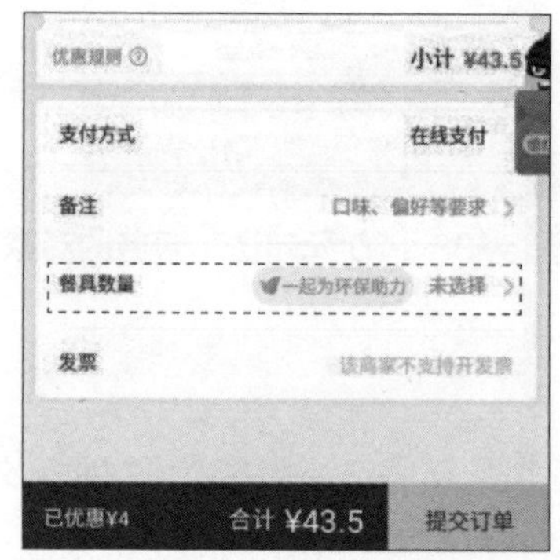

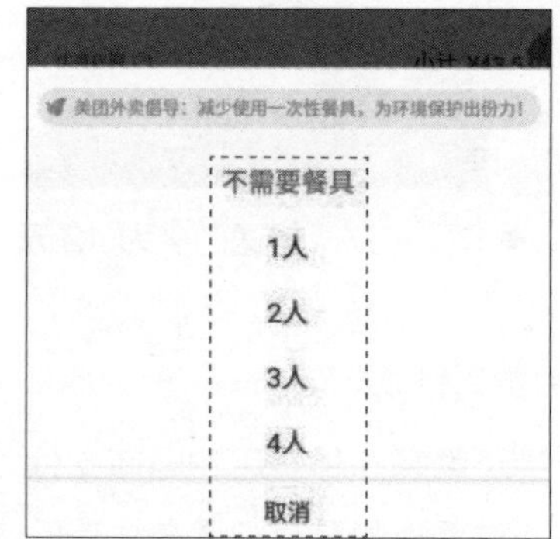

◆ 图 5-40　在提交订单界面用户可以根据需要选择“不需要餐具”选项

在外卖市场中，各大平台已经逐步由价格厮杀的粗放式竞争模式，转变为看谁更走心的用户体验比拼。总体来说，外卖的线下服务并不多，但平台和商家可以在这些有限的服务中继续努力，挖掘用户的需求痛点，为用户带来更好的购物体验，提高自己的竞争力。

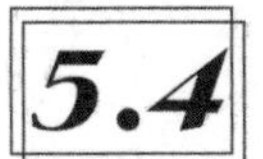

5.4 提升用户消费体验、培育用户忠诚度

互联网的核心思维是“以人为本”，用户体验变得越来越重要，外卖行业的管理者可以为用户带来超乎他们预期的产品体验，从而赢得用户的口碑，培育用户忠诚度，减少客户流失。

5.4.1 完善送餐物流

在互联网时代，送餐物流是外卖服务的基础载体，外卖送餐的及时性与准时性是广大消费者对于外卖考量最为关键的因素，也是大家最喜欢抬杠的地方，甚至网上还流传着这样一些有趣的段子，如图 5-41 所示。

◆ 图 5-41 关于送餐物流的有趣段子

各大外卖平台为了解决送餐时速问题，纷纷建立了完善的物流体系，并通过大数据手段来优化送餐员的路线，让外卖送到用户手中的时间最短、成本最低，从而让用户的体验得到很好的提升，并开拓更多的市场份额。

5.4.2　提高餐品品质

近年来，食品安全各方面信息广受消费者关注，随着人们消费水平的不断提高，对食品的质量要求也越来越高，关于健康食品的词汇频繁出现在人们的视线中，如“无矾油条”、“一次性汤锅的火锅”、“绿色无污染的蔬菜”以及“无添加剂零食”等，这就意味着外卖商家要从观念和行动上对产品做出更高质量的要求。

品质不是一句口号，而是根植于商家内心的健康意识。近年来，一些餐饮产品在制作上已经发生了“革命性”的健康转变。同时，各大外卖平台上展示的健康有机蔬菜销量也非常可观，这就意味着消费者对食物选择的趋势正在向健康化和环保化转变。例如，“领沛鲜果”某店铺提供“现切监控”、“坏果包赔”以及“鲜果鲜切”等服务，同时还有提供了食品安全档案，提升外卖产品的品质，如图 5-42 所示。

◆ 图 6-42 “领沛鲜果”某店铺打造品质服务

任何产品和服务，要想有好的口碑，保证自身品质是最基本的策略，外卖行业的营销也是如此。注重质量的外卖品牌才能家喻户晓，尤其是在人们需求越来越高品质化的时代，商家应该把目光聚焦到产品质量打造上来。

5.4.3 增加产品品类

任何产品和服务，要想有好的口碑，保证自身品质是最基本的策略，而不断开发新品类才能有源源不断的新客源。开发新品类在保证质量的前提下还需要不断创新，创新又需要该产品满足消费者需求，如果一个新品既新颖又能满足用户需求，那就意味着该新品在推陈出新上做到了出类拔萃。

例如，“遇见小面”针对不适合做外卖产品的面条和米粉等品类进行技术创新，推出“生面食材 + 小面锅”煮食外卖组合，解决了面食外卖易软、易烂的痛点，增强了消费者的体验感，如图 5-43 所示。

◆ 图 5-43 “遇见小面”推出的“生面食材 + 小面锅”煮食外卖组合

5.5 用户运营：打破顾客留不住的“魔咒”

在“用户为王”的互联网营销时代，外卖也是带着强烈互联网属性的产品。因此，外卖行业的企业和商家更要做好用户运营。数量众多的外卖用户，对于不同外卖平台和商家店铺的体验也是有区别的，不可能是完全一样的。正是这样体验决定了他们对平台的感觉，也决定了有多少用户愿意继续留在平台上。

从客观上来说，外卖平台的功能和店铺产品是不可能十全十美的，总是存在让用户感觉不如意或欠缺的地方，只有不断减少这种让用户不如意的体验，才能有效减少用户流失，留住用户。

那么，在具体的过程中，面对客观的、可能存在的问题和用户的主观的不完美的体验，外卖企业和商家要做的就是去跟踪收集用户的体验，从而区分出哪些地方在运营上是做得好的，哪些又是需要改进的，把这些资料和信息收集整理出来，才是解决问题的关键，才能打破顾客留不住的“魔咒”。

5.5.1 新客获取：减少成本，提高新客质量

外卖企业和商家需要想尽一切办法，吸引新客的注意并引导他们进店消费，才能成功地打入市场，在激烈的竞争中脱颖而出。

❶ 新商家拉新技巧

对于那些刚上线、无客源积累的新商家来说，需要针对新客降低试错成本，达到拉新的目的，避免活动成本的浪费。

新商家拉新最主要的武器就是利用好平台为其准备的“排序特权”，开启后获得更好的排名推荐，可以让门店被更多顾客看到，更容易接到订单。例如，在美团外卖平台上，有超过一半的流量都是来自于首页排名的推荐，符合相关条件的新商家可以在开业的前 30 天内，免费开启“7 天排序加权”，让门店获得更好的排名展示位置，如图 5-44 所示。

◆ 图 5-44　开启“排序特权”的门店会在排名较靠前的位置进行随机轮播展示

从图 5-44 可以看到，很多新商家的排名甚至比很多品牌商家还高，曝光量更大，可以帮助店铺顺利获得第一批用户，让门店运营步入正轨。如图 5-45 所示为某个新商家开启“排序特权”前后的下单人数对比。

商家如果要查看加权效果，可以登录美团外卖商家后台，进入“经营分析→经营数据”界面中查看，如图 5-46 所示。

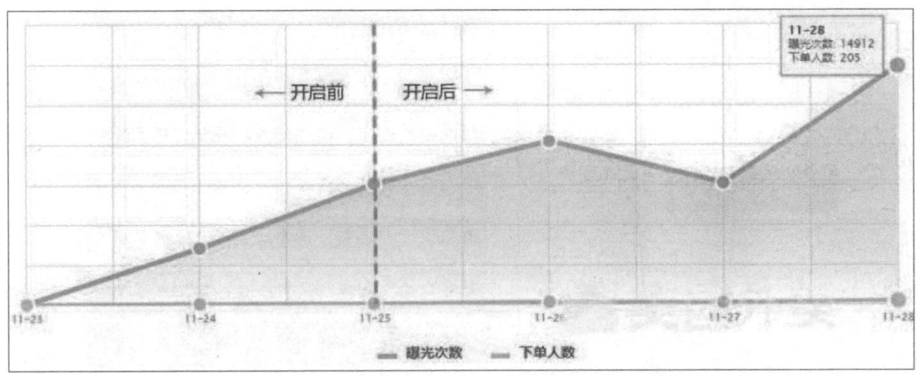

◆ 图 5-45　开启“排序特权”后店铺的曝光次数和下单人数明显升高

◆ 图 5-46　查看加权效果

需要注意的是，每个新商家只有一次加权机会，因此一定要做好完善的准备工作后再开启“排序特权”。如图 5-47 所示为开启“排序特权”的基本条件。

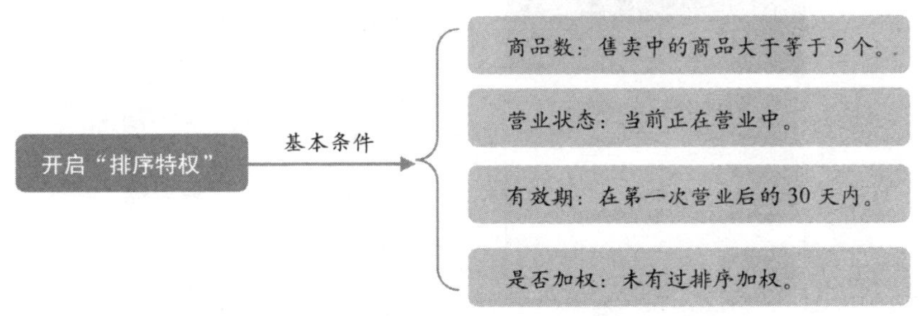

◆ 图 5-47　开启新商家“排序特权”的基本条件

开启“排序特权”后可以快速获得大量的客流量，此时商家还需要关注顾客的体验，采取一定的经营策略来留住每一个下单的顾客，具体方法如图 5-48 所示。

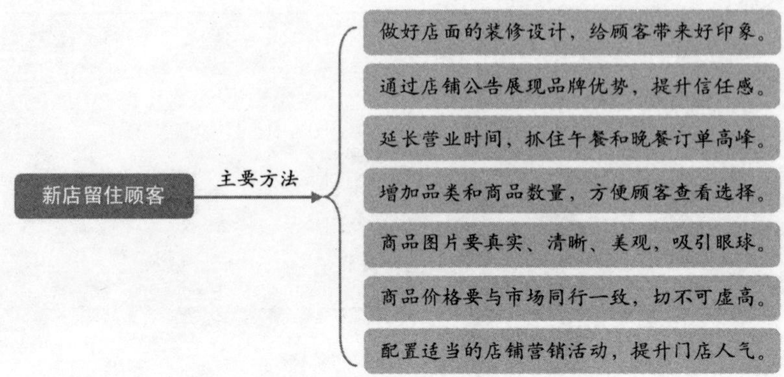

◆ 图 5-48　新店留住顾客的方法

❷ 老商家拉新技巧

老商家在面临新客流量少，以及新客的增长量降低和缓慢的情况时，就需要针对新客降低试错成本，调整顾客结构，使得门店再度良好发展。

很多老商家在碰到订单量下降时，首先想到的就是提示满减活动的力度，这种方法其实是治标不治本的，而且会造成资源的严重浪费。其实，商家应该进行顾客分析，找到下单人数减少的原因，如果是新客下降则可以推出新客立减活动，针对新客集中营销资源，激发店铺的拉新竞争力。

如图 5-49 所示为“香他她煲仔饭”某店铺推出了“本店新用户立减 3 元”的活动，新顾客在下单支付时会自动享受“门店新客立减 3 元”的优惠。

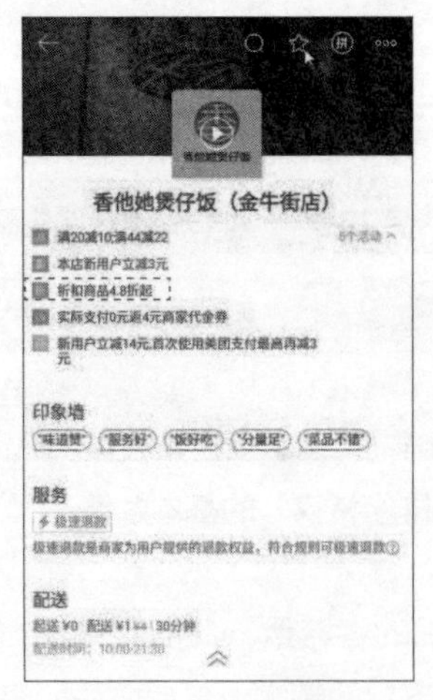

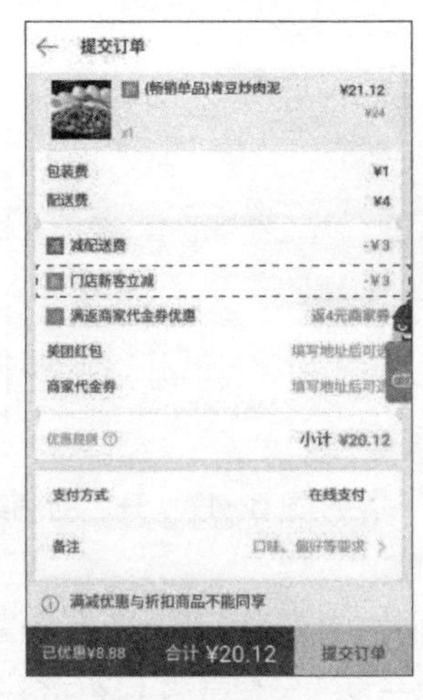

◆ 图 5-49　“香他她煲仔饭”某店铺推出的新客立减活动

5.5.2 老客维护：增加存留，轻松沉淀老客

外卖店铺的消费者总体来说可以分为两类，即新客和老客，店铺每天的订单都是由他们两者组合而成的。当商家发现自己的店铺订单量减少时，可以通过分析新老客的占比，并根据实际情况进行拉新或者老客维护，提升店铺的订单量。

其中，老顾客是保证店铺长久运营的忠实客户，其获取成本要远远低于新客，对于商家来说非常重要。同时，老顾客还会给店铺带来口碑传播，吸引身边的亲朋好友进店消费，提升店铺的品牌知名度和利润。

❶ 更新菜品

老顾客经常在一家店铺吃外卖，时间长了难免会吃腻，因此商家可以通过更新菜品来营造新鲜感，尽可能保证至少每个月推出一个新品。同时，商家还可以运用销量数据来维护新品。如图 5-50 所示。如果新品的销售和评价都不太好，商家需要思考问题出在哪里，并及时进行改进。

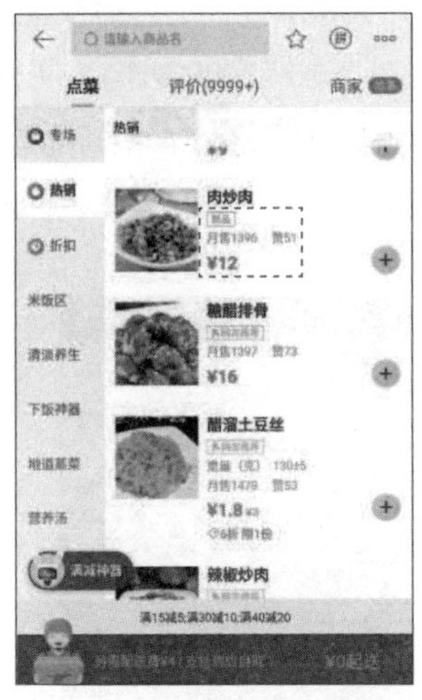

◆ 图 5-50 商家应多关注新品的销量和评价，从中发现顾客的问题

❷ 优化活动

商家可以根据店铺后台的数据分析，找到老顾客的需求喜好，调整和优化店铺的营销活动，快速给门店带来人气，同时增强老客的存留。例如，美团外卖商家可以在电脑端后台中设置让老顾客觉得实惠、超值的活动，增加他们下单的意愿，如图 5-51 所示。

◆ 图 5-51　通过美团外卖商家端后台设置店铺活动

❸ 微信运营

当店铺推出新菜品时，很多商家由于并没有建立与老顾客沟通的渠道，因此没有办法将新菜品第一时间通知给他们，也无法获取他们的意见反馈。正因如此，商家可以利用微信群和公众平台等渠道，实现与老顾客的零距离沟通，加强彼此的情感联系。例如，真功夫在微信公众平台上发送优惠信息和新品信息，同时推出“功夫送”服务，通过多渠道满足顾客的订餐需求，如图 5-52 所示。

◆ 图 5-52　通过微信公众号更好地服务顾客

除了公众平台外，微信群也是一个很好的沟通工具，商家可以通过以下两种方式来引导用户进群，如图 5-53 所示。

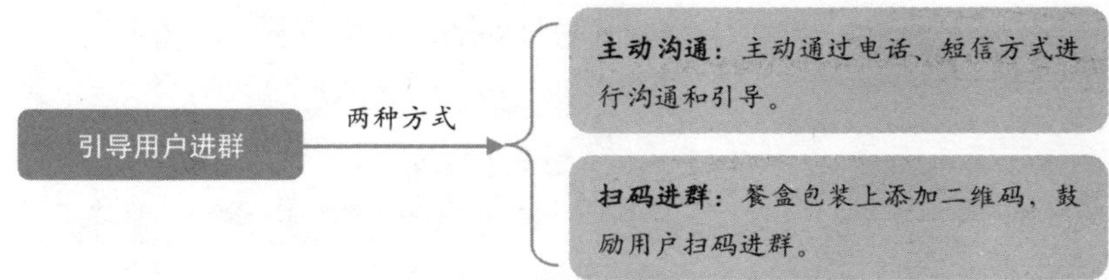

◆ 图 5-53　引导用户进群的两种方式

微信群相关的日常维护方法主要包括与顾客的沟通互动、红包分享以及发放其他福利等，给老顾客提供一些特定的优惠，刺激老顾客多次消费，增强用户的活跃度和黏性。同时，商家可以在微信群中推荐店内的新品，收集用户的意见，以及鼓励用户给予好评。

5.5.3　评价优化：提高消费者评价的权重

用户评价的主要意义在于帮助商家获得反馈，了解自己的门店商品和服务的优势和不足之处，好的地方可以继续保持下去，不好的地方则需要及时进行改正。同时，商家还需要经常对用户评价进行维护和管理，不管是好评还是差评都需要积极回复，让顾客感受到你的用心服务，如图 5-54 所示。

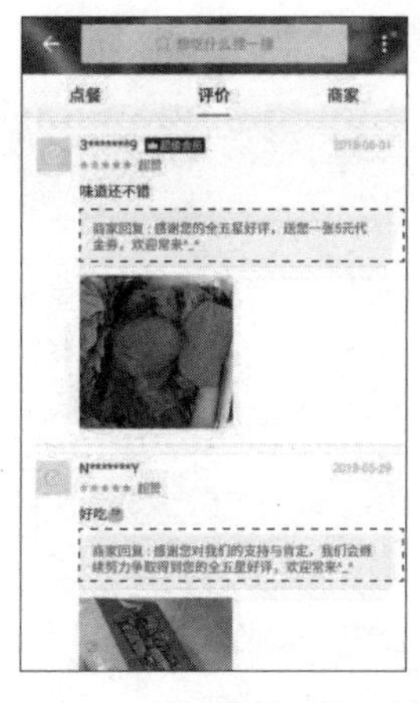

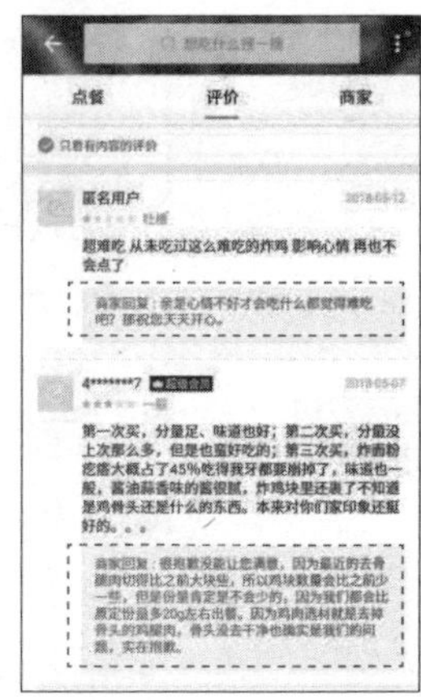

◆ 图 5-54　关注与回复顾客的评价

好评越多，店铺的排名就越高，曝光也就会越多，而且还能给其他顾客起到引导作用，能够间接提升店铺转化率和交易额。如图 5-55 所示为回复好评和中评常用的技巧和关键词。

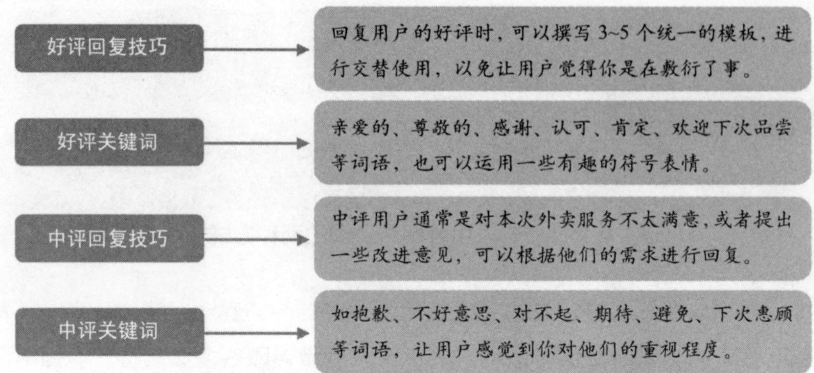

◆ 图 5-55　回复好评和中评常用的技巧和关键词

需要特别注意的是差评处理，首先要及时给用户道歉，然后进行相关的解释，让用户获得满意的答案，从而给顾客留下良好的印象，并减轻这些差评对于店铺的影响。对于差评千万不可置之不理，否则容易让其他消费者认为你是在默认差评中的看法。如图 5-56 所示为处理各种差评的相关技巧。

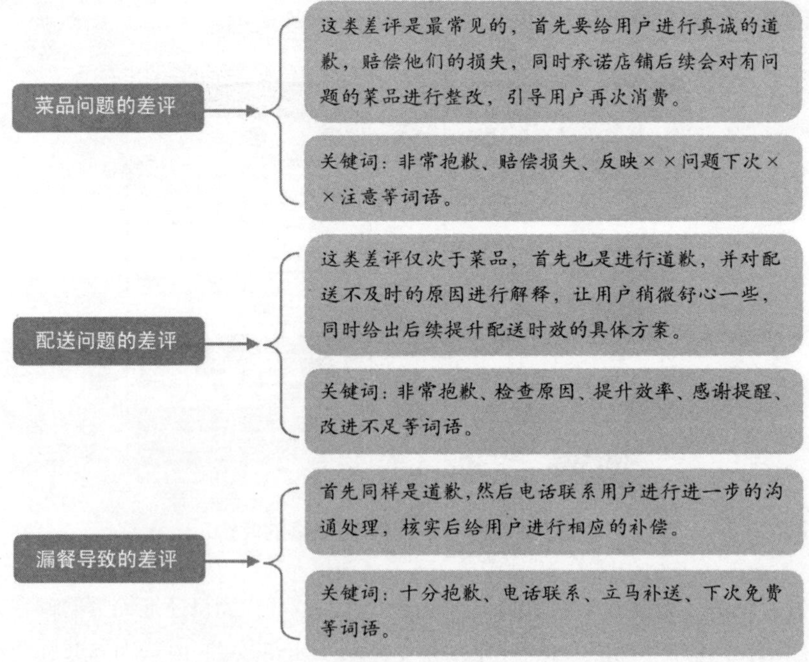

◆ 图 5-56　回复各种差评的相关技巧

专家提醒

尤其是一星差评，对于店铺的影响非常严重，出现这种差评的主要原因包括配送慢、包装破损、缺餐、少餐、错餐以及口味等。因此，商家需要做好产品的体验，提升菜品口味，避免出现缺餐、少餐以及错餐的现象。例如，有汤的菜品可以在盒盖上在覆盖一层保鲜膜，避免汤洒漏出来。

外卖商家还会经常遇到顾客的恶意差评，他们明明都说对菜品和服务很满意，但偏偏就是要给差评，面对这种情况可以收集证据并举报。

最后，商家在接收订单、预备餐品以及配送物流等过程中，很可能会出现一些漏送商品、送错地方、没有送到、质量问题以及配送超时等意外状况，从而导致用户对店铺进行投诉和举报。例如，对于用户举报的店铺刷单和价格虚高等问题，美团外卖还会给予用户一定的红包奖励，如图 5-57 所示。

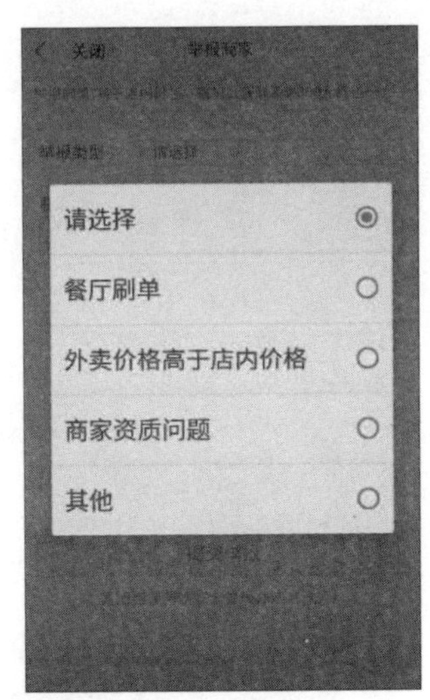

◆ 图 5-57　用户遇到上述问题时可以进行举报

遇到用户的投诉或举报后，商家必须及时联系用户，并合理解决他们的问题，具体方法如图 5-58 所示。尽可能地挽回用户对你的信任感。

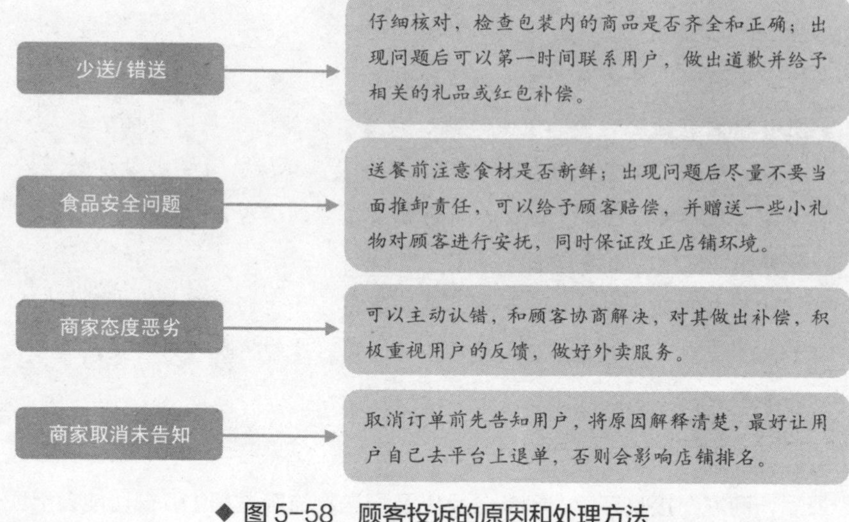

◆ 图 5-58　顾客投诉的原因和处理方法

配送优化，完善物流提升用户的体验

对于外卖行业来说，最后一公里的物流配送相当重要，是影响用户体验的关键因素，掌握了物流配送就相当于握住了用户体验。

物流配送是连接商家和消费者的重要渠道，外卖商家除了要提供高品质的菜品外，同时还必须在配送环节多下功夫，提升用户的满意度。

6.1 做好这 4 点，让顾客对你不离不弃

如今，在竞争激烈的外卖市场中，用户有着更多的选择，商家除了需要提升菜品来争夺用户外，还需要优化配送环节，为用户带来更好的服务。

在外卖产品从商家传递到用户的过程中，骑手成为连接彼此的重要桥梁，他们主要负责取餐和送餐的工作。其中，外卖的配送速度和其他服务，如包装破损、漏发餐具以及菜肴洒漏等，都会对用户体验的好坏产生直接影响，同时还会对用户评价产生影响。

6.1.1 优化配送时长：注意出餐速度和时间

在所有的外卖服务中，用户最大的痛点就是配送慢，不能及时吃到外卖。配送时长可以用一个简单的公示来表示。

配送时长 = 商家出餐 + 骑手配送

在商家出餐的这个过程中，也有很多可以进行优化的地方，如接单时长、备餐时间和打包时间，前面说过的设计合理的动线、标准的生产流程以及合适的外卖厨房等方法，都可以大大缩短配送时长。

❶ 接单

很多商家由于手机端设备提醒声音小与手机不响的情况，或者店铺堂食比较忙等原因，没有及时进行接单操作，此时可以采用自动接单的方式来提升效率。

例如，美团外卖的手机端无法直接设置自动接单，但商家可以配置一台 GPRS 打印机或者 WiFi 打印机来实现手机端的自动接单功能，如图 6-1 所示。

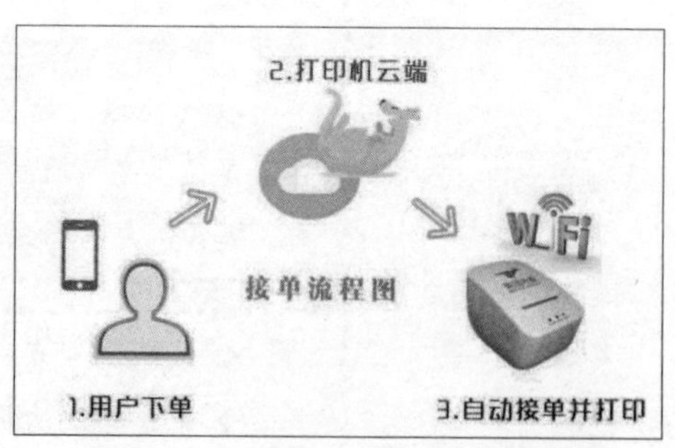

◆ 图 6-1 通过 WiFi 打印机实现手机自动接单

美团外卖的电脑端则可以在后台进入“店铺设置→系统设置→自动接单设置”，开启“PC 自动接单”功能即可。同时在后厨配备一台打价机，

在接单的同时可以直接打出小票，节省更多时间。

❷ 备餐

有很多商家经常会碰到下面这些情况，相关问题及解决方法如图 6-2 所示。

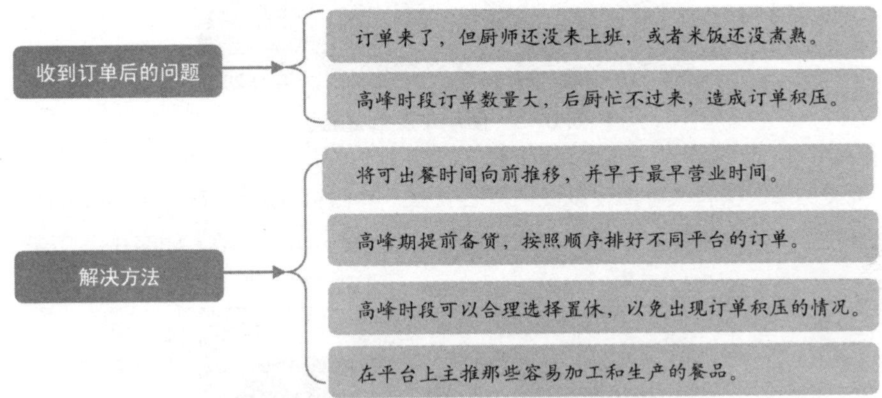

◆ 图 6-2　商家接单时经常会碰到的问题和解决方法

❸ 打包

很多商家都是在等待骑手到店取餐时，才根据取餐号进行打包，严重影响骑手的出发时间。另外，还有一些商家则是将打包后的餐品全部堆放在一起，骑手需要从大量的餐品中找出要配送的订单，不但浪费时间，而且还容易拿错。

因此，商家需要做到出餐即打包，减少骑手的等待时间，同时还可以定制一些餐品摆放的架子，并按平台分类摆放，以及按订单号来排好顺序，方便骑手快速、准确地找到要配送的餐品。

6.1.2　外卖包装服务：餐盒设计和包装选择

俗话说“好马配好鞍”，好的美食也需要搭配精致的包装，外卖餐品的包装设计服务也是可以博得消费者好感的因素，不仅能提升用户体验，而且还可以显得餐品的格调更高。

外卖包装的基本保障是不变形、不外溢、不受污染，商家可以从包装的外观、质量和细节上给用户带来更好的体验，从而让用户产生认同感，带来口碑传播。

例如，沙拉寿司等外卖餐品可以选择健康环保、无异味的牛皮纸餐盒，可以防水防油，防止渗漏，能更好地盛放食物，如图 6-3 所示。

◆ 图 6-3　使用牛皮纸餐盒包装

又例如，快餐类外卖可以使用双层餐盒，其包装特点是带有凹凸设计方便用户拿取，而且多格内胆可以实现饭菜分离，不会导致菜品串味，如图 6-4 所示。

◆ 图 6-4　使用双层餐盒作为快餐类外卖包装

在选择外卖包装塑料袋时，尽可能使用牢固耐用、健康无异味、滴水不漏和承重力强的产品，同时可以使用大气有档次或者可爱的卡通外观设计，让用户收到外卖后能保持心情愉悦，如图 6-5 所示。

专家提醒

另外，在配送外卖的过程中，包装通常都是放在电动车后面的外卖箱中，在骑手送餐时难免会产生碰撞。因此，商家必须将餐品包装得结实一些，确保里面的汤水、饮料和酱汁等液体不会洒漏。尤其在冬季比较寒冷时，最好选择有保温性能的外包装材料，以免餐品送到用户手上时变凉，影响用户的体验。

◆ 图 6-5　外卖包装塑料袋

6.1.3　做好配送管理：大幅提升效率和体验

互联网时代的消费者具有明显的个性化特征，因此不同用户对于外卖的配送体验都不一样，具体表现在感知度和要求两方面。一些做得好的商家注意到了这个细节，他们会根据用户定位来设置不同的配送管理，大幅提升了送餐效率和用户体验。

例如，由于学生对于价格比较敏感，外卖品牌“台资味”便针对校园用户推出了很多“双拼套餐便当”，同时建议用户进行拼单，帮助学生用户节省配送费，如图 6-6 所示。

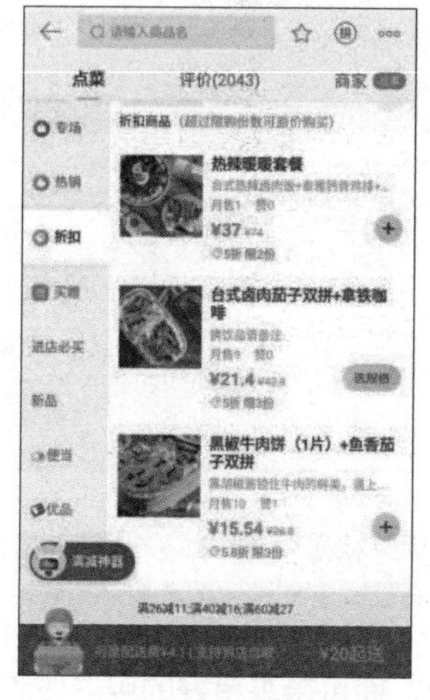

◆ 图 6-6　“台资味”的“双拼套餐便当”

另外，配送费也可以用来做营销活动，如“用户下单配送费立减 N 元”，注意减掉的配送费金额应小于或等于实际配送费金额，活动成本由商家自己承担。例如，某外卖店的配送费设置为 6 元，可以设置“配送费立减 5 元”活动。

6.1.4 骑手配送管理：用互相理解实现共赢

商家在处理与骑手的关系时，应该互相理解，往一个方向努力，才能实现共赢。当店铺的外卖订单量比较大时，可以选择几个固定的骑手进行对接，这样做的好处如图 6-7 所示。

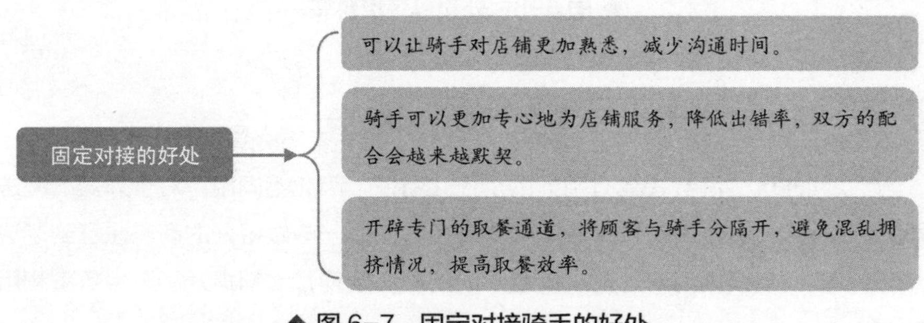

◆ 图 6-7　固定对接骑手的好处

另外，商家必须充分理解和尊重骑手，方便骑手其实就是方便自己，要与骑手做好配合，才能给用户带来更好的外卖用餐体验，如图 6-8 所示。

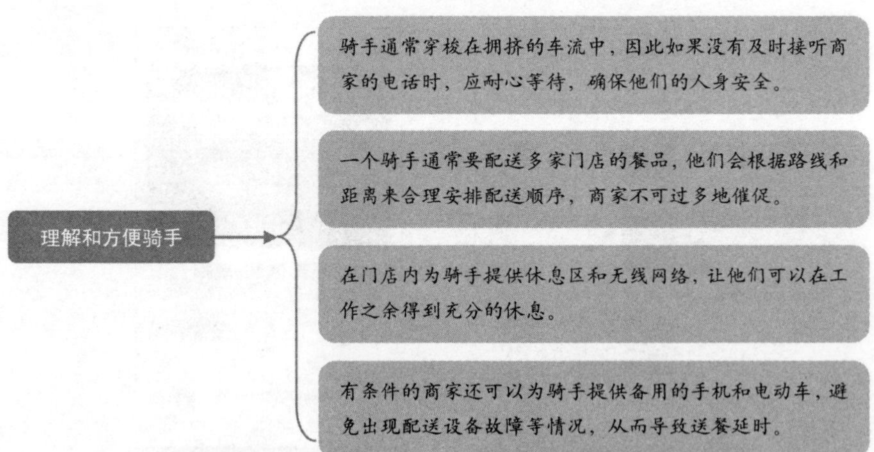

◆ 图 6-8　商家和骑手齐心服务好用户，即可带来良好的用户体验和好评

6.2 了解外卖的配送方式，助你营业额翻倍！

配送是外卖行业中举足轻重的一个环节，但是很多商家却忽略了配送的重要性。本节以美团外卖和饿了么为例，介绍各种配送方式的区别及优缺点，商家只有了解配送的知识，才能让外卖生意越做越好。

6.2.1 美团专送

美团专送是由美团官方的配送员负责配送，配送半径为 3 公里，营业时间为早上 9 点至晚上 9 点，服务时效相对正规，保障一定的接单率，如图 6-9 所示。简单来说，就是美团专送的骑手都是属于美团公司的内部员工，是由美团来进行管理的，而且有规定的上下班时间。

◆ 图 6-9 美团专送

美团专送的收费模式、优点和缺点如图 6-10 所示。需要注意的是，美团专送的审核需要美团公司的内部人员向总公司提供入驻者的身份证和健康证，因此个人是无法直接审核通过的。对于美团专送的骑手来说，通常是由系统根据你的位置来派单，比较人性化。

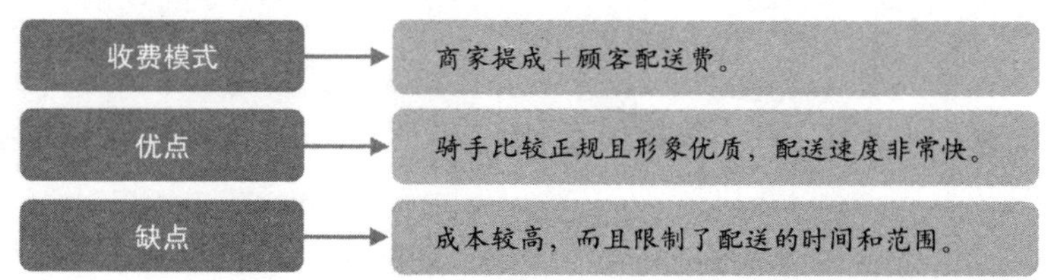

◆ 图 6-10 美团专送的收费模式、优点和缺点分析

同时，开通美团专送服务的外卖商家还可以获得排名加权和专属标志，如图 6-11 所示。

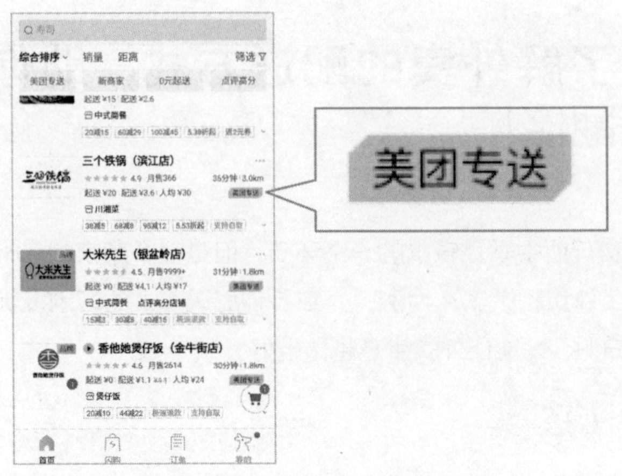

◆ 图 6-11 美团专送的专属标志

6.2.2 美团众包

美团众包是美团外卖的开放配送平台，通过众包的形式调动用户的盈余时间红利，帮助商家进行配送，配送范围为 5 公里左右。个人用户可以下载美团众包 APP 进行注册，没有时间限制和管理人员，如图 6-12 所示。

◆ 图 6-12 美团众包平台

美团众包主要以自身产品为核心，基于美团外卖的基础上推出物流配送服务，其收费模式、优点和缺点如图 6-13 所示。

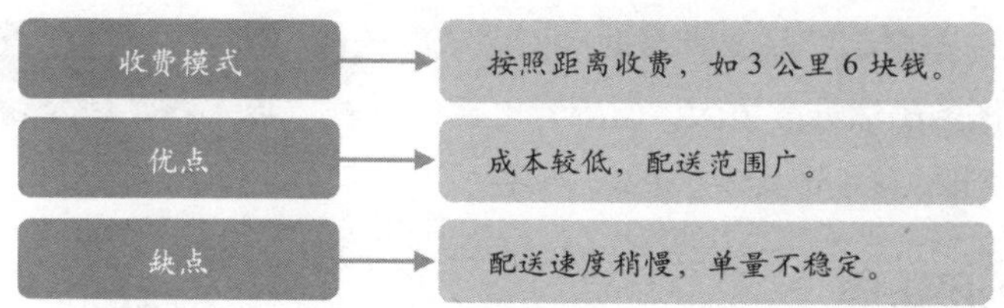

◆ 图 6-13　美团众包的收费模式、优点和缺点分析

骑手在注册美团众包时需要验证身份证信息和上传健康证，同时还要进行在线培训，如图 6-14 所示。当骑手接到订单后，会显示送达时间，如图 6-15 所示。必须在这个规定的时间内送到，同时还需要在 15 分钟内到店取餐，否则都会扣除一定比例的佣金。

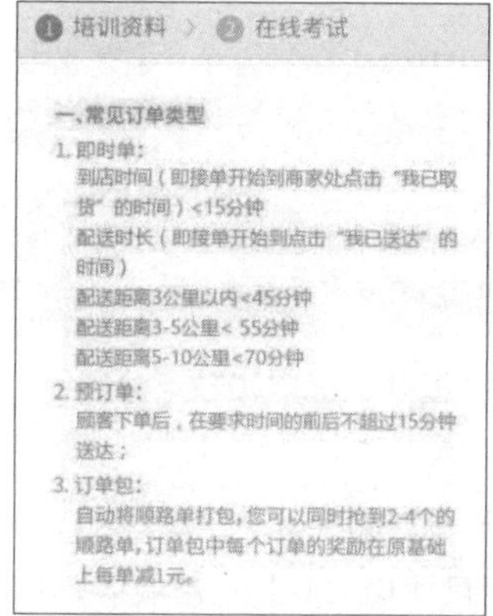

◆ 图 6-14　在线培训

◆ 图 6-15　接单任务

专家提醒

当碰到商家出餐慢的情况时，骑手可以在美团众包 APP 中点击右上角的信箱图标进行上报。如果骑手无法找到用户的准确地址，可点击“手动接单→配送中”界面的“联系顾客”按钮进行咨询，也可以点击“导航去顾客”按钮，根据导航的路线进行配送。

当骑手完成配送任务后，即可在“已完成的任务”界面中查看收入，满 100 元后即可提现。除了外卖订单外，骑手还可以在美团众包上接跑腿代购任务，帮助用户购买一些周边产品或者帮助他们完成取送件服务，这种任务虽然难度更大，但酬劳也更高一些，如图 6-16 所示。

◆ 图 6-16 跑腿代购任务

6.2.3 美团快送

美团快送是一种介于美团专送和美团众包之间的产物，主要用于预防美团专送代理商发生特殊情况无法提供服务时，作为备用的物流配送方式，其收费模式、优点和缺点如图 6-17 所示。

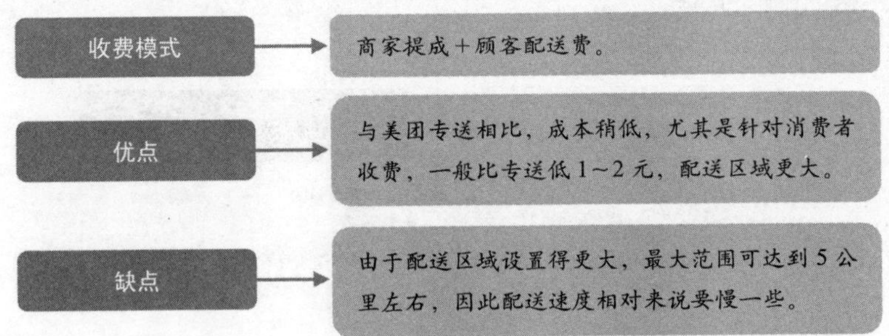

◆ 图 6-17 美团快送的收费模式、优点和缺点分析

简单来说，美团快送就是美团众包中的优质单，采用兼职的骑手来完成配送，商家发单后，众包骑手可以抢单，而且可以 24 小时营业。这些骑手由美团城市经理进行管理，但他们又不属于美团的正式员工。

上面介绍的 3 种配送方式是最常用的，其主要区别如表 6-1 所示。

表 6-1 美团专送、美团众包与美团快送的对比

配送服务	美团专送	美团众包	美团快送
成本费用	★★★★★ 相对较高	★★ 相对较低	★★★★ 相对较高
服务体验	★★★★★ 体验优秀	★★★★ 体验较优	★★★ 体验良好
配送速度	★★★★★ 配送员多，效率高	★★★ 配送效率较高	★★★★ 配送效率高

另外，商家还可以采用“专送＋快送”混合送的配送形式，当美团专送的人员繁忙时，可以交由快送人员帮忙送餐。

6.2.4 商家自配送

商家自配送是指由商家安排店内服务人员或者组建专门的配送团队，自行解决配送问题，适合规模较大的品牌连锁商家。例如，麦当劳和肯德基等大型品牌门店都是采用商家自配送的方式，如图 6-18 所示。

◆ 图 6-18 麦当劳和肯德基等大型品牌门店都是采用商家自配送的方式

商家自配送的成本与餐厅的订单量和客单价息息相关，如果餐厅的消费群体分布比较集中，订单量比较大而且非常稳定，同时客单价处于中等偏高水平的话，则可以有效降低商家自配送的成本。

商家自配送的优点和缺点如图 6-19 所示。

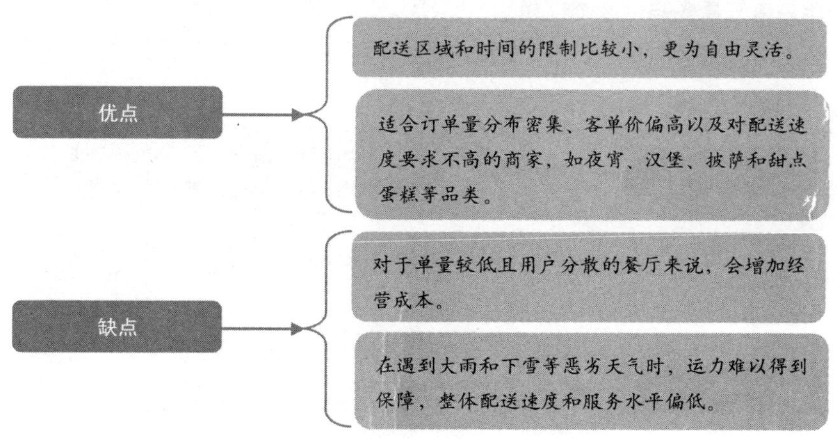

◆ 图 6-19 商家自配送的优点和缺点分析

6.2.5 蜂鸟专送

蜂鸟专送是由饿了么平台自行组建的外卖配送队伍，对于配送速度和质量都提出了比较高的要求，如图 6-20 所示。

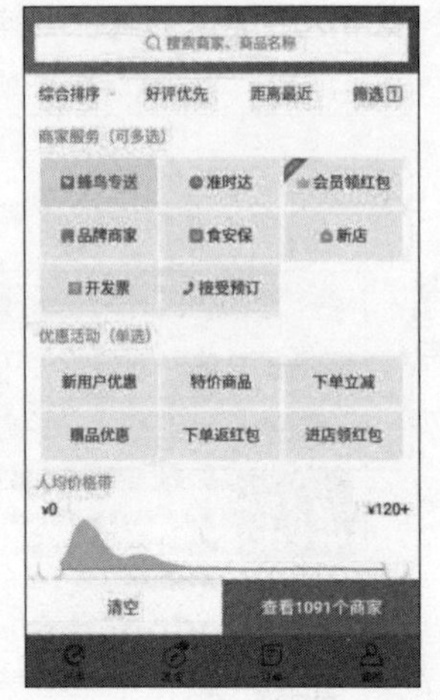

◆ 图 6-20　提供“蜂鸟专送”服务的商家会显示相应的标志

另外，蜂鸟专送还推出了“准时达”服务，除了预订单、夜间部分时段下单、恶劣天气（雨、雪等）等特殊情况，用户在带有“准时达”标签的商家下单，如果餐品送达时间超过承诺送达时间 10 分钟，系统将为用户赔付一个无门槛红包，每个用户每天最多赔付 3 个红包。

蜂鸟专送的收费模式、优点和缺点如图 6-21 所示。

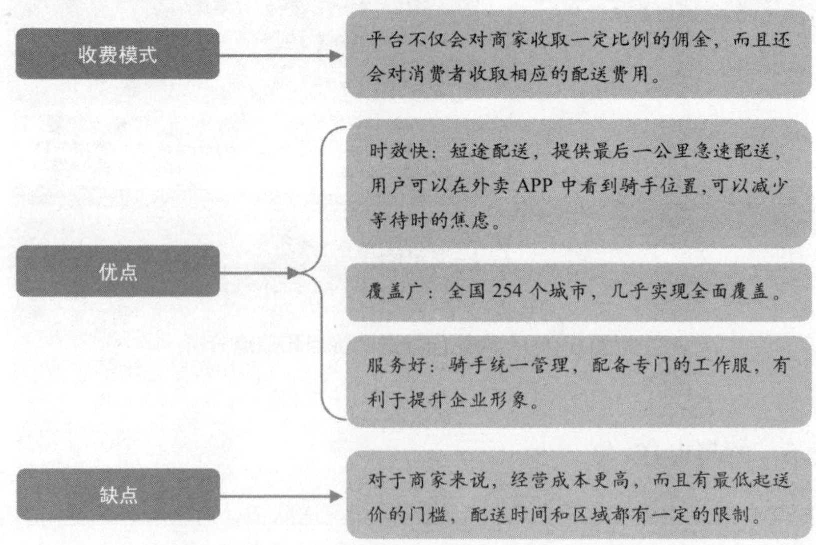

◆ 图 6-21　蜂鸟专送的收费模式、优点和缺点分析

饿了么同样推出了蜂鸟众包兼职平台，骑手可以通过 APP 抢订单赚薪金赢奖励，如图 6-22 所示。蜂鸟众包平台会不定时推出一些红包活动，骑手可以通过完成一定的订单量来获得奖励。

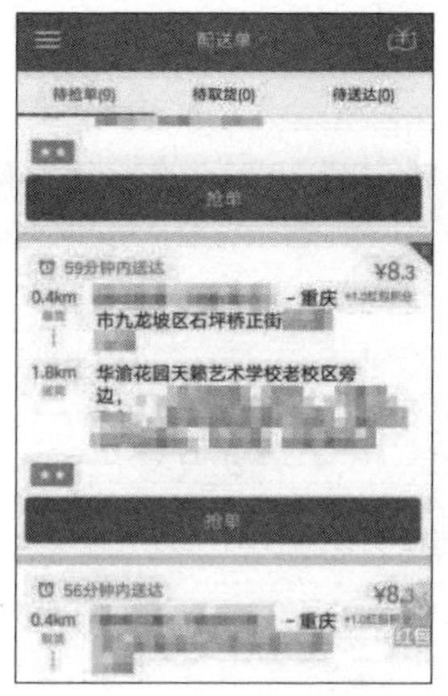

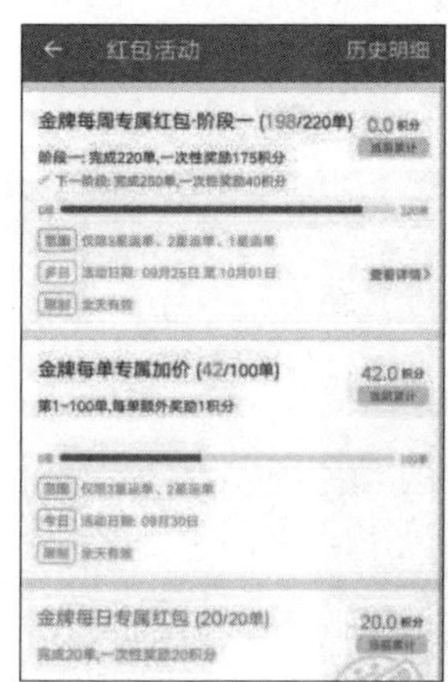

◆ 图 6-22　蜂鸟众包平台

6.2.6　跑腿公司

为了迎合外卖市场的配送需求，解决城市后 100 米配送难题，外卖市场上出现了很多主打同城物品配送业务的跑腿公司，如闪送、来啦跑腿、达达以及邻趣等。

例如，达达提供同城内的专人递送服务，拥有超 300 万经过严格培训过的达达骑士，在已经开通的 37 个城市可以全境服务，如图 6-23 所示。

◆ 图 6-23　达达平台主页

另外，来啦跑腿可以与美团外卖和饿了么等平台实现无缝对接，当用户在外卖平台下单后，可以将订单同步复制到来啦跑腿的后台，商家即可通过该平台来安排配送，如图 6-24 所示。目前，该服务仅支持自配送商家，具体接入方法如下。

步骤 01 登录来啦后台，进入“客户管理”界面，新建客户账号，填写相应的客户资料，如图 6-24 所示。

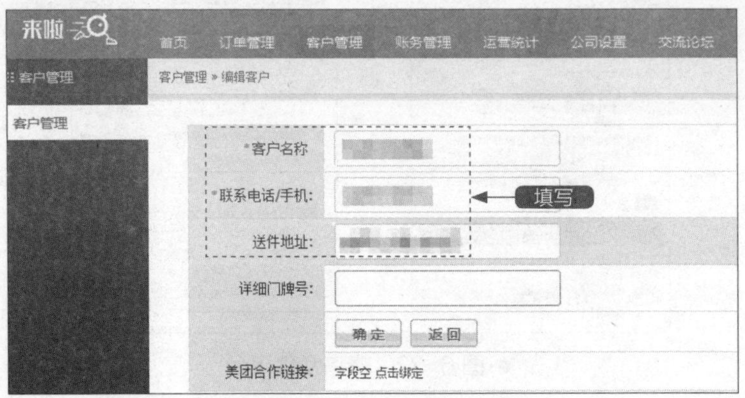

◆ 图 6-24 “客户管理”界面

步骤 02 单击“更多设置”按钮，再单击“美团合作链接”右侧的“点击绑定”按钮，如图 6-25 所示。

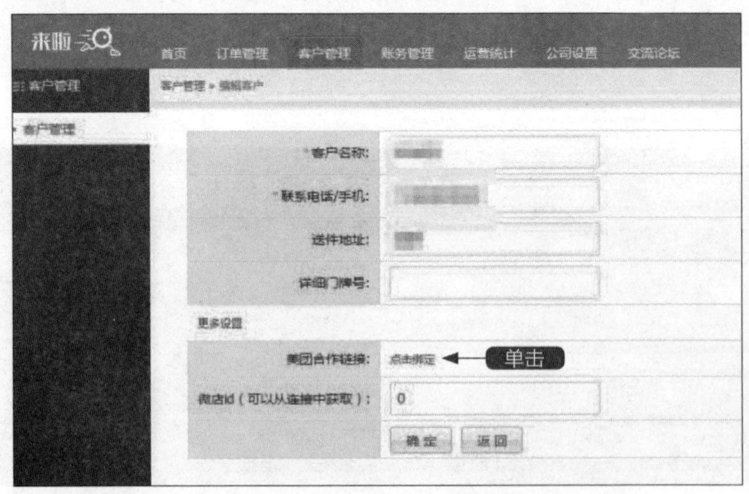

◆ 图 6-25 单击“点击绑定”按钮

步骤 03 执行操作后，即可跳转到来啦平台接口的美团外卖登录界面，如图 6-26 所示。输入相应的美团账号和密码进行登录。

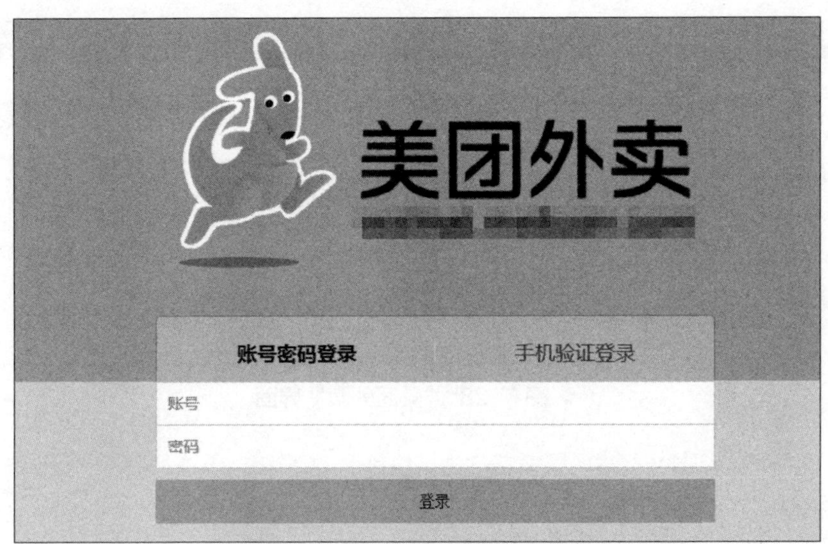

◆ 图 6-26　美团外卖登录界面

步骤 04 执行操作后，可以显示美团外卖的商家店铺，也可以搜索店铺名称。在搜索结果中选择相应的店铺，单击“完成”按钮弹出“请再次确认您的门店”按钮，确认无误后单击“确定”按钮即可绑定该店铺，如图 6-27 所示。

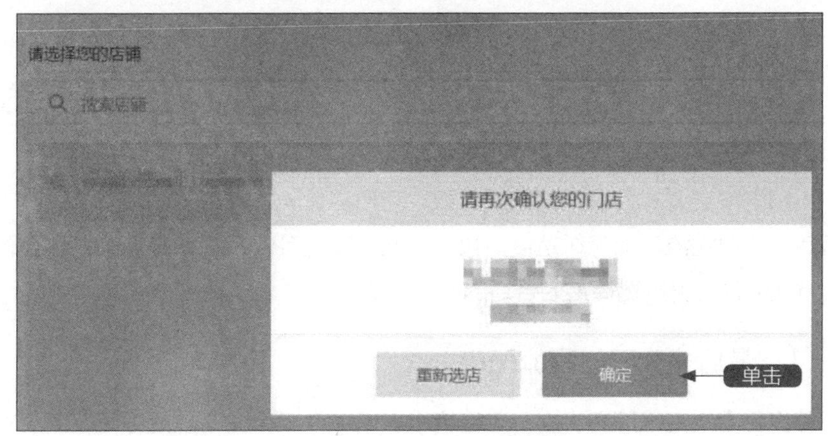

◆ 图 6-27　确认选择门店

步骤 05 对接后会将商家所有已接的订单复制到来啦，在来啦后台的“美团外卖”界面中，即可管理配送订单，如图 6-28 所示。

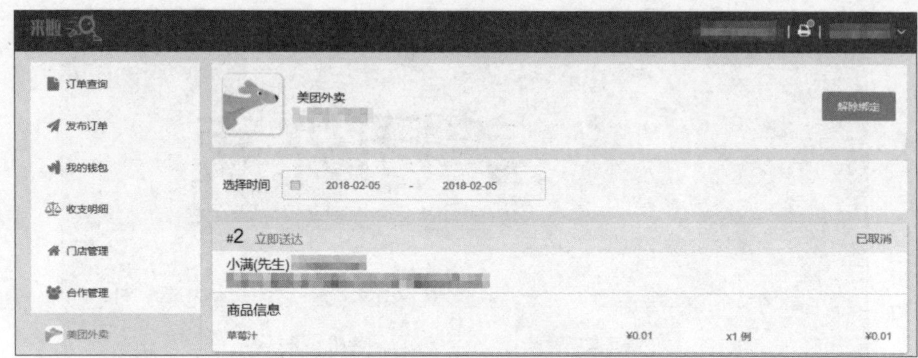

◆ 图 6-28 “美团外卖”界面

专家提醒

来啦的配送费基础价格有两种结算方案。

- 方案一：根据起步距离、起步价格和“超出每公里加 ×× 元”的方式设置。
- 方案二：设置一个价格范围，再设置范围内的配送费，再添加第二条范围。

6.3 解决最后一公里物流，让配送速度更快

不同的配送方式拥有不同的服务效果和用户体验，其目的都是为了解决外卖的最后一公里物流，让配送速度更快。因此，商家可以根据自身情况，结合各个配送方式的优劣势来选择最为合适的配送方式。

6.3.1 最后一公里的物流配送

外卖企业的配送服务，在一定程度上影响着外卖企业口碑的好坏，同时对消费者的用户体验产生影响。高效、到位的配送服务，有利于提高外卖品牌的人气，

增强外卖品牌的影响力。

随着电商的发展，物流分工越来越明确，其中典型的代表就是外卖配送，同时又细分出专送、众包和第三方配送等类型。商家在选择物流方的时候，可以多方位的考核一下，区域不一样，每个物流方的优势也不一样。

外卖企业第三方配送服务的出现，主要有两方面的原因。下面以图解的形式介绍第三方配送服务产生的具体原因，如图 6-29 所示。

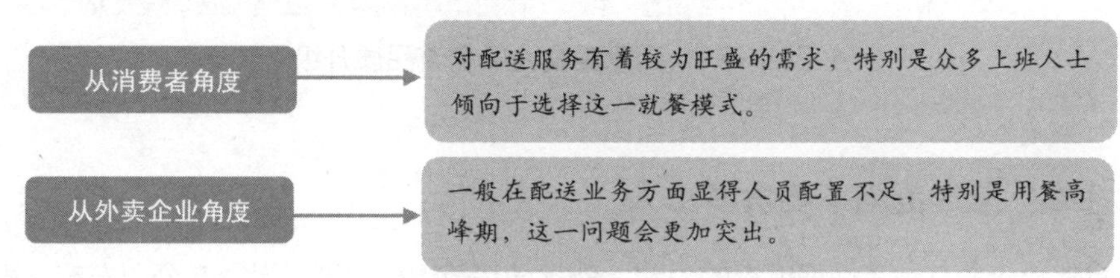

◆ 图 6-29　第三方配送服务产生的具体原因

正是基于这两个方面的不对等关系，外卖行业的第三方配送服务才应运而生，经过一段时间的发展，已经形成了一定的规模。

在我国，如点我吧和到家美食汇等利用第三方配送的典型外卖服务网站，在外卖 O2O 模式营业过程中，不仅能增加外卖企业或商家的服务半径，还能最大程度解放服务员，节省人力成本。关于餐饮 O2O 外卖的第三方配送，其在发展过程中具有明显的优势，具体内容如图 6-30 所示。

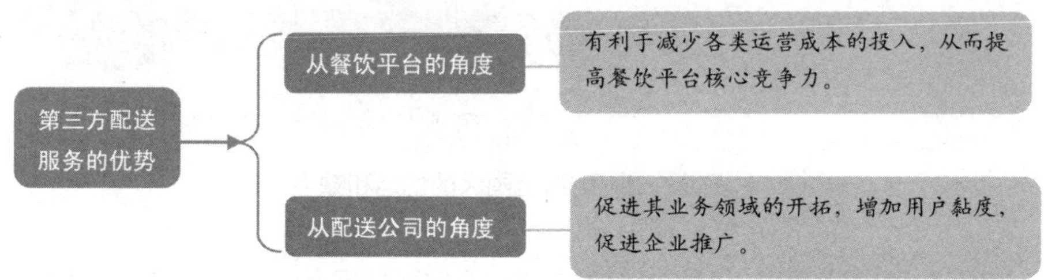

◆ 图 6-30　餐饮 O2O 外卖业务的第三方配送服务模式优势分析

例如，到家美食会坚持与品牌餐厅合作及自建物流团队配送的运营模式，拥有超过 3000 人的自有物流团队，为 100 多万家庭用户提供送餐服务，主要配送服务如图 6-31 所示。

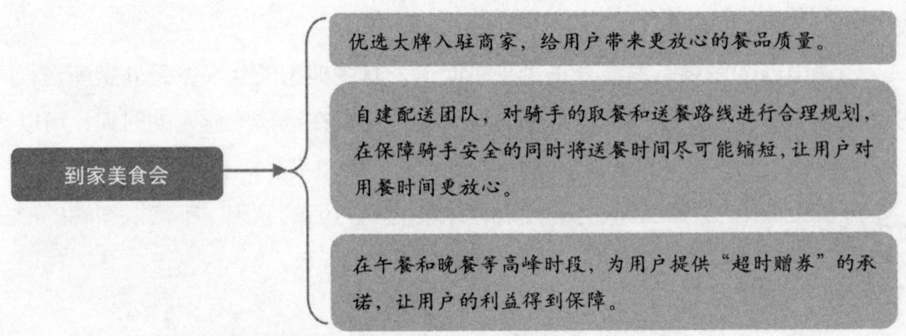

◆ 图 6-31　到家美食会的物流品质升级

6.3.2　配送范围不要贪多求大

外卖店铺打破了地理位置的限制，外卖送餐范围扩大到了半径 5 公里左右，满足了更多人的用餐需求。范围的大小决定了用户的数量，因此很多外卖商家产生了这样一个经营误区，那就是任务配送范围越大生意就越好，因为可以辐射更多的用户群体，殊不知这样做效果很容易适得其反，其优点和缺点如图 6-32 所示。

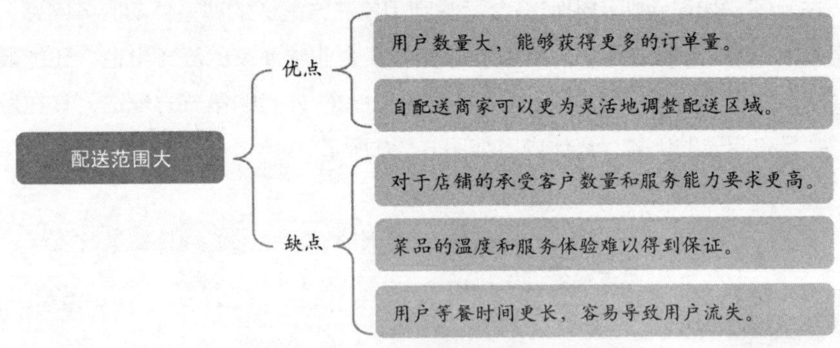

◆ 图 6-32　配送范围大的优点和缺点

因此，配送范围并不是越大越好，外卖商家要根据自己的店铺现状，设置好正确的配送范围。由于专送的范围基本上是固定的，因此下面主要针对自配送商家，介绍一些配送范围的优化策略。

商家在设置范围时，一定要有非常规则的区域划分，可以使用多边形原则来划定配送范围，提高配送效率，同时注意配送范围的各个连接点不能太混乱。多边形划定配送范围的方法如图 6-33 所示。

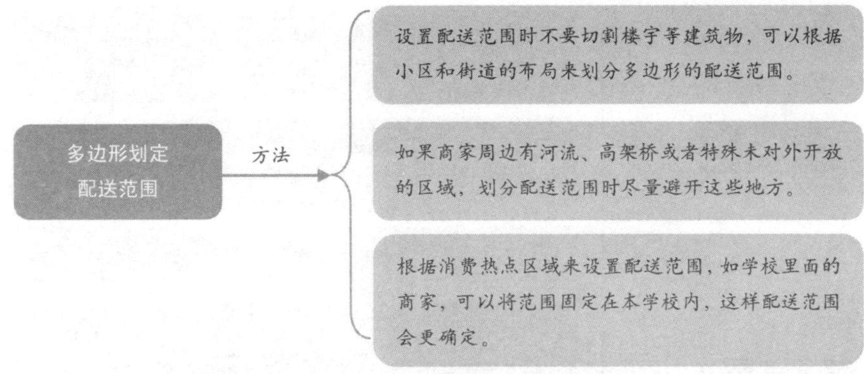

◆ 图 6-33　多边形划定配送范围的方法

6.3.3　自配送要做好用户体验

与专送商家相比，自配送商家通常缺少配送经验，因此更需要做好用户体验，尤其是在点餐高峰期不能手忙脚乱，而要给顾客带来更好的配送体验。下面以美团外卖为例，对比一下商家自配送和美团配送的主要区别。

表 6-2　商家自配送和美团配送的主要区别

配送类型	商家自配送	美团配送
配送范围	商家自由划定	美团统一设定
起送价格	商家自由设置	商家自由设置
配送费用	商家自由设置	美团统一设定
配送人员	商家自己管理骑手	美团统一管理骑手

从表 6-2 中可以看到，自配送商家能够自己控制配送范围、起送价格、配送费用以及配送人员，因此他们对于整个配送过程有很大的把控能力。下面就从这几个方面来分析，自配送商家如何做好用户体验，如图 6-34 所示。

专家提醒

商家在选择自配送或者平台托管配送时，其主要原则首先是速度快，其次是成本低，哪个能满足这两个原则就选择哪种配送方式。大部分商家通常是根据配送距离的远近，选择自配送和众包结合的方式。

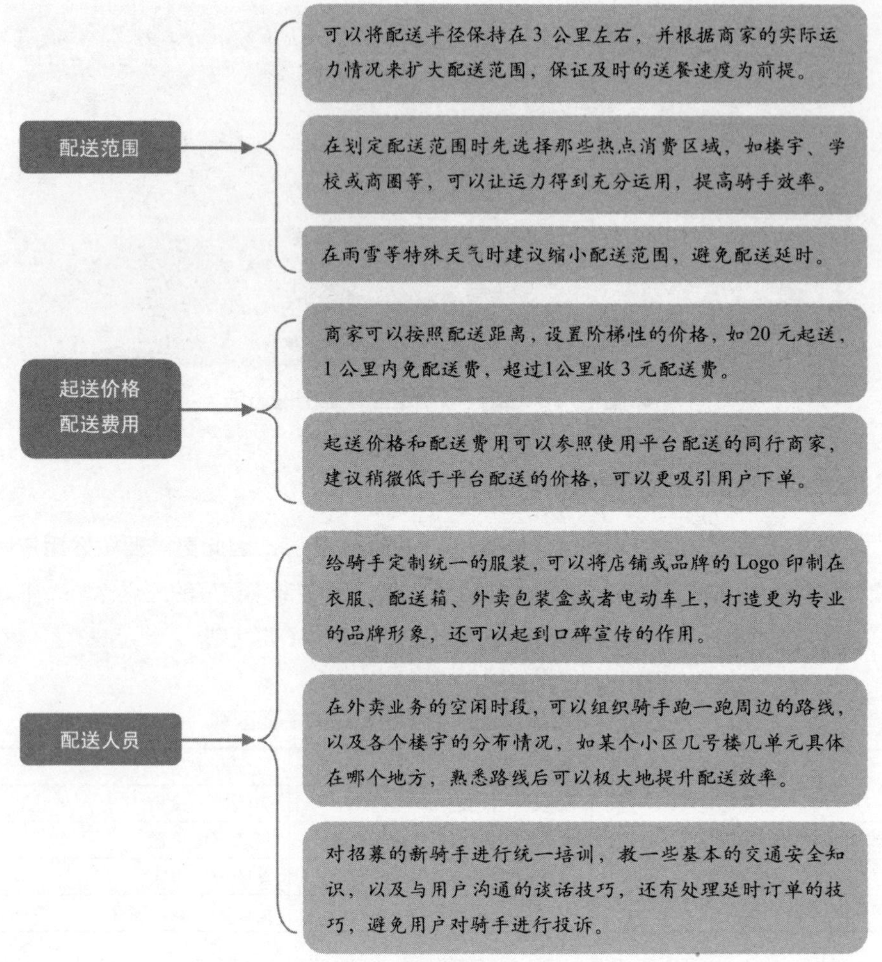

◆ 图 6-34　自配送商家做好用户体验的几个方面

另外，自配送商家的骑手都是由商家自己管理，因此能够更好地促进骑手与用户之间的互动，可以及时发现问题并进行补救。同时，商家还需要加强骑手的沟通能力，让骑手鼓励用户给予好评，增强用户黏性。

6.3.4　解决运营中的配送问题

很多商家在日常运营和生活中，经常会遇到一些配送方面的问题：

▶ 忘记给用户提供发票，但此时店内的人员不足，如何补发？

▶ 朋友或者老顾客想在店内点外卖，但他们的地址已经超过了店铺的配送范围，无法进行交易，怎么处理？

▶ 家人回家时发现没带钥匙，急需给家人配送钥匙。

其实这些问题都可以通过美团取送件服务来解决，可以随叫随到，由专人直送，速度比较快，同城内平均送达时间为 1 小时。商家可以安装一个美团外卖用户端，在主界面点击“跑腿代购”按钮进入，选择“取送件”服务即可。在“取送件”界面中，商家可以查看附近骑手，以及设置相应的取件和送件地址、取件时间、物品类型和更多服务等，如图 6-35 所示。

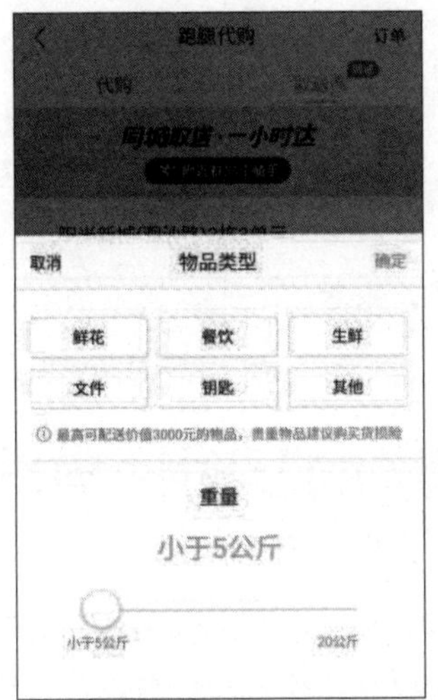

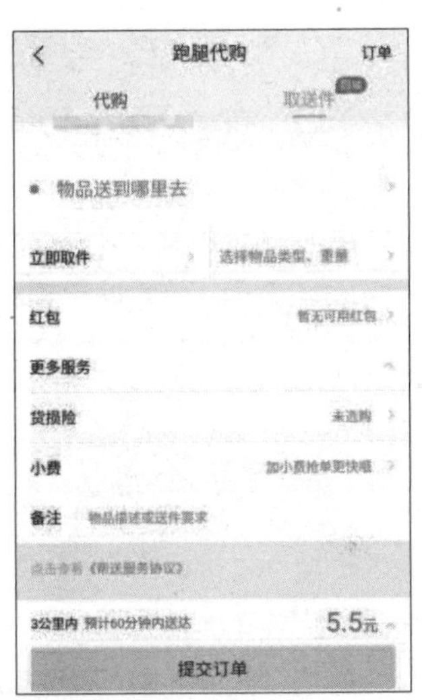

◆ 图 6-35　美团外卖的“取送件”服务

6.3.5　提升运力和交易额上限

对于自配送商家来说，如果遇到订单太多送不过来的情况时，通常只能选择关闭外卖平台；但如果多招募送餐员，又无法控制人力成本，尤其是在订单较少或者不稳定时人力成本会比较高。

由此可见，商家要想提升订单量，运力是一个很大的制约因素。这里告诉大家一个小技巧，自配送商家在订单较多、运力不足时，可以选择美团外卖中的“跑腿”业务，临时解决高峰期的配送问题，同时还能帮助商家提升交易额上限。采用“自配送 + 美团跑腿”这种配送方案有很多优势，如图 6-36 所示。

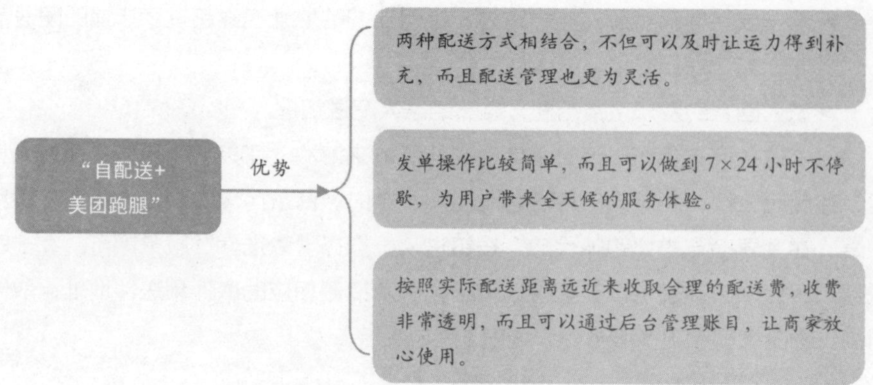

◆ 图 6-36 "自配送 + 美团跑腿"配送方案

新订单来了后，商家可以在手机端点击"接单"按钮接收新订单，在"选择配送方式"中有两种方式，第一个是"自己送餐"，如果店面运力足够，则可以优先选择自配送；第二个是"发起配送"，可以使用美团跑腿帮助配送，如果订单比较急，商家还可以增加小费加快被抢单的速度。

6.4 "唯快不破"：配送的及时性与准时性

在外卖 4.0 时代之前，提升配送效率最有效的方法就是招募优秀的配送员。到了外卖 4.0 时代，配送效率同样重要，商家需要和外卖平台以及骑手保持良好的关系，让外卖配送的及时性和准时性得到保障。

6.4.1 完善外卖平台的自建物流体系

对于外卖的主体人群——白领用户来说，时间就是金钱，因此外卖平台的配送效率非常重要。目前，3 大主要外卖平台通过一系列的自建物流体系，让配送准时率得到很大的提升。

❶ 百度外卖

百度外卖从起步开始就着力于打造专职配送团队——百度外卖骑士，同时基于自身的人工智能、地图和大数据等技术，建立了智能的物流调度系统，主要组成部分如图 6-37 所示。

智能物流调度系统对每一个骑士的运力、不同时间的路线规划、商家出餐速度以及餐厅的高低峰时间等，都进行了极为细致的智能规划。据悉，百度外卖物流配送体系成效已现，配送准时率达 98.78%，平均送达时长为 32 分钟。

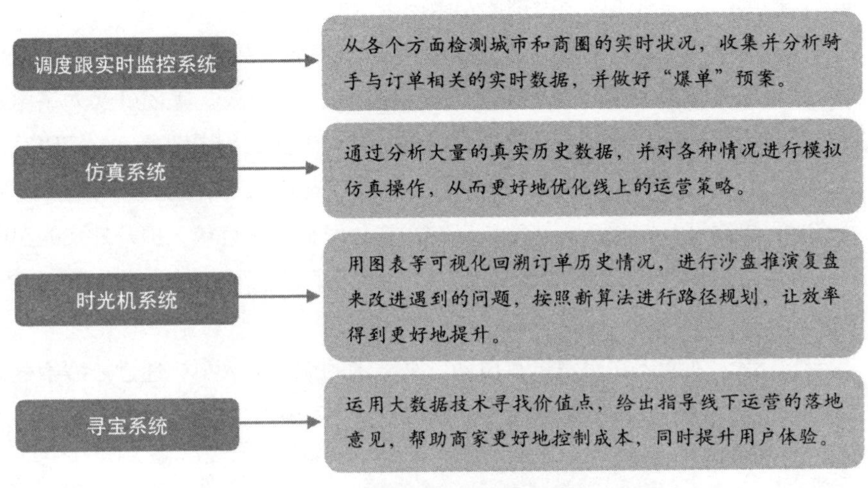

◆ 图 6-37　百度外卖的智能物流调度系统

❷ 饿了么

饿了么建立了“蜂鸟配送”，以及更加智能的“方舟”调度系统，提高外卖平台的物流运营效率，将每个订单分配给最合适的骑手，为每位骑手规划最佳路径，并精确地将外卖送到每位顾客手上。

另外，饿了么还在研发无人机配餐，推出“E7”无人机，最高飞行时速可达 65 千米，最大载重为 6 千克，可以承载 8 ~ 10 份的外卖数量，可以让外卖配送更加完全高效，如图 6-38 所示。

◆ 图 6-38　饿了么送餐无人机

6.4.2　从平台入手提升外卖配送效率

外卖是一个劳动密集型的行业，长期以来配单效率低下和路径规划不合理是影响外卖配送物流慢的主要原因。基于这个行业痛点，催生了很多本地化、区域性的外卖配送平台。

❸ 美团外卖

美团外卖主要采用“三位一体”的配送方案，即美团专送、美团快送和美团众包的 3 种选择，商家可以自行挑选配送物流。

目前，美团外卖的日单量已达 1800 万单，覆盖城市数量已达 1600 余个，合作商家数量已达 200 万家，美团外卖的骑手数量达到 50 万。美团外卖为了更好地应对巨大的业务量，降低骑手的配送成本，针对外卖的配送业务，专门研发了“O2O 实时配送智能调度系统”，就像配送员的“大脑”，依托配送大数据平台，采用精准画像建模，按照系统效率最高的方式分派和优化订单，提升外卖的配送效率，单均配送时长降低至 28 分钟以内，超时率降低 5%，配送成本降低 20% 以上。

另外，美团外卖还在研发具有自动驾驶技术的配送无人车，通过云端中枢的智能调度，可以在不同场景跨区域不间断配送，将配送空间进行立体化延展，对道路交通的依赖进一步降低。

❶“快跑者”：专注解决同城配送，最后一公里配送管理问题

例如，“快跑者”是一套非常纯粹的配送管理系统，可以有效确保外卖订单安全快速送到消费者手中，为外卖点餐顾客带去最优质的消费体验，如图 6-39 所示。

◆ 图 6-39 “快跑者”配送管理系统

“快跑者”缩短外卖配送时间的主要方法如下。

▶ 合作商户可以通过自动或手动发单入群，也可以指派到人，实现智能发单，同时多方案自动计算出应付配送费。

▶ 配送员不但可以自由抢单，而且还会收到商家的指定派单，通过扫码收单和转单接力等形式进行配送，同时系统还会自动规划出最合理的路线。

“快跑者”通过将配送团队、商家、配送员和货品通过互联网无缝链接，节约了大量的录单、派单、抢单、接单、送单以及结算等繁杂操作中所浪费的时间，大幅提升外卖配送效率。

❷“乐栈”&“格力”：推出基于物联网技术的智能配送柜

例如，“乐栈”是一家互联网新锐 O2O 服务提供商，致力于为商务白领、社区家庭、医院以及学校等提供餐饮食品定制化服务。“乐栈”外卖平台支持外卖、立买吃和周预定 3 种订餐模式，同时与“格力”合作推出智能配送柜产品，打通配送“最后一公里”，如图 6-40 所示。

◆ 图 6-40　智能配送柜产品

智能配送柜产品中包含了许多小格子，可以智能设置 0 ~ 60℃的调温环境，而且还具有消毒杀菌、逾期报警和多屏广告位展示等功能，可以放置在写字楼、企业、社区、书报亭以及其他场景中，支持现金、银行卡和在线支付等支付手段。

智能配送柜与“乐栈”的周预定订餐模式相结合，用户不用每天都去重复点外卖的操作，而是可以直接预订一周的外卖，合作商户会每天按时将餐品送至智能配送柜，用户可自行领取，大大减少了等餐时间。

品类扩张，外卖不断出现全新的赛道

外卖运营完全攻略

很多人认为，外卖的品类决定了一家店铺的生死。

在我看来，在外卖行业的激烈竞争下，如何扩张品类，重新发现有含金量的品类，才是真正决定店铺生死的关键因素。当然，这取决于你思考问题的角度。

总之，外卖品类必须满足用户多元化、个性化、品质感的需求。

无论什么品类，用户需要的才是最好的。

- ✧ 解决盈利之困，外卖平台的品类扩张
- ✧ 品类定位：3 大步骤，寻找外卖品类切入点
- ✧ 爆品制造：打造爆品和热销菜品的关键点
- ✧ 爆品创新：外卖人如何打造顾客尖叫品牌
- ✧ 爆品成就：为用户带来极致体验与餐饮质量

7.1 解决盈利之困，外卖平台的品类扩张

外卖市场的竞争如同战场般激烈，商家一旦选错品类，要么一事无成，要么一败涂地。外卖平台已经从单纯的中餐一步步向其他餐饮品类甚至其他行业品类扩展，如美团的“三驾马车”（外卖 + 团购 + 酒旅）齐发展就是一个典型代表。除了餐饮外卖配送外，很多外卖平台还提供超市货品、生鲜果蔬、甜点饮品以及鲜花、蛋糕等不同品类的配送服务。

7.1.1 消费升级：餐饮内部品类的不断细分

如今，美团外卖、饿了么和百度外卖都实现了全品类布局，包括美食、商超、生鲜、果蔬、下午茶、鲜花以及药品等的配送，这些几乎都成为标配，如图 7–1 所示。

美团外卖平台的品类布局

饿了么外卖平台的品类布局

百度外卖平台的品类布局

◆ 图 7–1　3 大主流外卖平台的品类布局情况

随着消费的升级，消费者不仅关注外卖的物流配送，而且越来越追求优质的商品。例如，百度外卖围绕消费者的高端品质消费需求，推出了“轻奢商务餐”频道，专注对于品质快餐的挑选，包括了“大牌快餐”和“小资饮品”两个板块，所选餐品均有着高端品质感，如图 7-2 所示。

◆ 图 7-2　百度外卖“轻奢商务餐”频道

同时，加入了阿里巴巴的饿了么，也结合支付宝口碑网推出了“周边优惠”入口，为用户推荐各种“口碑好券”，吸引用户前往线下消费，如图 7-3 所示。

◆ 图 7-3　饿了么平台上的“周边优惠”入口可以直通“口碑好券”

消费升级下的全品类运营策略，正在为外卖平台带来更高速的增长，满足了消费者“在家消费”场景的更多需求，也有利于商家的实现增量市场。

7.1.2　差异化服务：其他非餐饮的品类扩张

如今，外卖平台不再依靠红包补贴来吸引用户，而是通过提供差异化服务来提升用户留存，而且百度外卖、饿了么以及美团外卖的市场定位也变得更加清晰，如图 7-4 所示。

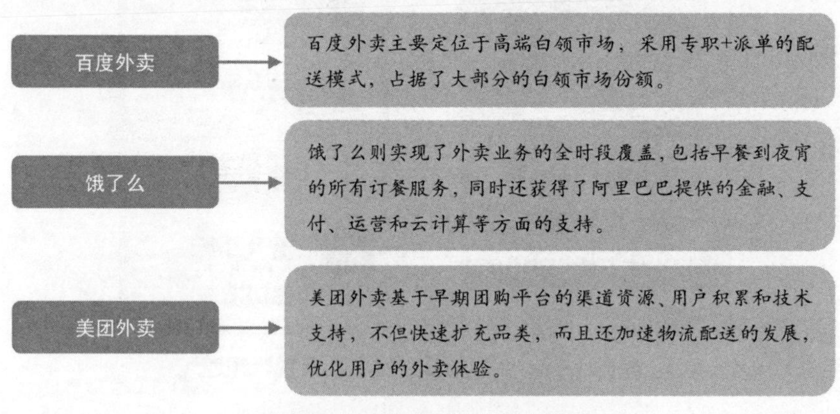

◆ 图 7-4　外卖平台差异化服务

虽然外卖市场的 3 大巨头具有足够大的市场规模，但盈利模式尚不成熟，这是未来急需解决的核心问题，因此各平台之间需要通过差异化竞争来寻找新的利润增长点。例如，饿了么将重点放在 B 端市场的上游供应链，推出了“有菜”2B 采购平台，为中小餐厅提供优质的食材配送服务，如图 7-5 所示。

专家提醒

2B（To Business）即对商家（泛指企业）的产品，2C（To Customer）即对消费者（泛指用户）的产品。

据悉，“有菜”平台包含蔬菜水果、米面粮油、禽蛋肉类、酒水饮料、调料干货、水产冻品、餐厨用品、半成品八大品类，商品数超过 10 万件。

百度外卖则把重点放在了 C 端，如在北京地区推出了“随意购”栏目，可以帮助用户购买周边的商品，如图 7-6 所示。

◆ 图 7-5 饿了么“有菜”平台

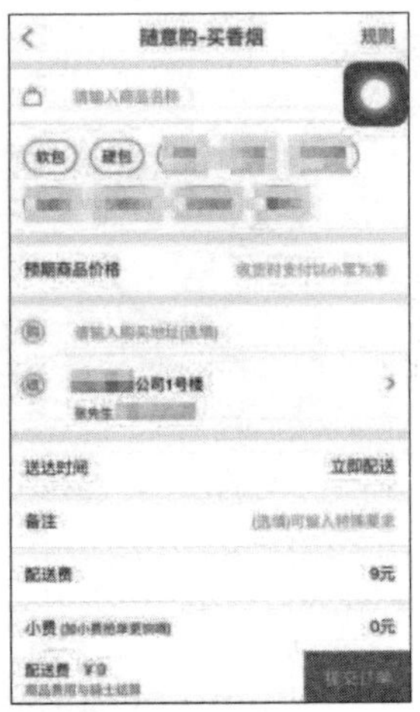

◆ 图 7-6 百度外卖“随意购”栏目

在北京这样的一线城市中，白领用户的时间成本非常高，如果他们的购物需求也比较旺盛的话，那么“随意购”正合他们的口味。百度外卖就是针对这些用户的消费场景推出了“随意购”功能。

外卖平台通过向非餐饮品类的扩张，让平台的运力得到进一步的开放，打造出各种多样性、多元化的个性服务，满足用户的不同需求，从而让用户的满意度得到提升，进而提升用户黏性和交易额。

另一方面，外卖平台从高频消费场景向低频消费场景蔓延，可以帮助平台和商家找到更多的新盈利点，同时还能有效提升骑手的收入。外卖平台眼下的重点是打造差异化服务，未来还将覆盖到更多产品品类和消费时间。

7.1.3 同品类竞争：采用差异化营销策略

商家在面临激烈的同品类竞争时，可以采用差异化的营销策略，从而找到新的破局机会，还可以避免陷入价格战的恶性循环，同时还能够为店铺带来品牌价值，让店铺长期受益。商家可以从形象、服务和活动 3 个方面来做同品类的差异化营销，下面介绍具体的方法。

❶ 店铺形象的差异化营销

用户在选择外卖产品时，第一眼看到的就是店铺的 Logo 形象，它可以通过直白的图片形式快速将品牌信息、品味信息传递给用户，并与其他商家形成区别。Logo 形象可以采用下面 3 种设计方法。

步骤 01 文字＋图片的 Logo 形象设计，如图 7-7 所示的“曼熊披萨”。

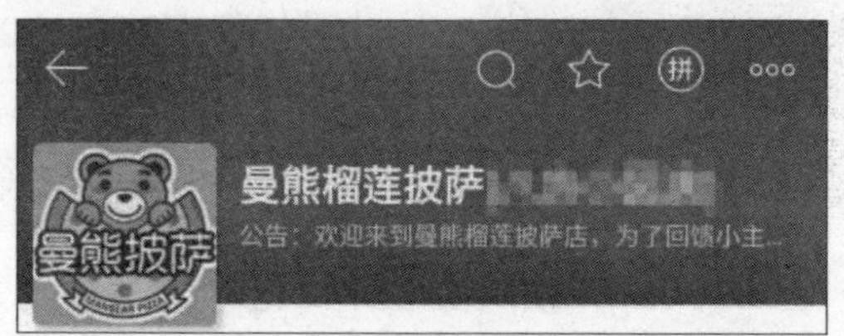

◆ 图 7-7 文字＋图片的 Logo 形象设计

步骤 02 纯图片的 Logo 形象设计，如图 7-8 所示的“韩式烤肉拌饭”。

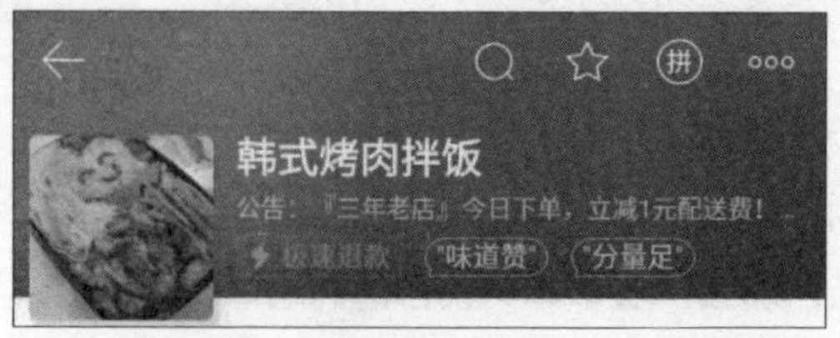

◆ 图 7-8 纯图片的 Logo 形象设计

步骤 03 纯文字的 Logo 形象设计，如图 7-9 所示的麦当劳。

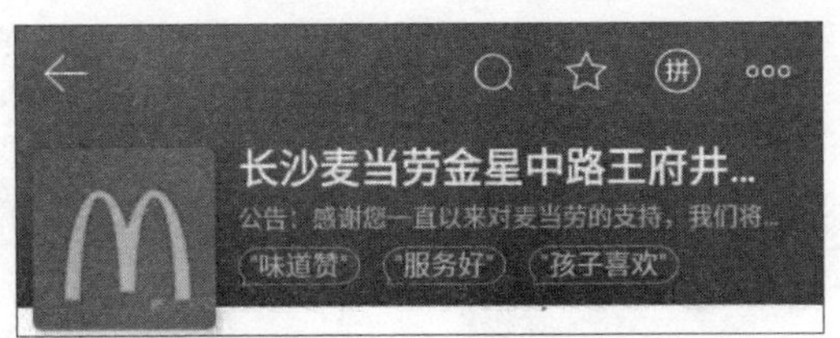

◆ 图 7-9　纯文字的 Logo 形象设计

Logo 形象的设计原则主要包括容易识别、结构简单和通用性强 3 个方面，必须满足各种平台和使用场景。

第二个方面就是菜品图片，好看且真实的菜品图片会影响用户的购买决策，让菜品更具竞争力。首先需要掌握拍摄角度，可以使用 90° 俯拍、0° 平拍和 45° 斜拍等方式，如图 7-10 所示。

◆ 图 7-10　90° 俯拍（左上图）和 45° 斜拍（右上图）

同时，还可以在布景上对图片进行美化处理，如增加一下叉子、勺子或者鲜花菜叶的点缀，凸显菜品主体，如图 7-11 所示。拍摄时注意给菜品主体留白，不要让画面太过饱满，多余的空白区域可以添加菜品名称和相关描述，如图 7-12 所示。最后，尽量采用自然光拍摄，这样食物的色彩会更加真实、鲜艳。

专家提醒

更多美食拍摄技巧可以关注微信公众号“手机摄影构图大全”（微信号：goutudaquan），提供 1000 多种构图技法 + 1000 多种场景和物品构图技法 + 1000 多张作品展示，让你的菜品图片更加吸引人。

◆ 图 7-11　图片点缀

◆ 图 7-12　留白加文字

最后是产品包装的形象设计，优秀的外卖包装设计能够提升店铺的品位和格调，为用户带来更好的消费体验。

❷ 店铺服务的差异化营销

差异化的服务可以让店铺在众多的同行中快速脱颖而出，具体如图 7-13 所示。

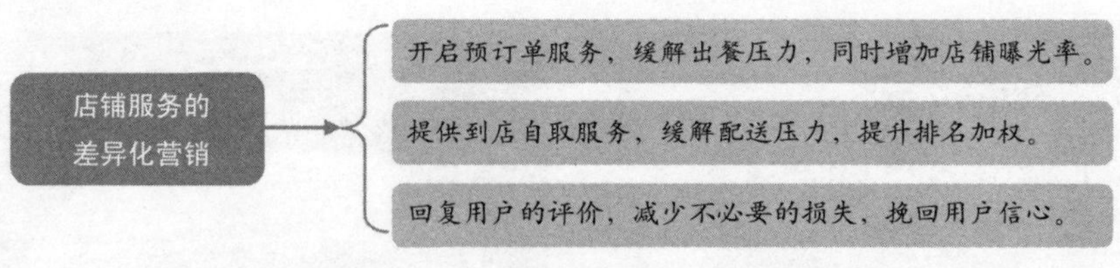

◆ 图 7-13　店铺服务的差异化营销

❸ 店铺活动的差异化营销

店铺活动可以吸引用户下单，并提升访问转换率，而且还能有效提升单量和客单价。

7.2 品类定位：寻找外卖品类切入点

虽然外卖市场的竞争非常激烈，但还是有很多人准备进入这个领域，期望分得一杯羹。为了让大家少走弯路，本节将介绍外卖品类定位的 3 大步骤，帮助大家找到适合自己的外卖品类切入点。

7.2.1 选择合适的外卖品类

很多商家在加入外卖时，不知道该如何为自己的店铺选择合适的品类，从而

导致用户在搜索品类时，无法找到你的店铺。那么，如何寻找差异化的外卖品类呢？主要方法如图 7-14 所示。

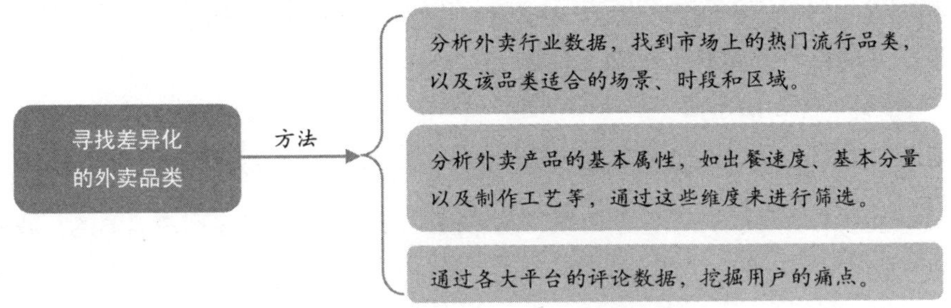

◆ 图 7-14　寻找差异化的外卖品类的基本方法

例如，饿了么平台的一级类目包括美食、快餐便当、特色菜系、异国料理、小吃夜宵、甜品饮品、果蔬生鲜、商店超市、鲜花绿植、医药健康、早餐、午餐、下午茶、晚餐以及夜宵。在特色菜系这个一级类目下又包含很多二级类目，如川湘菜、火锅烤鱼、海鲜、东北菜、粤菜、西北菜、鲁菜、江浙菜、新疆菜以及其他菜系等。

例如，某个用户特别喜欢吃火锅烤鱼，当他用“火锅烤鱼”关键词进行搜索时，就非常容易找到这个品类的商家，如图 7-15 所示。因此，商家需要正确定位自己的店铺，让用户可以通过品类快速找到你的店铺。

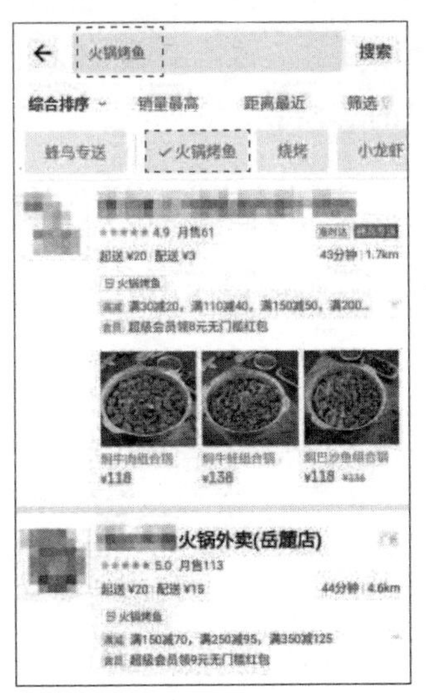

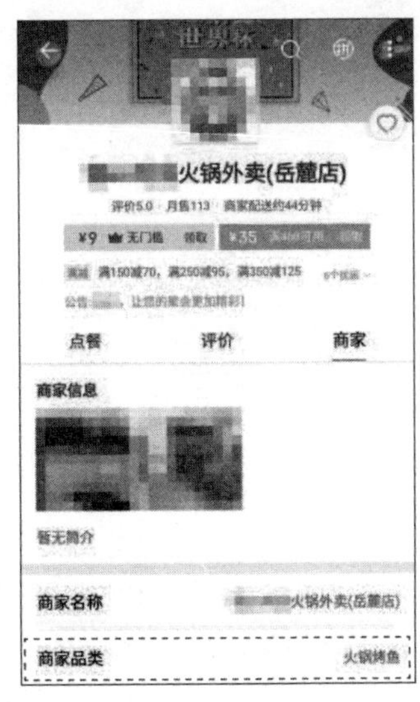

◆ 图 7-15　搜索“火锅烤鱼”品类的商家

7.2.2 找准外卖的客户群体

用户是外卖产品最终的使用对象，他们对于店铺的餐品有着最直观的感受，商家的餐品只有“抓住用户的胃”，才能“俘获用户的心”。因此，在进行品类定位时，必须充分考虑用户的使用体验，找准外卖的客户群体。

❶ 找 MVP 的用户

真正做一个完整的外卖产品，不仅是钱的问题，还要有店铺、食材和员工，还要研发各种菜品。如果这个时候，菜品投入市场，发现不是用户需要的，或者需要的用户很少，此时问题就大了。

总体来说，在进行外卖品类的用户定位时，有下面两个问题：

（1）试错的成本高。

（2）试错的周期长。

基于此，MVP（Minimum Viable Product，即“最小化可行产品”）就是用来解决长周期、高成本试错问题的，实现品类定位的最小成本试错，帮助商家找到“产品适不适合用户”的答案，基本特点如图 7-16 所示。

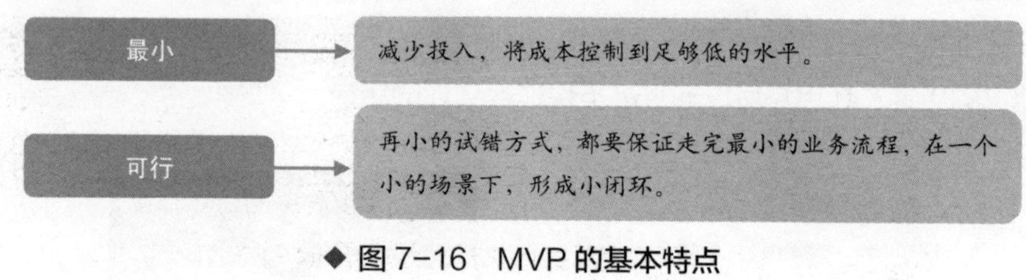

◆ 图 7-16 MVP 的基本特点

例如，“四有青年”米粉店在开张前便通过熟人之间的传播，从 1000 多人中筛选出 100 多位用户参与 MVP 的测试，经过不断调研、优化，推出了北方人爱吃的米粉，如图 7-17 所示。

据悉，“四有青年”米粉店试营业 10 天，便做到了粉面类美团外卖的第一名；开业 1 年多，单店外卖便达到 15000 单。

❷ 建立用户画像

根据餐饮大数据中不同的维度来建立外卖用户画像，然后根据自己店铺的品类需求来完善详细的用户画像，具体方法在本书第 3 章有介绍，这里不再赘述。

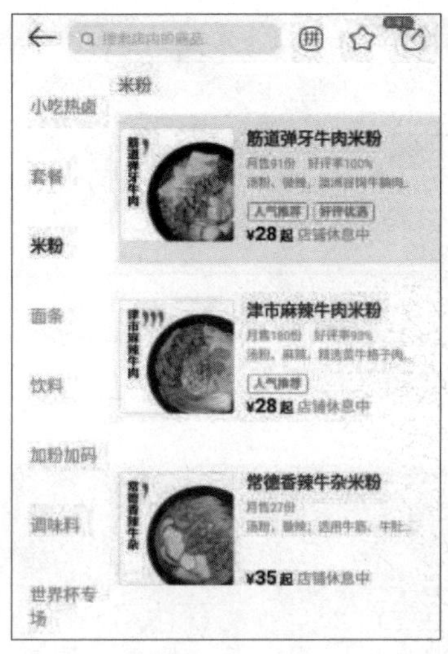

◆ 图 7-17 “四有青年”米粉店的产品

❸ 收集用户反馈

当新的品类上市后，商家还可以根据用户评价等信息来改进和完善餐品。对于外卖品类来说，绝不是简单的有什么卖什么，而是应该退一步，看看用户究竟喜欢什么、需要什么，然后自己又能提供哪些，并在这个层面上创造条件进行结合，来做品类的定位和创新。

7.2.3 寻找与分析竞品特征

除了对整体的类目大环境进行分析来做品类定位外，也可以从竞品市场来分析产品的优劣。自己的竞争对手都是怎么设计品类的？比如他们是怎么在晚餐时段通过套餐吸引情侣顾客的？然后吸取他们的智慧并且在此基础上做出差异。相比竞品，商家一定要做好品类定位，让自己处于主动的竞争地位，争取更多的顾客。

例如，烧鹅和卤鹅的主食材都是鹅肉，但它们却属于不同的细分品类，如图 7-18 所示。

对于品类定位来说，用户的认知度越大，先发优势也就越大。虽然烧鹅和卤鹅都属于粤菜，但却属于不同的细分单品，而且烧鹅在广东地区的用户认知度要远大于卤鹅。因此，卤鹅存在明显的品类稀缺性特点，“日日香卤鹅”便凭借这一特点推出主打产品“狮头鹅”，快速占领了空白市场，如图 7-19 所示。

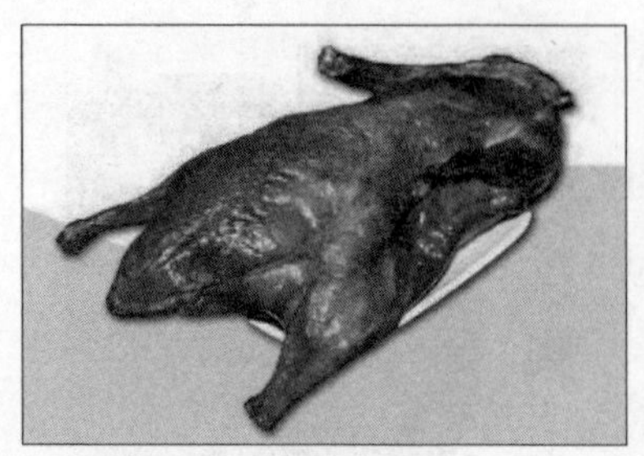

◆ 图 7–18　烧鹅和卤鹅

◆ 图 7–19　“日日香卤鹅”的主打产品“狮头鹅”

因此，在寻找和分析竞品时，切不可盲目进行形式化和表面化的跟风抄袭，而应该从多个维度分析竞品的特征，找到更加细分的品类和市场空白，开创出一片属于自己的天空。

同时，在分析竞品过程中，还需要学会利用数据，找到用户的更多需求，具体方法如图 7–20 所示。

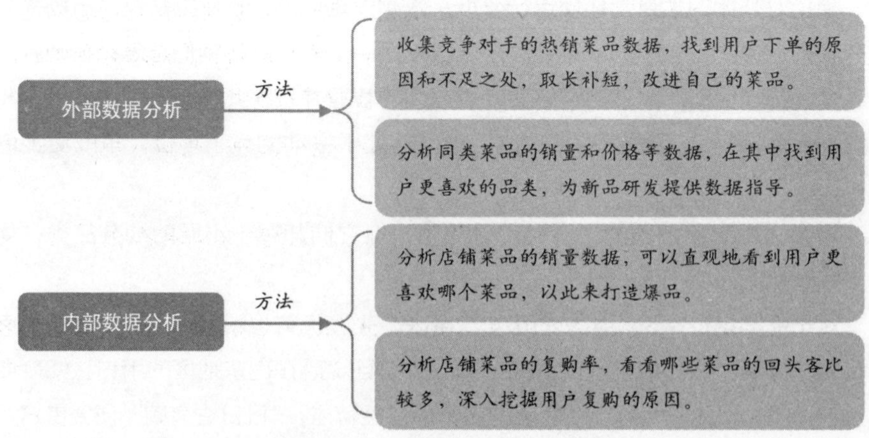

◆ 图 7–20　竞品的数据分析方法

7.3 爆品预热：打造爆品和热销菜品的关键点

爆品之所以能受到消费者的欢迎，除了需要打造具有吸引力的讨论话题之外，还因为商家找准餐饮客户群体，使推送的爆品切实地满足消费者的消费需求，为消费者提供满意的餐饮服务。打造外卖爆品是提升品牌在外卖市场的辨识度、知名度的重要手段。本节主要介绍制造外卖爆品的预热条件。

7.3.1 打造高性价比菜品

无论购买什么产品，消费者第一关注的就是性价比，最好的产品总是消费者眼里物美价廉的那一款。没有人不喜欢物超所值，只要产品拥有让消费者满意的性价比，就能成功吸引消费者的眼球，从而推动产品的销售。如图 7-21 所示。在淘宝外卖主页可以看到，不管是早餐、正餐、下午茶还是夜宵，比较火爆的产品都是 9.9 元和 19.9 元系列的高性价比产品，这些产品不仅排名靠前，而且供不应求。

要打造外卖品类的高性价比，最重要的是制定合理的产品价格。价格的制定一方面，要体现推出爆品的价值，为外卖商家创造一定的利润空间；另一方面，价格的高低要充分考虑到消费者的承受能力，注重打造产品的高性价比，从而增强产品对消费者的吸引力。

◆ 图 7-21　淘宝外卖专场以高性价比产品为主

外卖管理者要想打造爆品，利用性价比优势提升爆品热度与销量，还应该掌握各种各样的定价方式，才能真正做到物美价廉，得到消费者的肯定和认同。

那么具体有哪些打造爆品的定价方式呢？下面以图解的形式介绍爆品定价的方式，如图 7-22 所示。

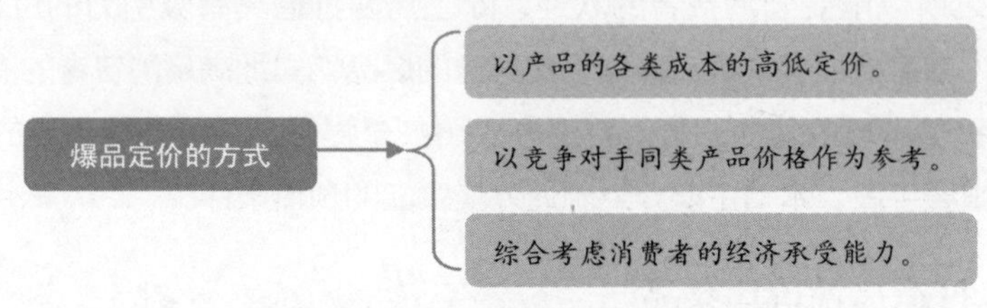

◆ 图 7-22　**爆品定价的方式**

那么，为了打造外卖爆品，对于产品的定价到底有着怎样的要求呢？下面以图解的形式介绍爆品定价的要求，如图 7-23 所示。

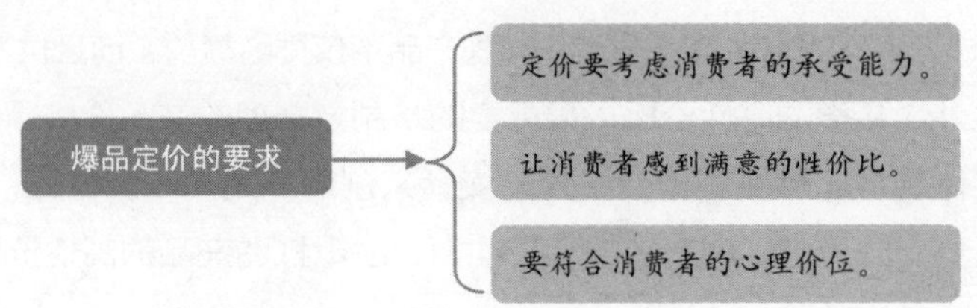

◆ 图 7-23　**爆品定价的要求**

为了打造外卖爆品，赚取更为丰厚的利润，很多企业和商家给爆品定价时十分盲目，以至于走入了定价的误区而不自知。销量提不上去很大的原因就在于定价错误。下面以图解的形式介绍爆品定价的误区，如图 7-24 所示。

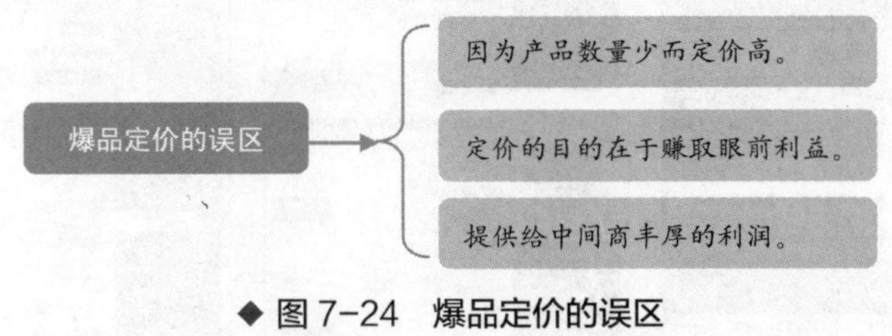

◆ 图 7-24　**爆品定价的误区**

例如，外卖品牌“香他她”煲仔饭已在全国开设 400 家门店，是煲仔饭加盟排名前列的优质品牌、中国快餐百强企业。其中，“香他她”煲仔饭的米饭使用泰国金轮王茉莉香米，售价超过 9 元 / 斤；腊肉和腊肠来自广州老字号皇上皇；牛腱来自澳大利亚；山崖笋来自海拔 2100 米金佛山的深山峡谷，生菜来自云南有机生产基地；咸鸭蛋是古法腌制；连赠送的腌菜，都是专供日韩出口的厂商提供；全部食材做到产地可追溯，调味品也都选用李锦记这样的一线厂商品牌。

“香他她”这样中上品质的餐饮产品，在价格上走的却是平价路线，人均 18 元的价格定位对消费者来说的确是物超所值，如图 7-25 所示。凭借着高性价比，“香他她”不仅赢得了消费者的好口碑，也具备了一定的市场影响力。

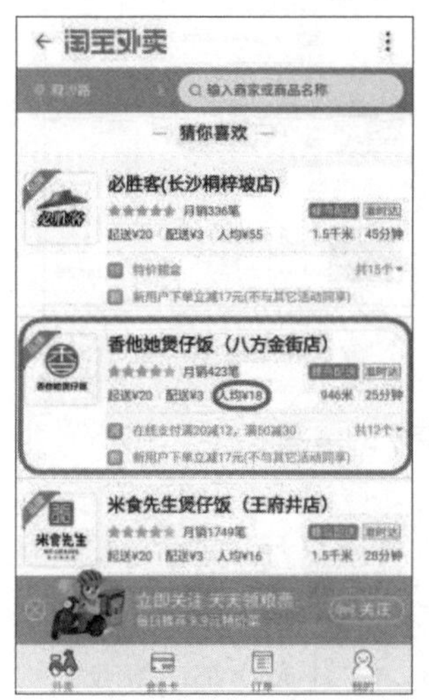

◆ 图 7-25 “香他她”煲仔饭以高性价比打造爆品

打造外卖爆品，如果有了远超对手的性价比这个法宝，那么就会容易很多。性价比的关键就在于产品应该如何根据产品的实际价值和消费者的心理来定价。企业和商家一定要把眼光放得更长远一些，不能光看眼前的利益，不然就无法打造出真正受消费者喜爱的爆品。

7.3.2 打造响亮外卖名号

对于外卖产品而言，拥有一个响亮的名号是成为爆品的敲门砖，名号也是品牌影响力。外卖爆品的打造不能缺少品牌的塑造这一因素，因为没有名号的产品称不上是爆品。因此，外卖企业和商家要格外重视产品的名号，如尚粤粥铺、毛氏饭店、满口香煲仔饭、大米先生、福桂卤粉以及胖仔煲仔饭等品牌，这些店铺在美团外卖上的月销售量都在5000+，如图7-26所示。要知道，这只是其中的一个平台上的一个店铺月销量，以人均20元来算，这些店铺的外卖月销量都超过了10万。当然，这种算法比较保守，实际数据肯定更高。

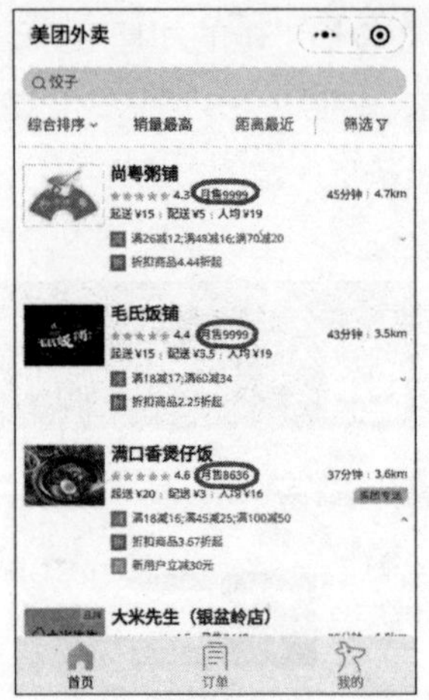

◆ 图7-26　品牌带来的爆品效应

所谓名号，我们不妨理解为一个名字拥有号召力，现在是互联网时代，我们还是要从互联网中去孕育名号，积极在各类社交平台（微信、微博等）与消费者进行互动，进行线上的运营和营销。久而久之，让大众都记得我们的品牌名或者产品名。其次，精心设计品牌名和属性名也很重要，让产品先拥有一个好名字，是打造所有爆品的必经之路，无一例外。

产品的名号和人的名字一样，会跟随着时代的脚步而不断变化，生动地反映每一个特定年代的状况，也给人们留下了深刻的印象和对那些年代的怀念。那么，随着时间的流逝，企业和产品的命名发生了哪些变化呢？下面将向大家展示名号变化的轨迹，如图7-27所示。

此外，对于产品的名号而言，最重要的就是要让消费者知道产品究竟是什么。如今，各种新奇的外卖产品层出不穷，如何打出一个响亮的名号让消费者能够一目了然也是一个问题。下面以图解的形式介绍打响餐饮品牌名号的方法，如图7-28所示。

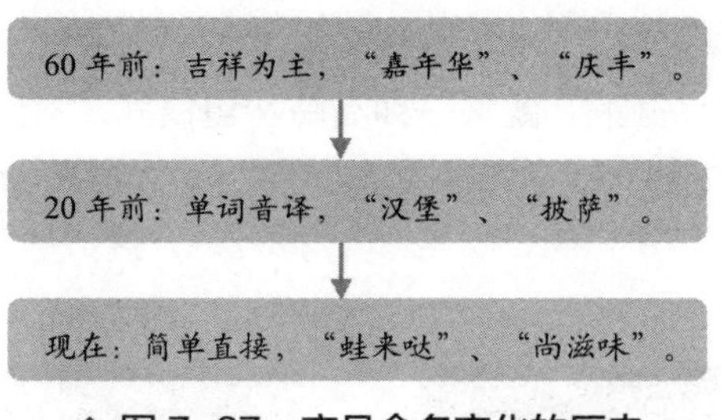

◆ 图 7-27　产品命名变化的历史

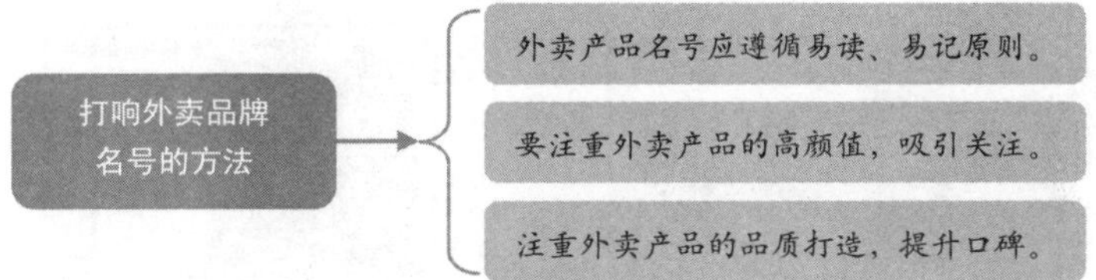

◆ 图 7-28　打响外卖品牌名号的方法

要想打造响亮的外卖名号，需要有一个让消费者便于记忆的品牌名称，为提升品牌知名度奠定基础。如图 7-29 所示为全球大型连锁快餐企业“汉堡王”。

◆ 图 7-29　“汉堡王”品牌

如图 7-30 所示为“汉堡王”品牌某连锁店铺的美团外卖平台，除了销量好外，用户的评价也非常高。之所以要打响外卖品牌名号，一是为了帮助消费者能够直接明白产品是什么，从而引起消费者的兴趣；二是为产品贴上品牌标签，打造个性化外卖品牌。当然，做外卖品牌有两种途径，即加盟或者自己开创一个新品牌号。“汉堡王”就是一种品牌加盟模式，不但可以节约时间和资金，而且可以帮你定准方向，少走弯路，同时还能避免被没意识到的细节所拖累。

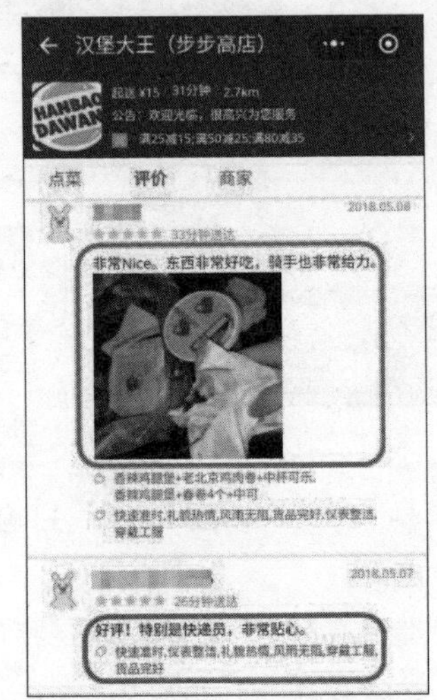

◆ 图 7-30　“汉堡王”品牌某连锁店铺的美团外卖平台

专家提醒

每个品牌都拥有自己的经营理念、产品定位和经营模式，这些东西对于新手来说要付出巨大的沉淀成本。当然，加盟商有一些是骗人的，所以你一定要找一个靠谱的，而且这个品类还要有爆发力，可以大大提高新手外卖创业的成功率以及爆品率。

7.3.3　展现特色优化体验

要想打造外卖爆品，就需要商家在营销过程中向消费者充分展示自身产品的亮点与特色，从而为消费者提供满意的消费体验，提升消费质量。凸显产品优势是打造外卖爆品的重点，也是难点。打造外卖爆品归根结底是将产品优势最大限度地扩大化，制造热门话题，从而提高外卖产品的关注度与话题度，最终提高外

卖产品的销售额，增加商家的利润。

在外卖爆品的打造过程中，许多企业和商家都容易忽视突出外卖产品优势这一环节，从而使消费者的需求无法得到真正满足，最终导致消费者的消费体验不佳。因此，在爆品打造过程中最大限度地凸显外卖产品优势显得尤为重要。

那么，爆品的成功打造为什么要展现外卖产品优势和亮点呢？下面将以图解的形式介绍凸显外卖产品优势的重要性，如图 7-31 所示。

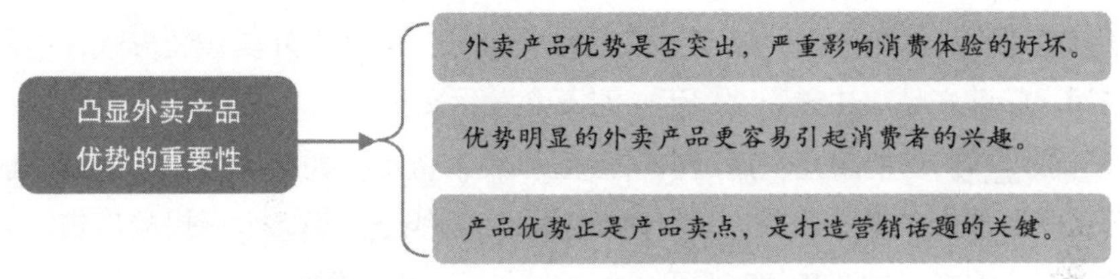

◆ 图 7-31　凸显餐饮产品优势的重要性

"何师烧烤"是成都的一个烧烤品牌，最开始以堂食为主，拥有 22 家直营门店，从 2015 年推出外卖服务，如图 7-32 所示。

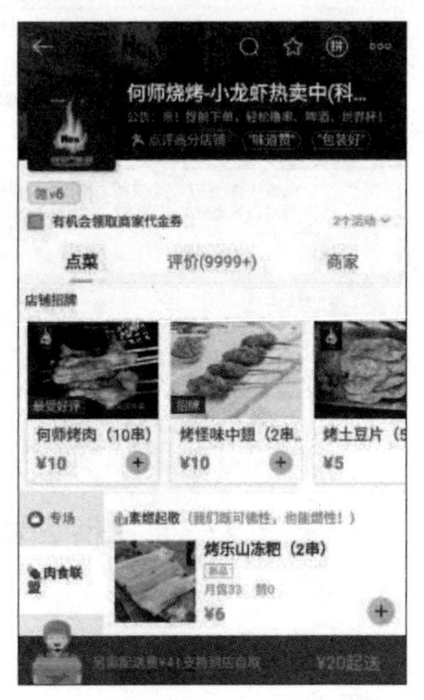

◆ 图 7-32　"何师烧烤"的外卖店铺和菜单模板

在外卖兴起之初，对于烧烤这种比较偏门的品类来说，做外卖存在很多痛点，如包装、保温和口感新鲜等，都难以得到保障，因此一直处于不温不火的状态。然而，“何师烧烤”却通过外卖实现了5000万元的年收入，而且评价客单价达到70元左右，单店日销量最高可达300多单。

“何师烧烤”之所以能够成功，主要在于其不断优化产品和营销策略，让消费者熟知其产品的优势特色。

步骤 01 优化菜品：“何师烧烤”通过对菜品进行筛选，删掉了很多不适合配送的菜品，精简外卖菜品，从而保留下来拥有爆品基因的菜品，如串烤和烤鸡翅等，这些都比较适合做外卖，而且用户比较爱吃。

步骤 02 优化包装：采用“保温桶 + 锡纸”的双重外卖包装形式，增加保温时间，保证产品口味送到用户手中时不会发生变化。

步骤 03 营销曝光：通过各种线上和线下资源，如外卖平台和京东、途牛网等互联网线上渠道，以及门店、地铁和酒店等线下渠道，大量投放广告，让品牌得到充分曝光，如图7-33所示。

步骤 04 服务体验：通过招聘专职的品控专员和设差评统计师（如图7-34所示），以及优先为外卖用户出餐和延长营业时间的经营方案，提升外卖用户的体验。

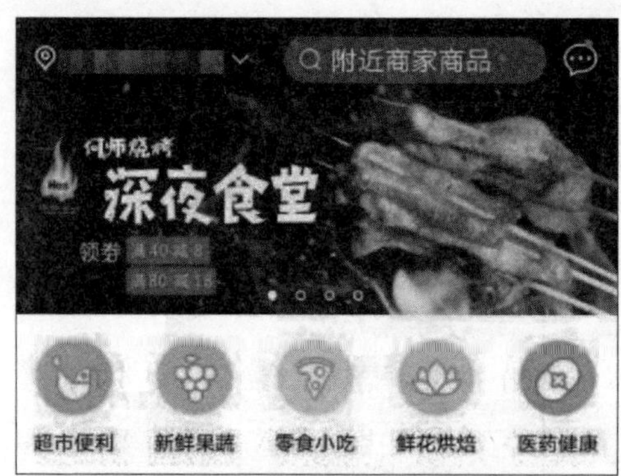

◆ 图7-33 “何师烧烤”的平台广告

◆ 图7-34 差评回复

步骤 05 引流策略：“何师烧烤”通过在外卖包装中放入宣传海报和代金券等方式，吸引线上顾客到店消费，让客流得到增长。

“何师烧烤”所做一切都是为了给用户提供更好的体验，展示自己产品的独特之处，成为消费者心目中的优势亮点，间接打造爆品。

由此可见，为消费者提供优质的体验需要倾注全部心血，不仅如此，还要学会从消费者的角度出发，为消费者考虑，知道他们需要什么样的产品和服务，才能打造出令人喜爱，受人欢迎的爆品。

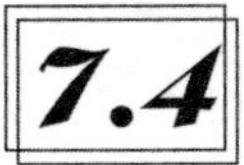

7.4 爆品创新：外卖人如何打造顾客尖叫品牌

打破常规、富有创意的外卖产品往往更能受到消费者的关注，从而成为高人气的外卖爆品。千篇一律的外卖产品不仅容易让消费者产生疲劳感，而且容易让消费者丧失兴趣。商家只有不断进行产品创新，才能更好地吸引消费者关注，提升产品话题度，打造外卖爆品。本节主要介绍创新外卖爆品的打造技巧与方法。

7.4.1 外卖的品类创新

创新就是让自己的思想"活"起来，为了革新企业，引爆产品，就要解放自己的思想，去思考更多的可能性，然后将其用于自己的创新当中。商家要想进行外卖产品创新，就应该解放思想，寻求更多可能性。

外卖创新为店铺发展提供动力，同时也是成功打造高人气爆品的关键因素。只有不断寻求产品创新，才能满足消费者日益增长的消费需求。那么想要创新可以从哪些方面入手呢？下面以图解的形式介绍外卖创新的两个方向，如图 7-35 所示。

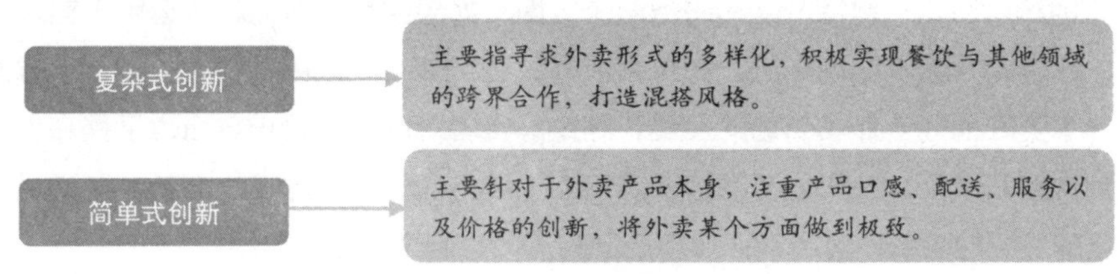

◆ 图 7-35 外卖创新的两个方向

想要实现外卖创新，仅明确具体的创新方向是远远不够的。只有掌握了科学有效的创新方法，才能达到预期的创新效果。下面以图解的形式介绍外卖创新的方法，如图 7-36 所示。

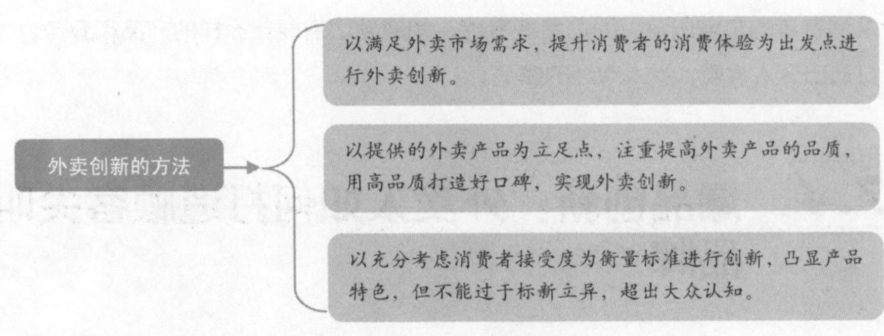

◆ 图 7-36　外卖创新的方法

在做外卖品类创新时，商家可以参考不同时段的热销品类，从中找到适合自己店铺的品类进行创新研发，如表 7-1 所示。

表 7-1　五大时段热销品类

消费场景	消费时段	热销品类
早餐	06：00 ~ 09：59	稀饭包子、豆浆油条
午餐	10：00 ~ 13：59	快餐小吃、冒菜 / 麻辣烫
下午茶	14：00 ~ 16：59	奶茶果汁、鲜切水果
晚餐	17：00 ~ 20：59	地方菜、日韩料理
夜宵	21：00 ~ 05：59	海鲜烧烤、炸鸡汉堡

7.4.2　外卖的营销创新

创新远远不止包括产品和服务两个方面，如果要将创新的想法运用于实践当中，就应该大胆去实现想法，即对营销模式进行创新。营销方式的创新，一方面是为了更好地迎合外卖市场的发展，满足消费者的需求；另一方面也是提高外卖店铺的经营水平，获取更多的经济效益的重要方法。运营方式的创新可以说是外卖店铺发展的需要，对店铺行业新局面的形成也起到了促进作用。

商家可以根据时间热点可以进行营销活动创新。例如，在世界杯期间就有很多商家推出了与世界杯比赛相关的营销活动。如图 7-37 所示为“三金西瓜霜”与“饿了么”联合推出的《三金西瓜霜吃货球迷福利社》H5 营销活动，采用 VR 小游戏的互动形式，场景生动且富有沉浸感，气氛也非常活泼，游戏通关后还可以参与红包抽奖，吸引用户分享和传播。

◆ 图 7-37 《三金西瓜霜吃货球迷福利社》H5 营销活动

改进外卖的营销，需要大胆去实现想法，这也是通过创新引爆产品的关键。那么，具体应该怎样开始对营销模式进行创新呢？下面以图解的形式介绍运营创新的方法，如图 7-38 所示。

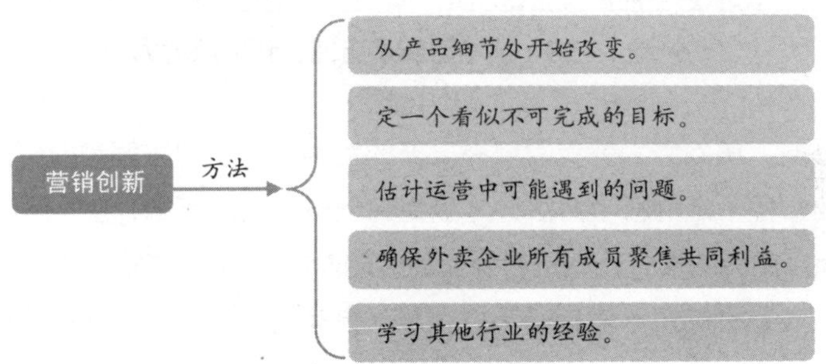

◆ 图 7-38　营销创新的方法

学习其他行业的经验是一个行之有效的方法。一方面，可以提高创新工作的效率，减少创新成本的投入；另一方面，能迅速为用户提供更贴心的服务和产品。其实，对产品和运营模式进行创新并不需要自己苦思冥想，而是需要从其他行业寻求一些具有创造性的方法，再加以应用，就可以在自己的行业中发现好的解决问题的方法。

7.4.3　外卖的技术创新

对于创新而言，新技术的出现就是一个绝佳的契机。很多时候，都是先有技术的发展，才有产品的创新。这也是企业创新所要依靠的硬性条件。因此，寻求外卖技术创新，便是在创造外卖发展新契机，外卖店铺可以利用这些新技术时常进行店铺上新，让老用户保持新鲜感，如图 7-39 所示。

◆ 图 7-39　技术创新是店铺上新的原动力

技术创新，虽然能为外卖发展提供新的发展机遇，但是要想做好外卖技术创新，也需要掌握一定的科学方法，才能提高创新成功的概率，避免不必要的经济损失。下面以图解的形式介绍进行外卖技术创新的条件，如图 7-40 所示。

外卖企业在进行技术创新时，应立足于自身的发展情况，选择合适的创新模式。下面以图解的形式介绍常见的技术创新模式，如图 7-41 所示。

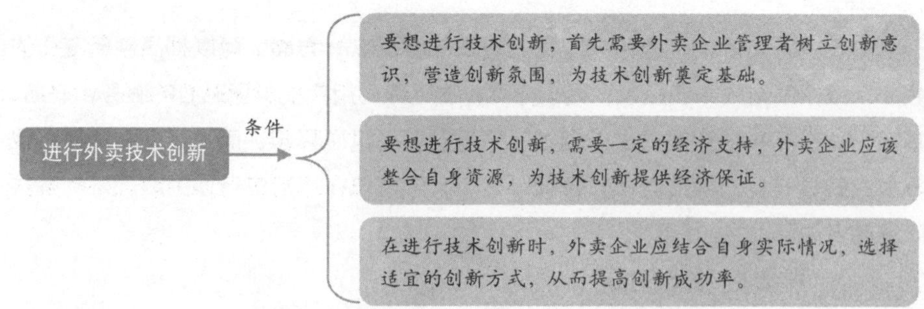

◆ 图 7-40　进行外卖技术创新的条件

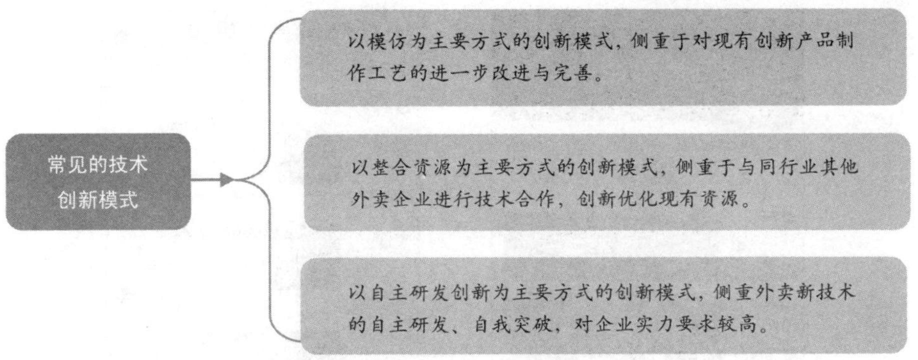

◆ 图 7-41 常见的技术创新的模式

技术创新对外卖企业的经营发展具有重要意义，是获得外卖市场竞争优势的重要途径。那么，外卖企业要想提高技术创新成功的概率，可以采取哪些应对措施呢？下面以图解的形式介绍提高外卖创新成功概率的应对措施，如图 7-42 所示。

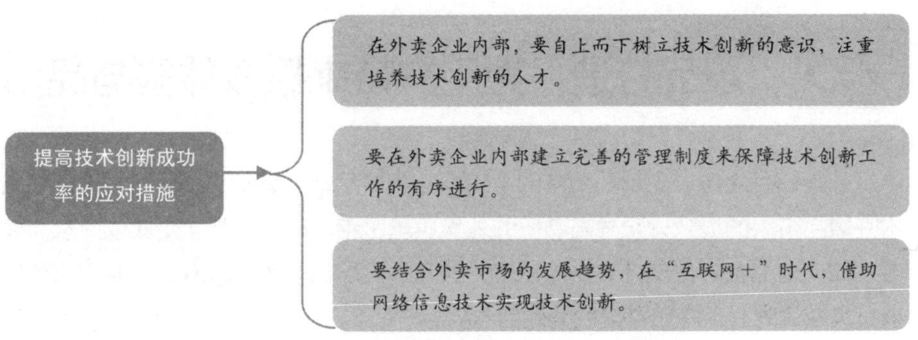

◆ 图 7-42 提高技术创新成功概率的应对措施

“真海味”根据店铺用户的口味偏好，在麻辣口味的基础上进行技术配方创新，开发出香辣、麻辣、椒盐以及酱爆等口味的海鲜产品，如图 7-43 所示。同时，“真海味”还针对用户的个性化需求进行微创新，如酱爆系列产品上加一些辣椒粉，使其色彩更加美观；或者在“罗氏虾”中加一些酸萝卜，为用户带来酸辣口味的新体验。“真海味”通过这种菜品技术上的一系列创新，为用户提供更多的餐品体验，同时使店铺的复购率达到 70%。

◆ 图 7-43 “真海味”外卖店铺

7.5 爆品打造：为用户带来极致体验与品质

外卖爆品之所以受到消费者的青睐，除了爆品本身具备的话题度之外，还离不开爆品带来的极致体验与高品质的外卖质量水平。因此，外卖企业或商家需要考虑如何为消费者提供极致产品体验，提升外卖爆品的质量。本节主要介绍如何通过极致体验与提升质量来成就外卖爆品。

7.5.1 三步学会爆品打造

很多商家可能会问，究竟什么才是爆品？其实，爆品就是能够引爆外卖市场并形成口碑传播的产品，它不但能够对品牌塑造起到推动作用，而且还可以拉动外卖回流，同时提升店铺的整体销售额。

成就外卖爆品的因素可能是多方面的，如图 7-44 所示。掌握这些原则，你的产品可能就是下一款爆品！

那么，商家如何快速打造爆品呢？这里介绍一种简单有效的方法，一共包括寻找锁定、设计优化和迭代更新三步，如图 7-45 所示。

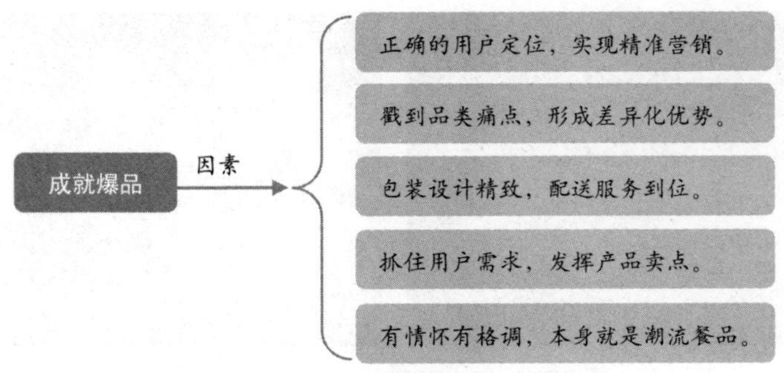

◆ 图 7-44 成就爆品的主要因素

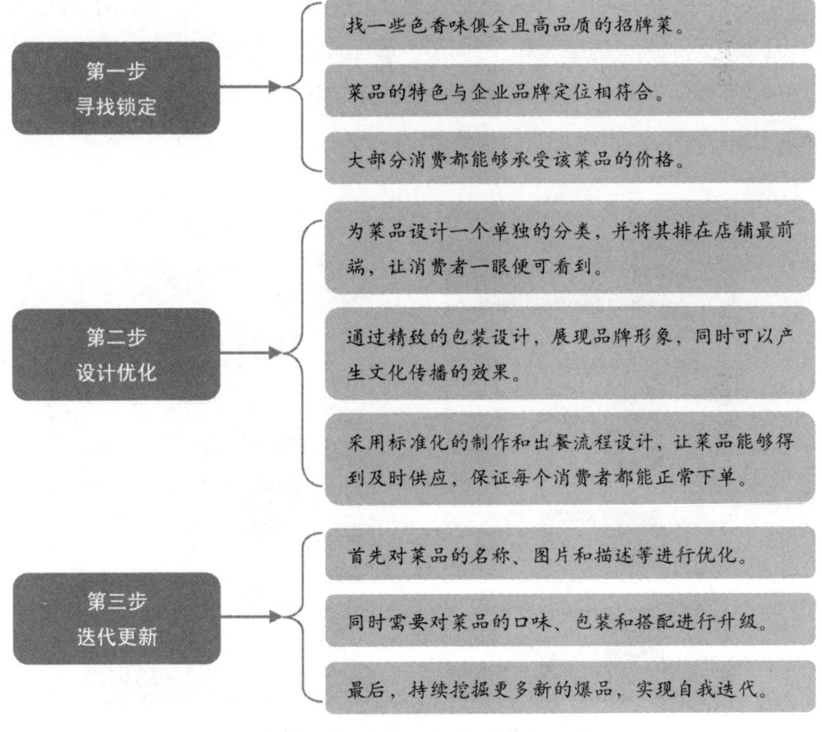

◆ 图 7-45 爆品打造的三步法

例如，“池户水产”外卖店铺的主营品类是“刺身寿司”，在上海拥有 5 家线下门店，整体环境非常干净，食材很新鲜，而且采用半开放式的厨房设计，顾客可以看到整个餐品的制作过程，吃得更安心和放心，如图 7-46 所示。

◆ 图 7–46 “池户水产”线下门店

“池户水产”根据三步法打造爆品，跳出了日料店只卖寿司等传统产品的瓶颈，推出了“招牌海鲜饭”爆品，通过精美的外卖包装设计，以及不断对自身产品进行升级，同时将“刺身”和“寿司”等原有的主营菜品作为辅助品类一同销售，如图 7–47 所示。最终，“招牌海鲜饭”获得了用户的广泛好评，而且爆品的销售额占到门店的 20%，店铺业绩稳步提升。

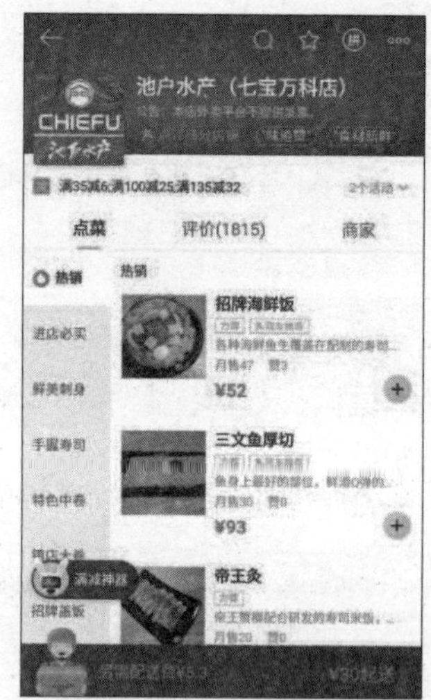

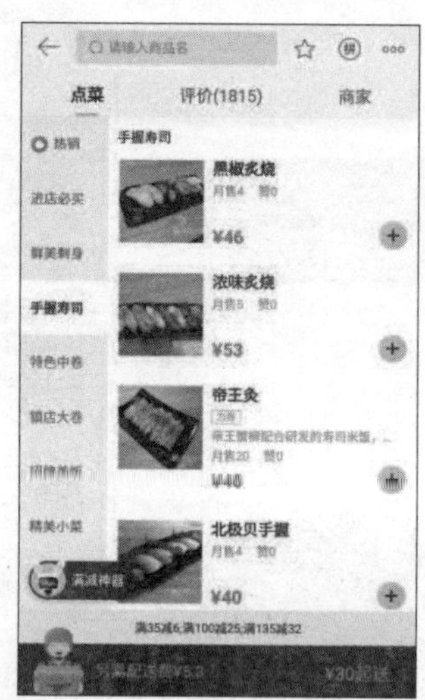

◆ 图 7–47 “池户水产”打造“招牌海鲜饭”爆品

7.5.2 外卖产品高质服务

一般来说，外卖爆品一定是卖得特别火的，但并不是卖得火的就是爆品，还要考虑价格和品质方面的因素。一款外卖产品在没有品质保证的情况下，即使它卖得再火，也只是暂时的“爆品”，而不是长久的。

要打造具有长久生命力的外卖爆品，除了要具备话题讨论之外，最重要的就是用产品质量赢得消费者的口碑，让消费者转化为品牌忠诚的粉丝，从而打造“粉丝经济”，为外卖品牌的可持续发展提供动力。

外卖企业或商家要想打造成功的爆品，首先需要保证推送的产品能够为消费者带来极致体验，提高外卖产品的知名度与影响力，凸显品牌特色；其次应该在品质上有所保证，而且这种品质的保证要有以下两个要求，如图 7-48 所示。

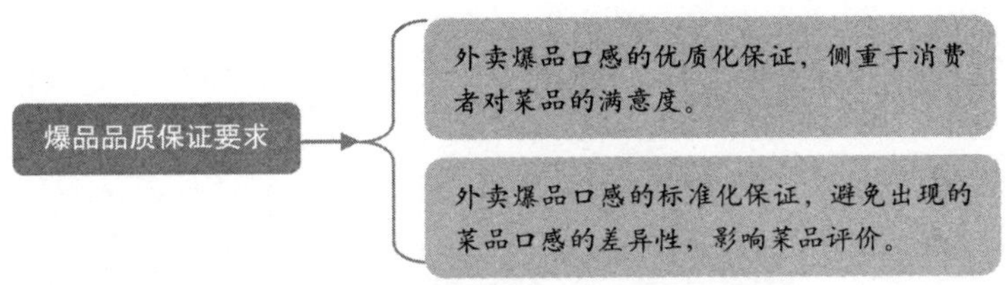

◆ 图 7-48 外卖爆品的品质保证的要求

爆品的存在是打造外卖 IP 的基础，因此，对外卖企业和商家来说，要想从爆品发展到 IP，建议采用“低价不低质”的策略，既在销售数量上有保证，又能在产品质量上有保证。

例如，“蒸小皖”通过吸取徽菜的精华，打造出“家乡小笼酱肉”等金牌菜品，同时不断对后厨进行打磨设计，提升菜品的品质和出餐效率。例如，在器皿方面，“蒸小皖”就做了 60 多次测试，设计出自己的新笼屉，既保障备餐和出餐时的温度，而且卫生美观，符合年轻人的审美。另外，“蒸小皖”还通过不断推陈出新，对徽菜进行合理创新，使其走向全国各地，满足不同消费者的口味。

◆ 图 7-49 “蒸小皖”的金牌菜品“家乡小笼酱肉”

地域扩张，令人期待的外卖市场潜力

外卖运营完全攻略

在“衣食住行”等日常消费中，“食”是消费频次最高的类型，因此外卖市场的潜力十分巨大。如今，即使是在三四线小城市甚至很多村镇地区，都可以看到外卖骑手的身影，这不禁让人暗自感叹，外卖的地域扩张速度越来越快，范围也越来越广。

同时，市场上还有很多立足于地域文化和特色的区域外卖平台，他们有的已经在新的区域中占得一席之地，有的则正在起步，进入令人期待的外卖市场。

- ✧ 总结过去：如何快速打开本地区域的外卖市场
- ✧ 立足当下：外卖消费需求将向三四线城市下沉
- ✧ 放眼未来：各类型品牌在全国的扩张模式及特点

8.1 总结过去：快速打开本地区域的外卖市场

首先总结过去的外卖扩张途径，分析他们是如何快速打开本地区域的外卖市场的，这对于今后的区域扩张来说，有很大的引导和借鉴作用。

8.1.1 如何选择区域

外卖扩张在选择区域时，不仅要考虑交通、人流和竞争等因素，更要掌握外卖行业的特点，观察商圈特性，分析消费群体并做好调查工作，之后才能敲定是否进入该区域，具体的选择因素如图 8-1 所示。

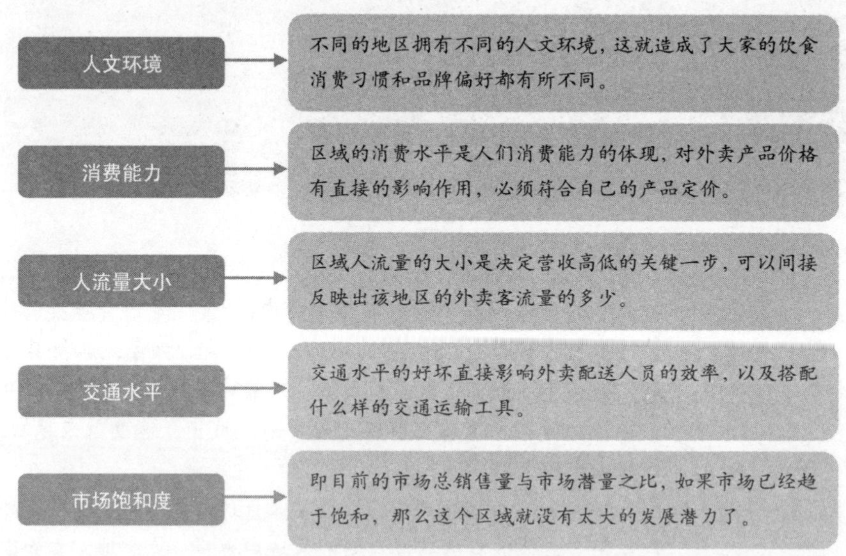

◆ 图 8-1 选择区域需要考虑的几个因素

在选择扩张区域前，一定要详细了解该区域的人文环境、消费能力、人流量大小、交通水平和市场饱和度，切不可贸然进入，让自己处于被动地位。

8.1.2 如何选择区域组合战略

当你决定同时进入多个区域后，还需要设置合适的区域组合战略，具体方法如图 8-2 所示。

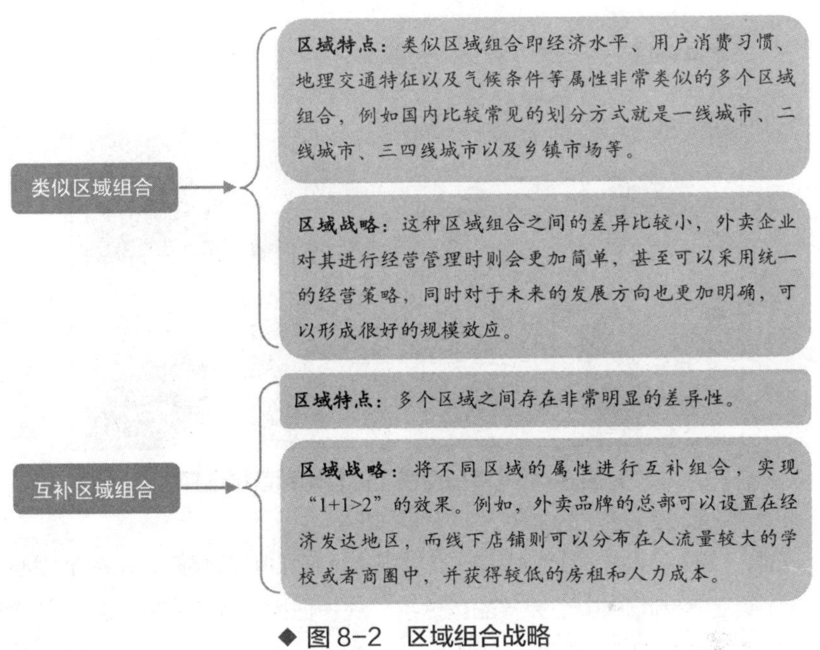

◆ 图 8-2　区域组合战略

8.1.3 如何选择区域扩张战略

选择了合适区域，并做好区域组合战略后，接下来就需要开始进行区域扩张，主要方法如图 8-3 所示。

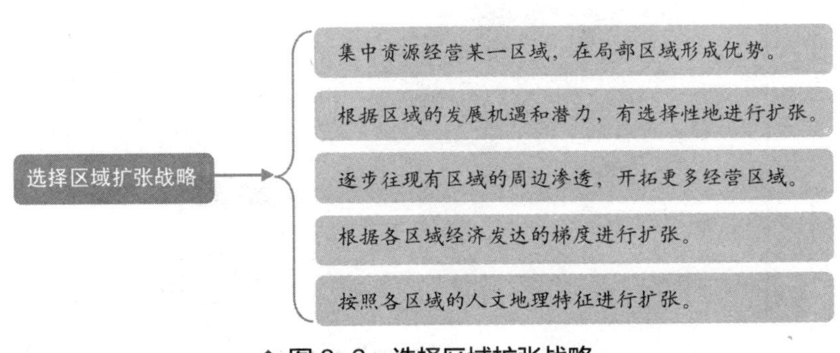

◆ 图 8-3　选择区域扩张战略

例如，知名蛋糕 O2O 品牌“幸福西饼”就是采用渗透型的区域扩张战略，先后在深圳、上海、北京以及广州等大型城市开店，主要集中在一线城市扩张，到了 2015 年后再转向全国其他区域的扩张，先后覆盖了 100 多个城市，到 2017 年底单日销售额破千万，在全国拥有广泛的品牌认知度，如图 8-4 所示。

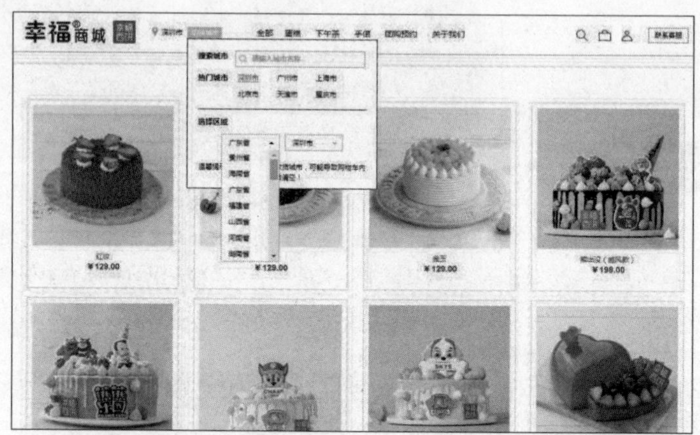

◆ 图 8-4 “幸福西饼”的官网和区域选择

同时，“幸福西饼”为了给用户提供更加优质的配送服务，在多个中心城市设立了中央厨房和配送中心完善配送体系，统一把控预约订单的品质，并实现用户下单后 2 ~ 5 小时送达，为此还做出了 4 个“幸福承诺”，如图 8-5 所示。

◆ 图 8-5 “幸福西饼”的专属特色

8.1.4 如何选择区域竞争战略

当外卖企业选择好区域，并确定了扩张路线后，还需要认真思考如何在要扩张的区域内提升竞争力，快速占领市场。外卖企业通常采用的区域竞争战略主要有以下两种方法。

❶ 多点竞争战略

多点竞争战略（Multi-Point Competition）是由动态竞争理论创始人陈明哲教授提出的，其中的“点”指的就是一个“市场”，具体含义如图 8-6 所示。

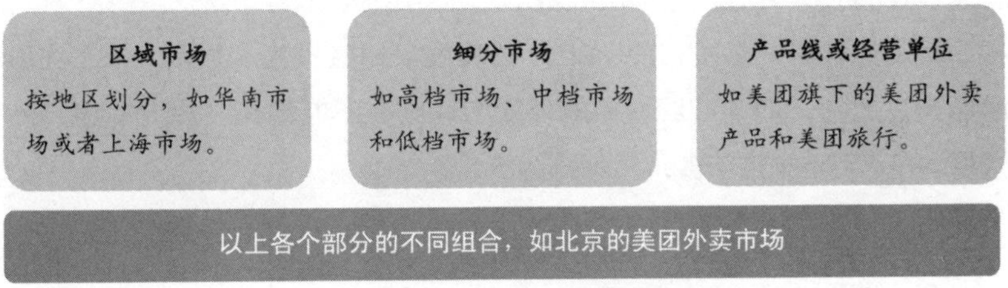

区域市场
按地区划分，如华南市场或者上海市场。

细分市场
如高档市场、中档市场和低档市场。

产品线或经营单位
如美团旗下的美团外卖产品和美团旅行。

以上各个部分的不同组合，如北京的美团外卖市场

◆ 图 8-6　多点竞争战略的含义

因此，当一个外卖拥有多个区域市场、多个细分市场、多种产品线或者多行业子公司时，那么它就具有多点竞争的能力。

❷ 区域相对垄断战略

竞争的最终目的都是打败竞争对手，从而抢占市场高地，并形成相对垄断。区域相对垄断战略即通过一系列的手段来有效控制某个或多个区域市场，常使用的手段包括自建、收购以及兼并等，从而消除竞争关系，避免价格战、服务战和广告战等行为，从而降低经营成本，实现业绩的提高。

例如，阿里巴巴收购饿了么、饿了么收购百度外卖、滴滴与快的合并等行为，都是以规模、技术以及品牌形成相对垄断性力量来提升企业的综合竞争能力，并且让企业的产品和企业本身时刻保持最佳的竞争状态。

专家提醒

另外，在落实区域竞争战略时，外卖企业还要考虑到相应的用户战略和产品战略，这是构成区域竞争战略的重要手段。

8.2 立足当下：外卖消费需求将向三四线城市下沉

一线城市一直都是外卖市场的主要阵地，但市场竞争非常激烈，品牌快速更迭，而且市场基本趋于饱和状态。

对外卖市场来说，一线城市一向是其主阵地，过去几年一直引领着外卖市场的发展。如今外卖行业市场规模达到 2000 多亿元，一线城市竞争十分激烈，面临一波又一波的品牌更迭，市场已经基本趋于饱和状态。

根据美团点评研究院发布的《2017 外卖发展研究报告》显示，一二线城市的外卖增速正在放缓，而三四线城市的外卖增速则在不断增高。由此可见，外卖消费需求将向三四线城市下沉。

8.2.1 外卖消费下沉到三四线城市

随着三四线城市的经济水平和生活水平的提升，以及人们生活节奏的不断改变，用户的消费习惯也发生转变，尤其是对于外卖市场的认可度增高，同时还产生了一定的依赖性。

这些变化，让三四线城市的外卖市场得到不断发展，同时也为当地的餐饮企业创造了更多商机，提前布局的商家将会赢得更多先机。因此，外卖企业也需要把三四线城市作为重要的增量市场，把未来的着力点集中于此。如图 8-7 所示。这些早早布局三四线城市的外卖商家销量非常火爆，并且三四线外卖市场的发展空间非常巨大。

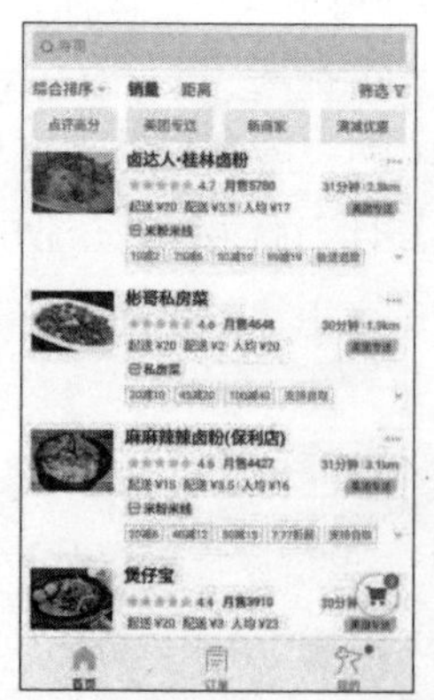

◆ 图 8-7　三四线城市外卖市场的商家销量

8.2.2 三四线城市的增速相对较高

与一二线城市相比，三四线城市的外卖订单增速更快，其中 2017 年的订单占比高达 40%，同比增加 5%。根据美团点评的相关数据显示，与 2016 年 1 ~ 10 月相比，2017 年 1 ~ 10 月三四线城市的同比增长分别达到了 187% 和 238%，远远超过了一二线城市，如图 8-8 所示。

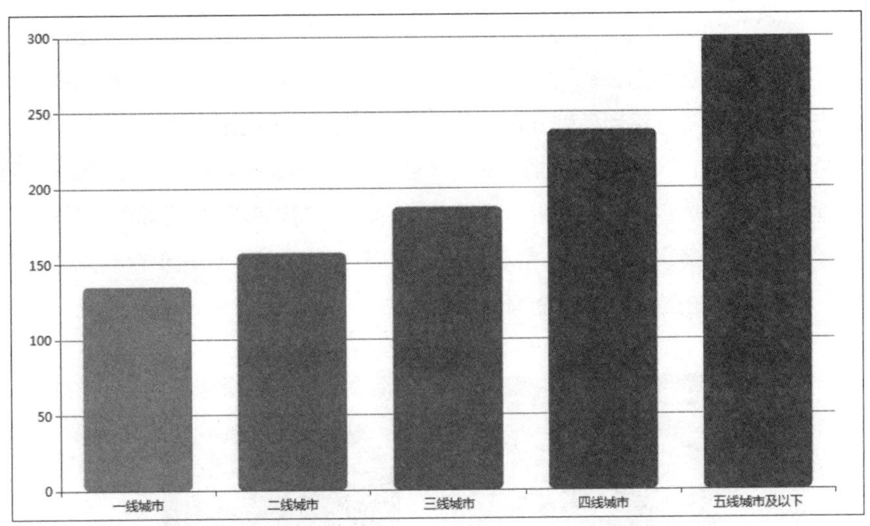

◆ 图 8-8　2016 ~ 2017 年城市等级外卖同比增长率

外卖市场发展的增长已经转移到三四线城市，对于外卖平台来说，未来需要重点培养这些地区的用户外卖消费习惯。

8.3 放眼未来：各类型品牌在全国的扩张模式及特点

国内餐饮的地域差异非常明显，但仍然有很多南北通吃的品类，而且各类型品牌都尝试在全国进行扩张。未来，外卖市场仍是一片有待开发的蓝海。那么企业在不断扩张的过程中，都具有哪些方式和特点呢？本节将重点介绍在外卖企业的地域扩张模式和特点，帮助大家更好地展望未来，扩大自己的经营区域。

8.3.1 洞察市场，寻找新的突破口

在外卖市场日趋饱和的环境下，商家如何在众强中寻找新的突破口，突围而出？其实，外卖市场仍然存在很多发展地域和空间，而本地化和精细化运营将成为未来外卖市场的重要突破口。尤其是本地的外卖品牌或商家，可以运用更精细化的管理，更好地为用户创造和提供价值，从而获得长远的效益。

例如，“呷跨界”是一个基于武汉地区外卖市场的商家，其口号为“半小时上门家宴”，主要通过微信公众号和微博等社交渠道提供外卖服务，如图 8-9 所示。“呷跨界”通过自建中央配送厨房实现精细化运营，目前在武汉市拥有 16 个配送点，并通过与一系列品牌实现跨界合作，提升店铺销量，最高单日订餐量达到 400 个。同时，“呷跨界”通过线下体验中心、高品质的餐品和创意服务受到了当地消费者的欢迎，并且将外卖产品作为基点，向更多的社区辐射，从而打造出一个“配送 + 餐饮 + 西点 + 生活百货 + 便民服务”的一体化平台。未来，“呷跨界”的目标是走出武汉，向全国拓展。

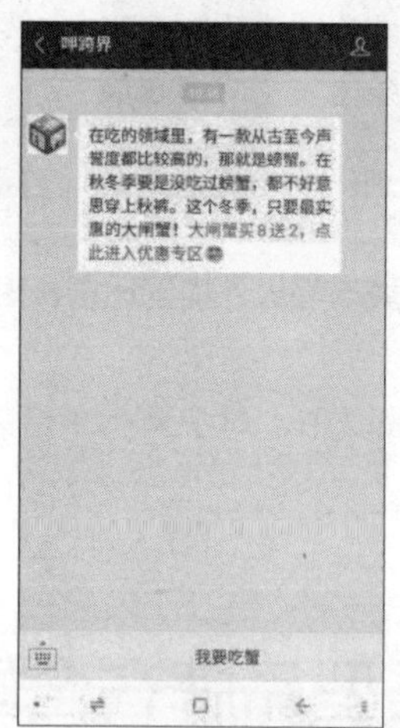

◆ 图 8-9 “呷跨界”微信公众号

8.3.2 借助互联网，提升经营效率

在“互联网 +”时代下，互联网与传统产业不断融合，线上外卖平台与线下传统餐饮商户深度融合是大势所趋。随着外卖模式的广泛应用，越来越多的餐饮企业开始注重线上渠道的开拓，通过与专业性的互联网信息平台的合作，融合了线上线

下信息渠道，进行线上线下信息的有效整合，从而建立了全方位的外卖信息网络，带给消费者更便捷的体验、交易、支付与服务，同时也极大地提升了店铺的经营效率。

这类整合线上线下信息互联网平台的出现。一方面，为商家与消费者的营销与消费行为提供信息支持；另一方面，间接促使了外卖模式在餐饮行业的广泛应用。整合的信息主要包括以下几类。

（1）地理位置信息。这是消费者进行外卖消费所必须了解的信息。关于这一方面的信息，主要包括外卖企业或商家的位置信息，以及消费者距离和骑手配送的路径规划信息等。例如，商家可以借助互联网技术，如百度地图等工具来分析区域内竞争对手的分布情况和人口密度等数据。

（2）商流与资金流信息。在这一信息整合类别中，主要是针对外卖企业或商家的基本情况而言的。从商流信息角度来说，主要是关于外卖商户除位置信息外的其他服务信息，如菜品、商家套餐、服务提供以及购买须知等。从资金流的角度来说，主要是消费的支付信息，如外卖预订支付、支付方式选择以及退款方式等。

（2）消费者信息。这类信息的整合是基于消费者角度而言的，大多产生于消费过程中或过程后，这类信息主要有会员积分、优惠券、代金券和红包等。

8.3.3 模式创新，打通消费的链接

在进行地域扩张的过程中，外卖商家想要获取品牌竞争的优势，必须通过模式创新来打通门店与用户之间的链接，提高餐厅“翻台率”和服务能力，通过物流让周边用户都可以吃到餐厅美食。

例如，“点我达”是一家“众包模式的即时物流平台”，以众包共享模式为用户提供直接从门到门的物品送达服务，是一种无仓储，无中转，点对点，门到门的配送形式，如图 8-10 所示。

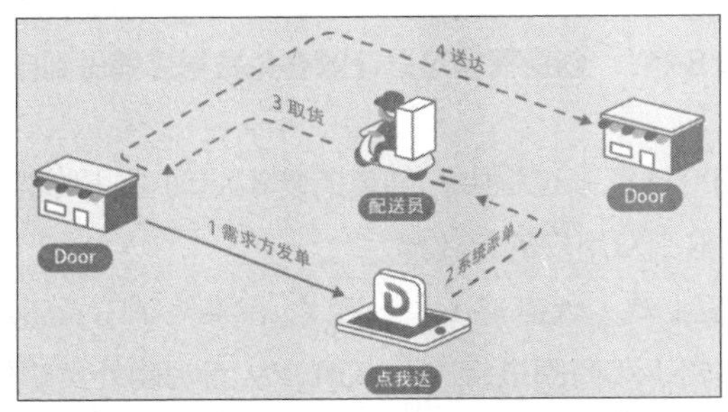

◆ 图 8-10 “点我达”的众包物流配送模式

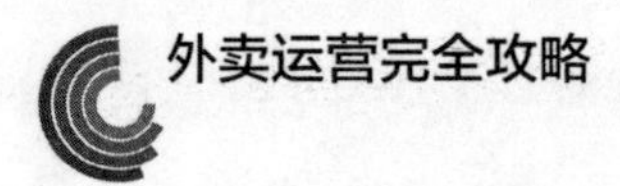

“点我达”还是饿了么的众包物流合作伙伴，双方系统已经完成深度对接，在全国 50 多个重要城市开展众包配送合作，从而提升用户体验，共同推动本地生活服务的发展。另外，“点我达”的业务范围扩张到全国 300 多个城市，为 100 多万商家和 7000 多万消费者提供即时配送服务。

8.3.4　创意营销，引爆品牌的传播

在互联网技术高速发展的今天，外卖商家可以通过开展各类店铺活动及互联网创意营销来引爆产品的“病毒式”传播。有时候，一句简单应景的吉祥话，或者一个有趣的创意小活动，就能为店铺添光溢彩。

同时在营销层面，不能仅仅是商家自己的展示广告，这样只能说是“有营销而无传播”，必须让顾客免费帮我们做到自传播，让 1000 个人尖叫，远胜于让 10 万个人不叫，如图 8-11 所示。

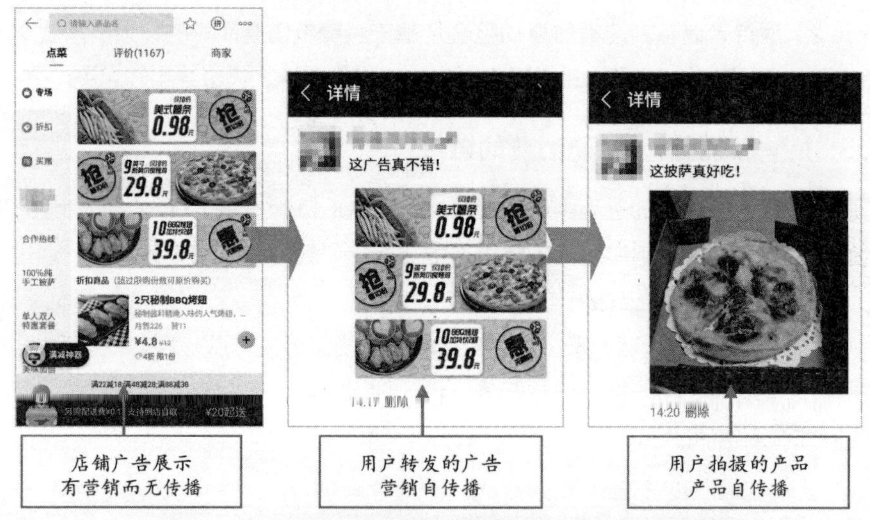

◆ 图 8-11　创意营销可以让顾客免费帮店铺做到自传播

在外卖企业的地域扩张过程中，创意的营销活动可以快速吸引用户眼球，优质的产品体验还能够引发用户的自传播。

例如，“土豆爱上鸡 · 大盘鸡（北大店）”在某地区的新店开张前，通过对该区域的消费人群、骑手和商圈进行充分调研，从而明确外卖的热点区域、目标消费者以及引流方式。

新店铺上线后，商家根据排名靠前的外卖热点区域去做重点推广，推广方式比较有创意，没有采用传统的发传单地推形式，而是用发饮料代替发传单，将饮料放和宣传单放在一个手提袋中，发送给这些区域的用户。通过这种创意的营销方式，用户的接受度非常高，而且手提袋还可以给用户带来更多实用性。

同时，对于首次下单的消费者，店铺会赠送他们一张“刮刮卡”，如图 8–12 所示。比较有创意的是，“刮刮卡”的金额并不是固定的，而是根据订餐区域来设置不同的金额，获奖的用户可以添加商家微信来领取红包。据悉，新店的外卖业务推出仅 6 天，就达到了 248 单的日销售量，此后每天基本都保持在 200 单以上。

专家提醒

创意营销，就是用创意带来吸引力，让消费者了解外卖品牌或产品，从而增加品牌知名度，同时为店铺带来很多销售额。

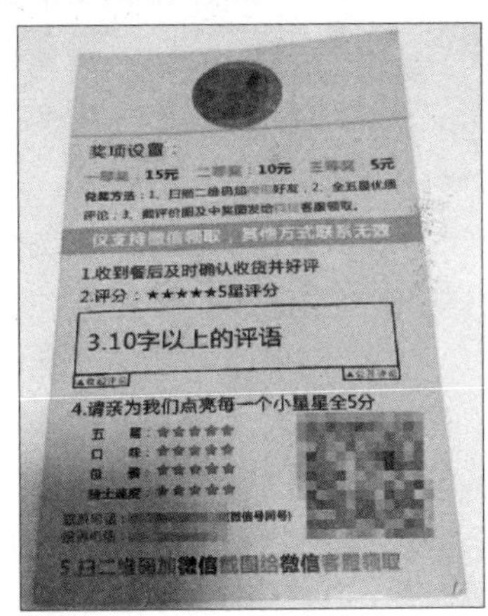

◆ 图 8–12　使用“刮刮卡”进行引流

8.3.5　利用资源，发挥更大的效能

外卖企业在进行地域扩张时，还可以借力外卖平台，充分利用各种资源优势，发挥最大效能。同时，企业管理者还可以通过微信社群来结识更多当地的外卖同行，与他们共享资源，交流店铺运营经验。

例如，起步于北京的“KAO 铺”外卖品牌，抓住了市场和用户的痛点。首先在选址上向外卖倾斜，即“最好地段的最差位置”，以门店为基地通过外卖辐射周边。同时，“KAO 铺”作为三大外卖平台的重点客户，拥有平台给予的众多补贴资源，能够更进一步提供给用户实惠，如图 8-13 所示。

◆ 图 8-13 “KAO 铺”的彩票代金券

另外，“KAO 铺”还推出“城市合伙人”计划，与众多优秀的餐饮企业和个人团队合作，充分结合双方的长处，共同实现目标。上线不到两年时间，“KAO 铺”就开了 160 多家连锁餐厅，覆盖全国 20 多个城市，并进入欧洲德国、英国以及西班牙等国外市场，拥有 120 万核心用户。

引流推广，精准灵活的外卖营销策略

外卖运营完全攻略

随着互联网技术的发展，人们获取各种信息的途径越来越多，商家和用户之间的信息交流也越来越方便。外卖品牌不仅需要提升自己的产品品质和服务水平，更需要将自己的品牌信息通过各种方式传递给用户，通过一系列的营销引流活动，可以促进商家与用户的交流和关系，提升门店的营业额与利润。

✧ 全盘解析：如何100%抓住店铺流量

✧ 玩转9大平台活动，订单轻松翻一番

✧ 模式变革：新媒体+社交营销成为主流

9.1 全盘解析：100% 抓住店铺流量

外卖行业的营销引流主要包括线上和线下两个渠道，只要抓住了这两个渠道的 100% 的店铺流量，就能为店铺吸引更多流量和关注度，从而快速树立品牌形象，赢得用户的依赖和口碑。

9.1.1 线上引流

对于外卖店铺来说，有曝光才会有订单，线上引流首先要提升店铺的曝光量，让更多消费者看到你的店铺和活动，这样才能吸引他们下单消费。下面将介绍外卖店铺的线上引流技巧。

❶ 提升线上曝光量

例如，在美团外卖中，商家可以通过美团 APP、大众点评 APP、美团外卖 APP 以及小程序等渠道进行曝光。其中，在美团外卖 APP 中，商家的主要曝光渠道如图 9-1 所示。

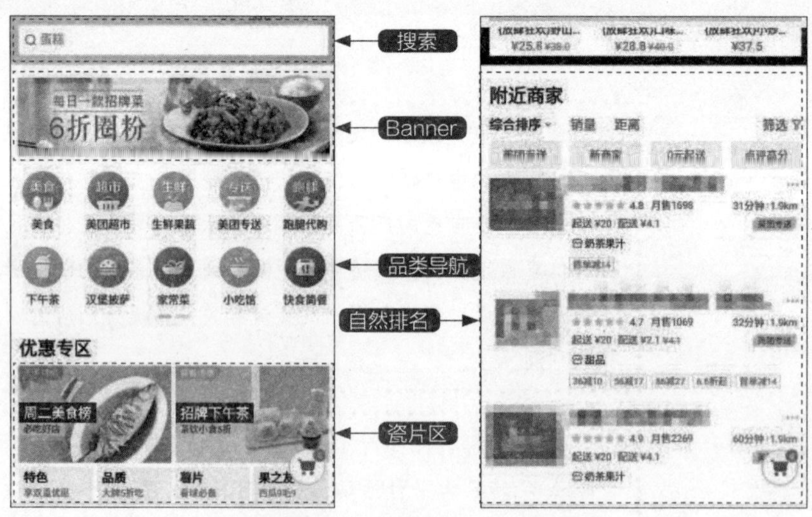

◆ 图 9-1　商家的线上曝光渠道

（1）搜索流量提升：商家的主营品类定位要准确，店铺名称和菜品名称要齐全，同时可以包含附近的重要地标信息，如“××快餐（××店）”，实现与用户搜索关键词的匹配。

（2）Banner：Banner 是一种活动流量，商家可以多关注平台的活动，并积极报名参与，报名活动时必须选择热销产品，从而获得更好的排名。

（3）菜品：商家必须按要求来报名参与，在店铺后台设置合适的菜品，活动过程中会产生大量的客流，因此要注意库存是否足够，同时商家服务质量也要跟上。

（4）自然排名：如新商家可以利用平台给予排名加权，老商家则可以开展一些阶段性的活动来提升销量。同时，商家可以选择一些单价低且消费频次高的产品来打造店铺爆款，提升店铺销量。另外，商家也可以购买点金推广商家位置提升自然排名，出价成功后，会出现在第 5、10、15、20、25 名的其中一个位置上，如图 9-2 所示。

❷ 提升搜索排名

提升搜索排名可以从优化店铺信息、提高店铺质量和完善配送服务 3 个方面入手。例如，商家可以优化菜品名称，将店铺的主营品类描述清楚，让用户快速找到你的店铺。例如，用户在搜索“牛肉面”关键词时，即会出现“牛肉炒拉面”、“牛肉拉面”以及“牛肉刀削面”等产品，如图 9-3 所示。

◆ 图 9-2 点金推广商家位置

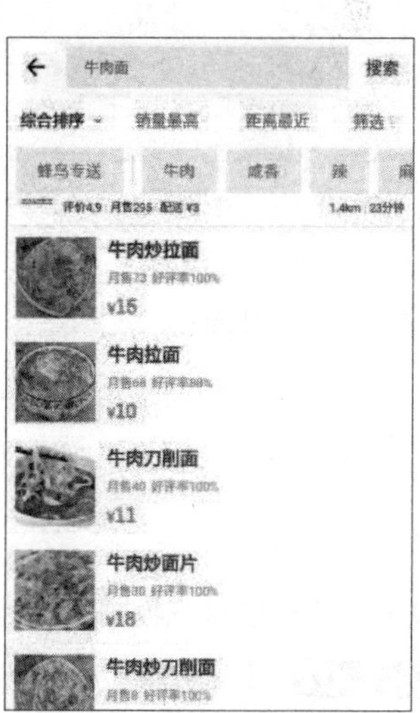

◆ 图 9-3 优化菜品名称提升搜索排名

另外，商家可以根据店铺现有的品类，与 5 大消费时段进行智能匹配，打造突出的主营品类特色。同时，商家还要重视产品质量和包装设计，以及店铺的界面装修，才能提高下单转化率。

❸ 线上流量活动

线上流量活动可以大幅增加店铺曝光率，提升交易额，而且还能帮助商家提升复购率，打造爆款产品。

如图 9-4 所示为饿了么平台中的线上流量活动入口。其中，活动海报滚动入口以及营销活动入口多为平台活动，需要商家通过商家端后台“店铺管理→平台活动”报名参加。

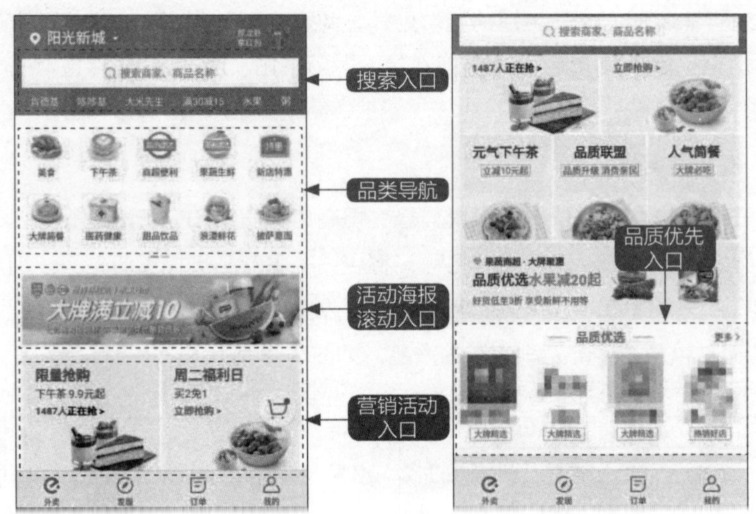

◆ 图 9-4　饿了么平台中的线上流量活动入口

9.1.2　线下引流

外卖店铺的线下引流方式主要包括线下物料、地推以及异业合作等方法，下面分别进行介绍。

❶ 线下物料

线下物料包括基础物料、个性化物料以及外送物料等。

步骤 01 基础物料：包括海报、门贴、桌贴以及台卡等物料，商家可以向门店业务经理联系，即可获得这些基础物料，如图 9-5 所示。

◆ 图 9-5　美团外卖门贴和饿了么台卡物料

步骤 02 个性化物料：包括门头、菜单和吊旗等只有商圈内人流曝光较大的优质商家才能和业务经理联系，可以索取这些线下宣传物料，如图 9-6 所示。

◆ 图 9-6　美团外卖的门头广告

步骤 03 外送物料：包括餐盒贴、纸巾、筷子和打包袋等，商家可以在美团外卖商家后台的快驴系统中自行购买，如图 9-7 所示。

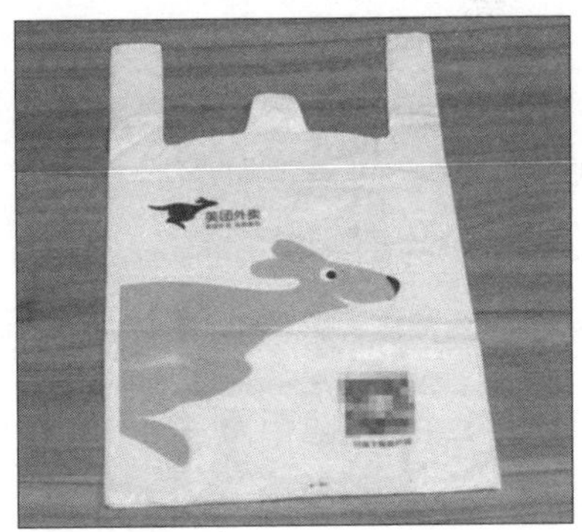

◆ 图 9-7　美团外卖的外送物料

❷ 地推

地推是一种比较传统的营销方式，主要通过各种形式实现品牌的线下地面推广，如发传单、发优惠券、做地铁广告以及做活动等，吸引用户关注。

地推的缺点是成本高，而且比较耗时，但地推可以与消费者实现面对面交流，广告效果更加真实且精准。例如，夏季人们都不愿意出门吃饭，“大龙燚”发现火锅外卖的订单量上涨，便选择在店铺周边的小区投放了道闸广告和电梯楼宇广告，抓住当下的消费痛点，当月销量提升了 20%，如图 9-8 所示。

◆ 图 9-8 “大龙燚”的道闸广告

❸ 异业合作

“异业”就是指不同的行业，异业合作则是指不同行业之间的多个企业进行跨界合作，共享彼此的营销资源，实现提高效率、降低成本、增强市场竞争力。比较适合外卖商家进行异业合作的行业包括电影院、大型商场、饮料供应商、娱乐场所以及其他本地知名品类商家等。

例如，“炒 FUN”和电影城合作推出集体看电影活动，通过微信朋友圈，用户成功点赞的第 5 位和第 25 位，分别免费获得电影票一张。

9.2 玩转平台活动，订单轻松翻一番

在外卖业所有的营销案例中，通过活动进行营销是必不可少的方式，它能有效刺激消费者的消费行为，提高店铺的人气。本节主要介绍 7 大平台活动，帮助商家轻松实现店铺销量翻倍。

9.2.1 满减活动

满减活动是指当用户达到一定消费金额时，可以享受减免部分金额的优惠。满减活动能够起到吸引用户下单、提高消费金额和客单价的作用。

图 9-9 所示为饿了么商家的满减促销活动，这里有值得我们餐饮商家学习的地方，比如“香他她煲仔饭”的满 20 减 12，“米食先生煲仔饭”的满 30 减 20 等幅度较大的满减促销活动，虽然消费者到最后并没有真的省那么多钱，却总能让消费者动心。这就是促销活动最大的魅力所在。

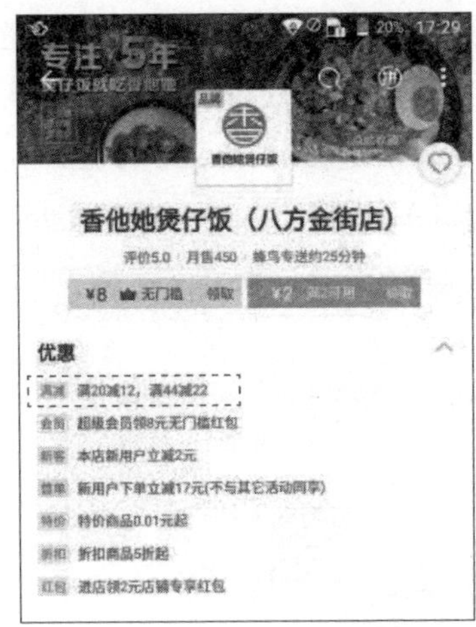

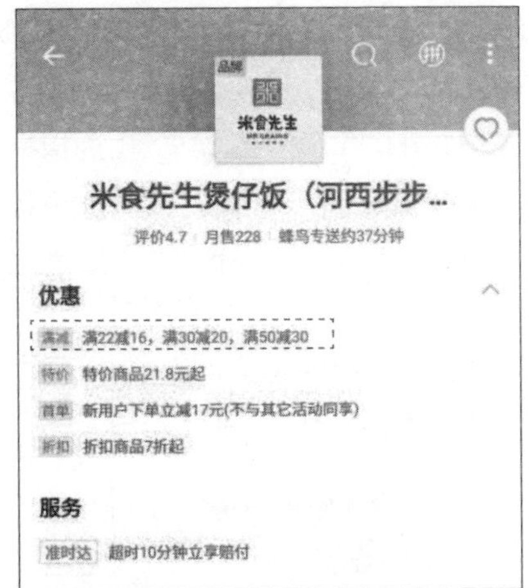

◆ 图 9-9　饿了么商家满减活动

目前，市场上存在很多营销痛点，如很多商家满减力度大但没有单量，有些商家单量很多却赚不到钱，其实这些都是由于商家没有掌握正确的活动运营技巧造成的。下面介绍设置满减活动的相关技巧，如图 9-10 所示。

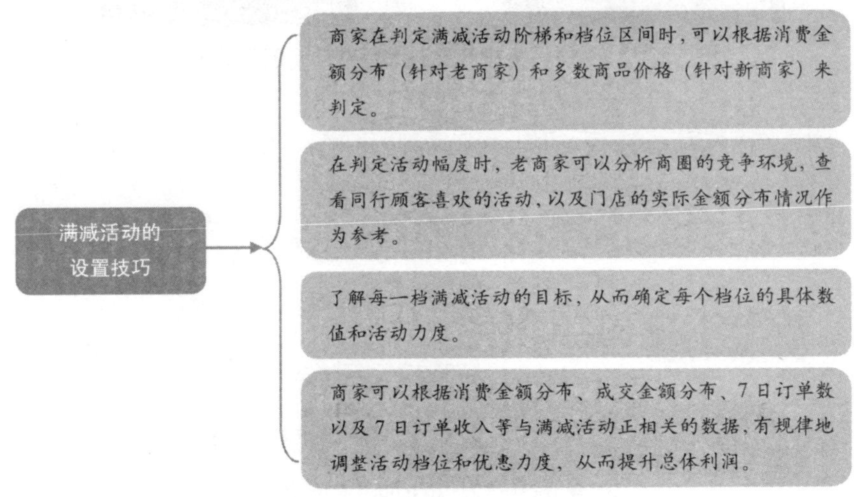

◆ 图 9-10　满减活动的设置技巧

9.2.2　折扣商品

在外卖市场的营销方式中，大量同质化的营销方式，各种大额满减充斥市场，

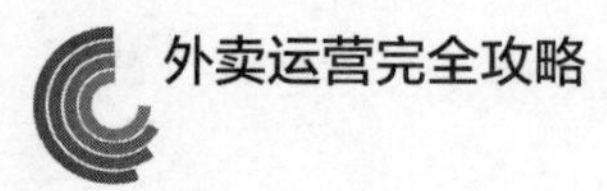

而折扣营销则日渐式微，慢慢淡出了主流营销形式类型。折扣商品主要是通过特价促销的方式，在短期内实现提升店铺交易额、扩大品牌口碑、增加品牌认知度的目的。如图 9-11 所示。点一个折扣商品，商品的折扣价格会直接显示在界面下方，而且与原价进行对比，吸引力很大。如图 9-12 所示。点一个满减活动的套餐，下方只会显示原价，同时在结算栏上方显示满减价格，而且文字非常小。

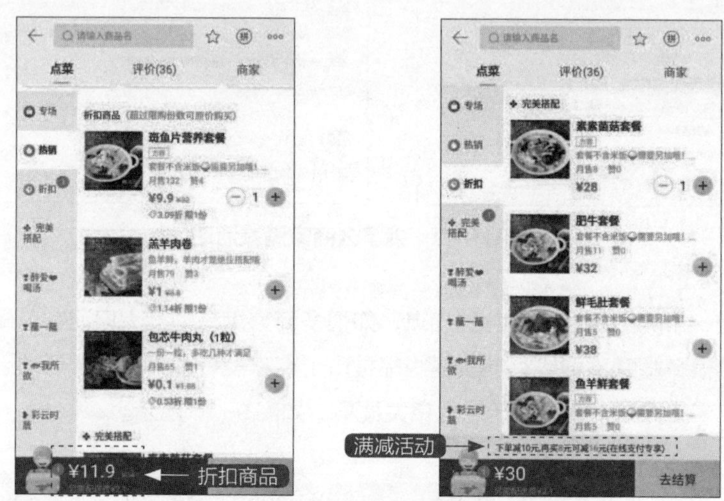

◆ 图 9-11　折扣商品与满减活动的展示效果

通过与满减活动的展示对比，可以看到折扣商品的优势如图 9-12 所示。

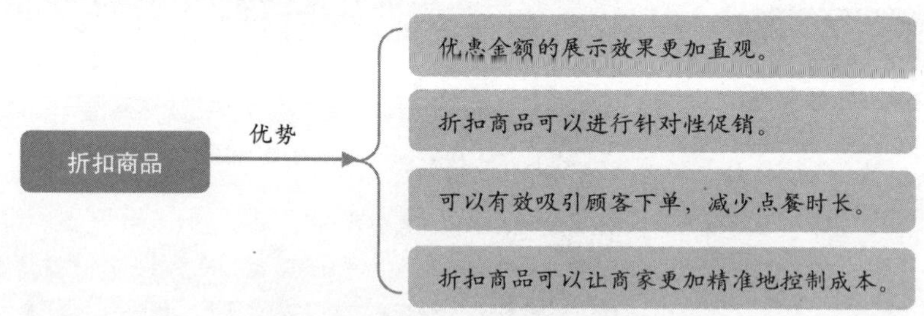

◆ 图 9-12　折扣商品的优势

在设置商品的折扣力度时，通常要大于或等于满减的力度。另外，建议不要在原来的商品上直接设置折扣，可以另外建立一个新商品设置折扣，这样可以形成强烈的价格对比，而且顾客也可以根据需要自由选择参与哪种活动。例如，

在该店铺中，点一份原价 25.88 元的 5.36 折菜品加上包装费 2 元，用户需要付 15.88 元；同样原价的满减商品，需要支付“25.88−12+2=15.88”，因此算下来最终价格是一样的，如图 9−13 所示。

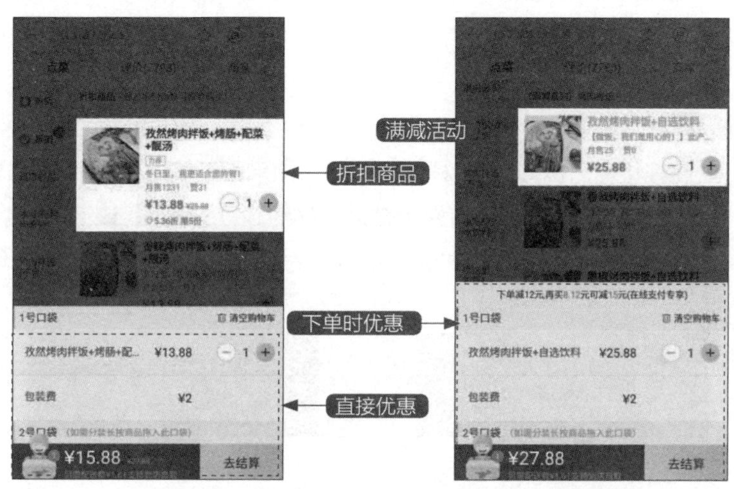

◆ 图 9−13　折扣商品与满减活动的优惠力度相同

折扣菜的种类应丰富，同时还可以根据店铺的历史订单记录和满减力度，推出对应价格和优惠的各种套餐活动，满足用户的不同需求。

9.2.3　商家代金券

代金券是外卖店铺常用的营销手段，也就是商家给部分用户发放一些可以在特定条件下抵扣部分消费金额的证券。例如，在饿了么平台上开通超级会员的用户，可以在一些店铺中领取无门槛代金券，如图 9−14 所示。

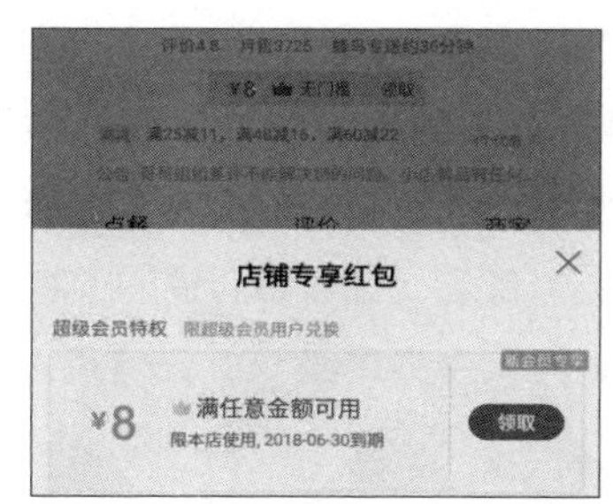

◆ 图 9−14　饿了么超级会员的无门槛代金券

美团外卖和饿了么等外卖平台都提供了 3 种代金券形式。

步骤 01 进店领券：商家可以针对部分人群发放，如新客或者新老客通用，并设置合适的发放渠道（如天降红包、微信红包等）和优惠金额，从而实现提升曝光量、访问量和下单率的目的。例如，“欢乐粥铺”某店铺针对进店消费者赠送了 2 元代金券，但需要消费金额满 40 元才能使用，如图 9-15 所示。

步骤 02 下单返券：即用户下单后赠送代金券，具有投放资源可控性、封闭性和针对性等特征。例如，“御林粥府”某店铺采用下单返券的活动形式，用户实际支付满 35 元即可获赠 3 元商家代金券，如图 9-15 所示。该活动采用高门槛返券、高门槛用券的形式，可以有效提高用户的复购率。

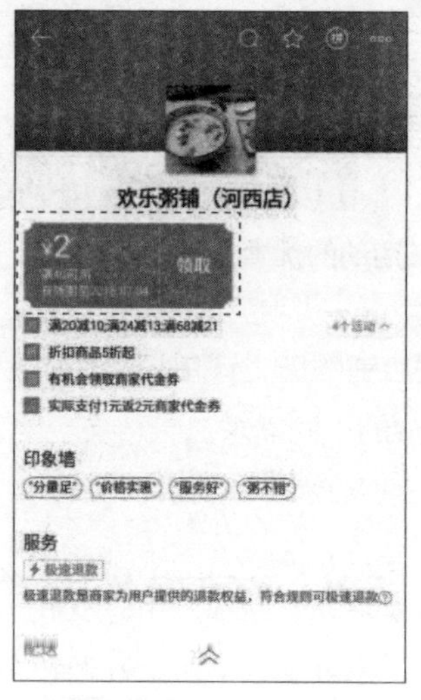

◆ 图 9-15　进店领券活动

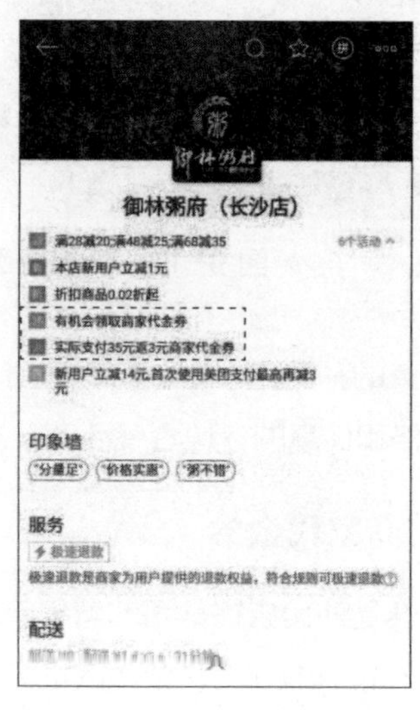

◆ 图 9-16　下单返券活动

步骤 03 定向发券：即向指定顾客赠送代金券，如差评顾客、高消费熟客、粉丝顾客、轻度流失顾客、熟客以及自定义人群等类型，商家可以根据店铺的实际情况来发放代金券，实现精准营销。例如，该店铺设置了 3 种金额的代金券，其中 1 元代金券（满 5 元可用）主要针对粉丝顾客（即收藏店铺的顾客），8 元代金券（满 155 元可用）主要针对熟客，60 元代金券（满 500 元可用）主要针对高消费熟客，如图 9-17 所示。

◆ 图 9-17　定向发券

9.2.4　新客立减

新客立减是指针对在平台或店铺首次下单的新顾客，推出的无门槛条件的立减活动，门店的新客立减活动通常可以与其他营销活动同时享用。新客立减活动可以为店铺带来新顾客，而且还可以丰富活动种类提升店铺排名，同时还能够刺激用户下单购买提升店铺单量。

例如，“野有饭”某外卖店铺采用新客立减搭配满减的活动形式，平台收单新用户下单可用立减 14 元，但不能与其他活动同时享受；本店新用户下单可用立减 1 元，同时还能参与满减活动。点一份原价 30.8 元的餐品，可用享受“满 20 减 6”的满减优惠，加上新客立减，最终优惠 7 元，如图 9-18 所示。

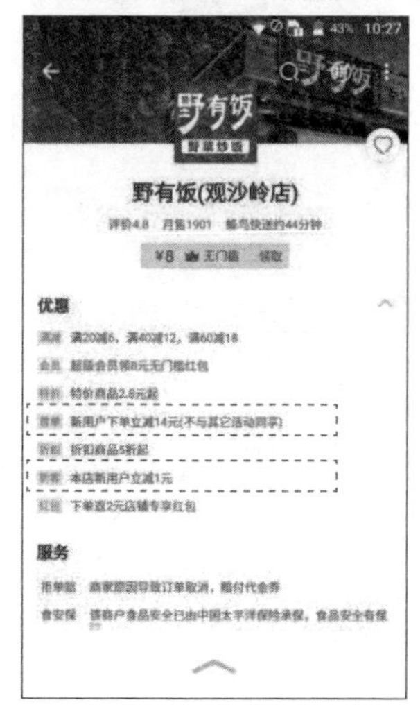

◆ 图 9-18　新客立减搭配满减活动

该店铺的满减活动力度较大，因此新客立减活动的力度可以相应调小一些，同时还可以搭配折扣商品，更容易吸引客户流量，从而不断提升门店的新用户数量。

9.2.5 满赠活动

在店铺订单量非常稳定的情况下，如果想要提升营业额，只能通过提升客单价来实现，满赠活动就是能够有效提高客单价的引流工具。满赠活动是指当顾客消费达到一定金额时，便可以获得相应的赠品，从而增加顾客对于商家的好感度。

在美团外卖平台上，当商家设置好满赠活动后，顾客可以在门店外部看到“满赠”的字样标识，当顾客进入店铺后，还可以看到更为清晰的满赠活动信息。例如，在“湘味煲仔饭”某外卖店铺中，就采用了“满 40 元赠送香煎荷包蛋 1 份、满 60 元赠送王老吉 1 份”的活动方案，如图 9-19 所示。顾客如果在接近标准时可能会凑单来参与活动，从而提升店铺的客单价和营业额。

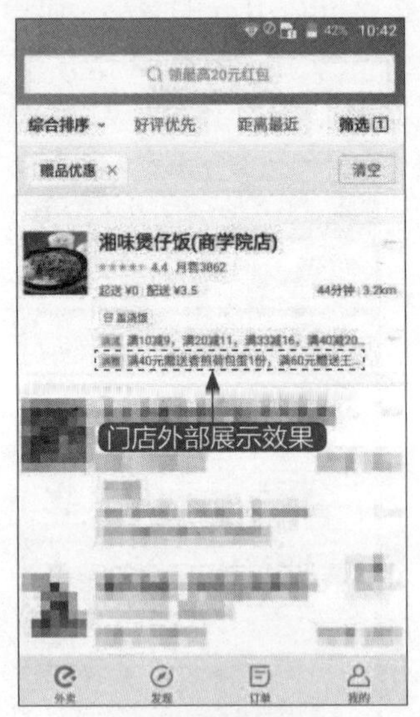

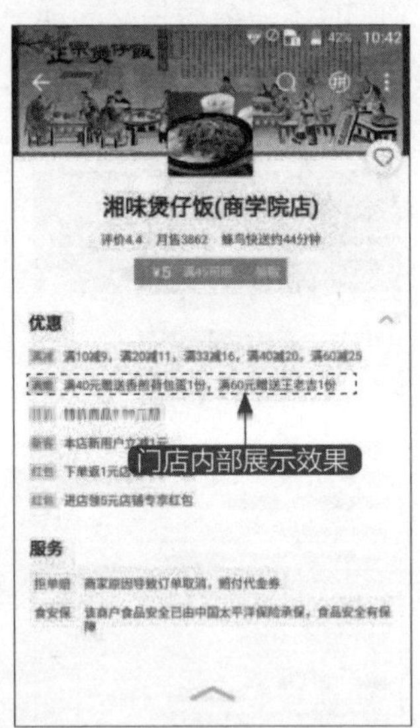

◆ 图 9-19 满赠活动的展示位置

下面介绍满赠活动的赠品设置技巧，如图 9-20 所示。

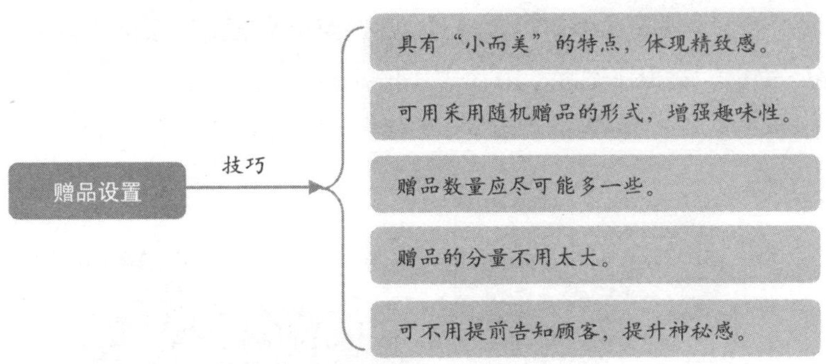

◆ 图 9-20　满赠活动的赠品设置技巧

9.2.6　买赠活动

通常，店铺转化率包括访问转化率和下单转化率两类，它们都会对店铺下单量和营业额产生很大的影响，那么，商家该如何提升店铺转化率呢？买赠活动就是提升店铺转化率的必备引流工具。

在美团外卖平台上，当商家设置好买赠活动后，顾客可以在门店外部看到“买赠”的字样标识，当顾客进入店铺后，还可以看到更为清晰的买赠活动信息。例如，在“香克莱”某外卖店铺中，就采用了买赠活动方案，提示顾客购买指定商品有赠品的信息，如图 9-19 所示。

◆ 图 9-21　买赠活动的展示位置

在该店铺的品类菜单中可以找到“买赠”菜单，点击后即可看到参与买赠活动的餐品，如买“香酥小鸡腿（10 个）”1 份就能获赠 1 份可乐，如图 9-22 所示。可以为店铺导流，增加顾客进店和下单的机会，极大地提升了转化率。

◆ 图 9-22　买赠活动的品类菜单和餐品说明

专家提醒

另外，当店铺某些餐品的销量比较差、库存较多时，也可以利用买赠活动来达到清理库存的目标。

9.2.7　提前下单优惠

提前下单优惠是指顾客可以在店铺闲时提前下单，获得一定的优惠金额，同时店铺能够提早做好准备，缓解订餐高峰时的出餐和配送压力。

在美团外卖平台上，当商家设置好提前下单优惠活动后，顾客可以在门店外部看到“闲时优惠”的字样标识，当顾客进入店铺后，还可以看到更为清晰的提前下单优惠活动信息。例如，在“老湘食品质湘菜”某外卖店铺中，就采用了提前下单优惠活动方案，对于在 7：00 ～ 11：00 与 14：00 ～ 16：00 这两个时间段之间下单的顾客，可以获得下单减 1 元的优惠，如图 9-23 所示。

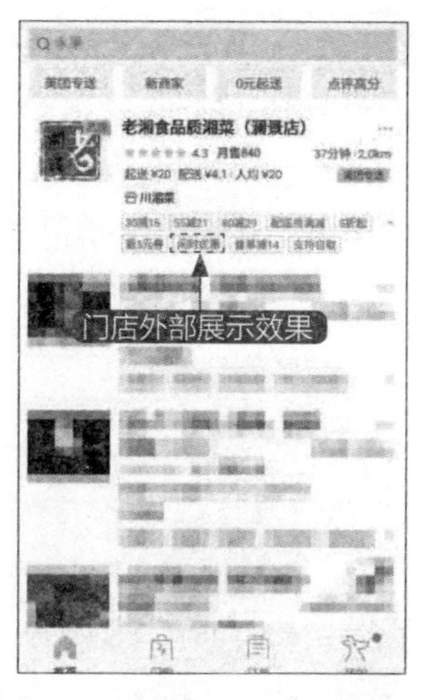

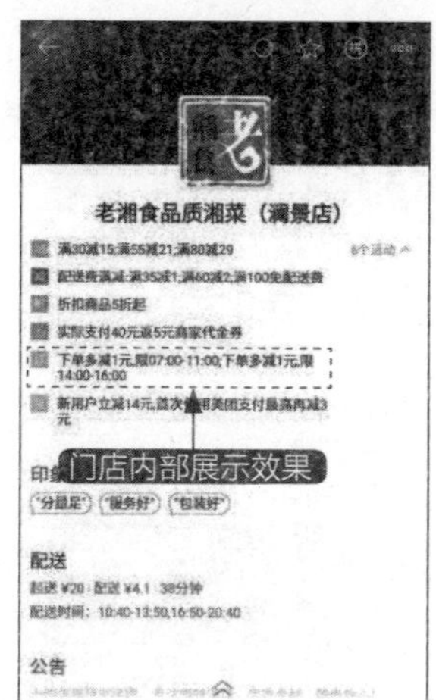

◆ 图 9-23　提前下单优惠活动的展示位置

9.2.8　第二份半价

第二份半价活动可以拉动消费，提升外卖店铺的单品销量，同时商家还可以借机推出新品，或者帮助店铺推销特例单品和消化库存原料。第二份半价活动不仅可以制造“噱头”，还能让商家利润最大化。

例如，在“天天鲜果速递”某外卖店铺中，就采用了第二份半价活动方案，活动展示位置如图 9-24 所示。

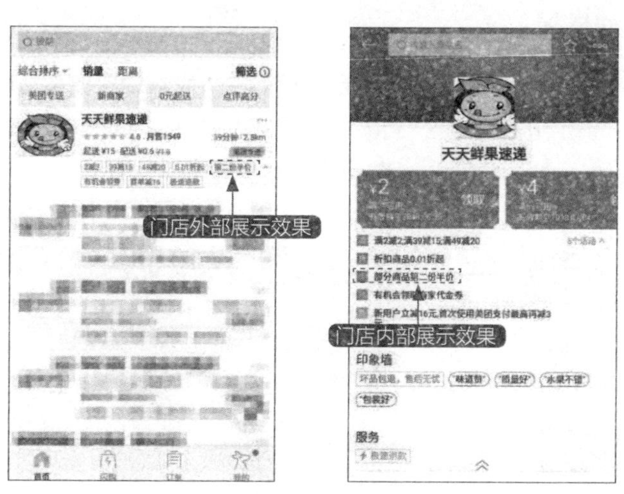

◆ 图 9-24　第二份半价活动的展示位置

在该店铺的品类菜单中可以找到“第二份半价”菜单，点击后即可看到参与第二份半价活动的所有餐品，商品数量建议不要太多。例如，只选择一份“鲜榨：香蕉酸奶奶昔【杯】”时的价格为 12 元，当增加一份时，价格变为 18 元，如图 9-25 所示。也就是说，第二份只算了半价 6 元。第二份半价活动非常适合那些利润较高但平常点单量不大的产品。

◆ 图 9-25　第二份半价活动的品类菜单和结算方式

9.2.9　活动搭配

很多商家在运营外卖店铺时，对自己目前的阶段营销定位不是很精准，不知道该如何进行活动引流。因此，商家一定要针对自己所在的阶段策略和搭配各种活动组合，如图 9-26 所示。以实现店铺效益的最大化。

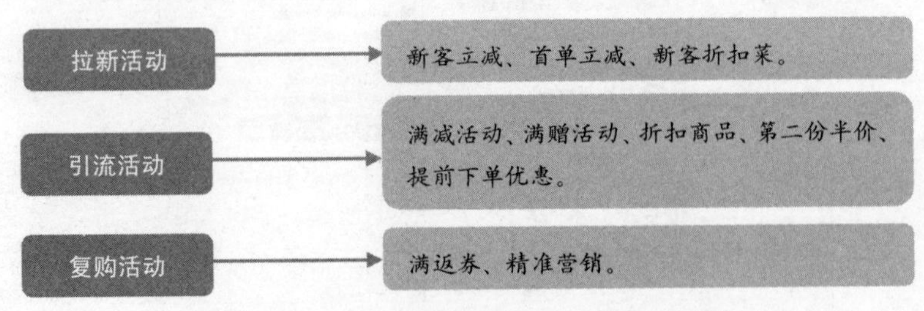

◆ 图 9-26　不同阶段目标的活动搭配技巧

9.3 模式变革：新媒体＋社交营销成为主流

千篇一律的营销活动，容易带给消费者疲劳感，减少消费者的兴趣，从而达不到预期的营销效果。因此，外卖商家应树立创新意识，打造新媒体＋社交营销活动，为消费者带来新鲜感，增加活动的关注度与讨论度。

9.3.1 外卖＋微信营销

随着微信这一社交平台的迅速崛起，微信聚集了大量的用户。因此，不少外卖企业或商家越来越注重微信营销这一方式来推广自己的餐品，扩大自身品牌的影响力。

❶ 公众号营销

在微信公众号界面中，菜单的设计更容易让消费者找到自己需要的信息。设置页面菜单的微信公众号可以通过相应菜单与用户进行交互，真正做到把微信公众号、外卖服务和用户连接起来。外卖企业合理、有效地应用各种途径推广公众号和公众号内的信息，可以实现外卖与微信公众号的跨界融合和发展。外卖商家在推送信息时要注重凸显信息的诱惑力，从而引起消费者的关注。

❷ 小程序营销

利用微信小程序进行产品营销也成为不少外卖企业进行营销活动的重要选择，可以说小程序的出现开启了一个全新的移动智能时代。小程序营销之所以受到外卖企业的重视，归根结底在于小程序具备其他营销方式不具备的优势——能够快速切入线下消费的场景。下面以图解的形式介绍微信小程序营销的优势，如图 9-27 所示。

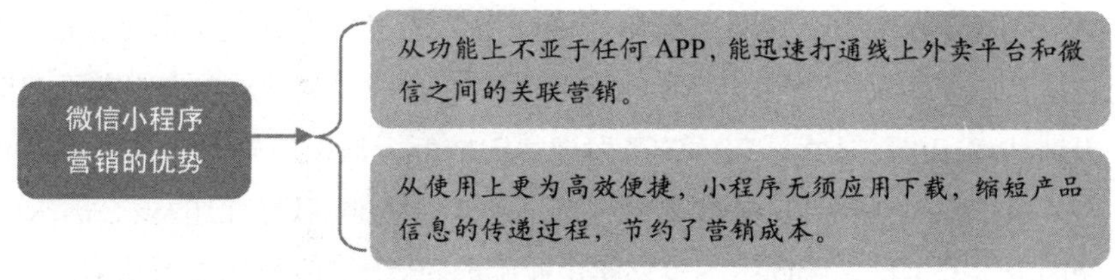

◆ 图 9-27 微信小程序营销的优势

9.3.2 外卖+场景营销

场景是一种思维方式：通过互联网或移动互联网来不断制作和生成新的场景，连接不同的对象。场景是一种功能体现：以人为中心，使用互联网或移动互联网实现高效连接，用内容来重构产品与用户的连接。

场景具有链接思维，不管是线上还是线下场景，加入链接后可以让场景充满变化，更加立体，同时还能够带来更多的市场机遇。例如，阿里巴巴链接的是人和商品形成电商场景，腾讯链接的是人和人形成社交场景，百度链接的是人和信息形成搜索场景，而外卖链接的是人与食物形成在家或在公司吃饭的场景。

例如，针对骑手在午餐外卖高峰后的休息场景，"熊猫星厨"开启了"外卖员'包养'计划"，如图 9-28 所示，不但解决了骑手就餐困难、缺少休息场所等痛点。同时还能让餐厅闲置资源得到充分利用。

◆ 图 9-28 外卖员"包养"计划

因此，在策划外卖营销时，也可以利用场景思维，挖掘类似的特殊场景，为消费者提供专属服务，加强彼此之间的链接。

9.3.3 外卖+ H5 创意营销

H5 是伴随着移动互联网兴起的一种新型营销工具，具有娱乐化、社会化、互动性强等特点。从企业角度来讲，H5 营销中，企业主要的成本支出在于 H5 页面的设计成本和维护成本，整体的开发成本比较低；从用户角度来讲，用户不需要下载安装 H5，也不用浪费流量和时间，可以更快地满足自己的核心需求，并且其使用成本非常低。因此，不少外卖企业都选择运用 H5 场景进行营销。

饿了么平台在活动运营方面可谓花样百出，如“翻牌有礼”的 H5 活动就极具趣味性。消费者可以随机选择一张“请翻牌”，就能参与到“翻牌抽奖”的活动中，而参与活动的唯一要求就是消费者有足够的饿了么金币，但金币的获得主要依靠平时的消费点单，这就在很大程度上鼓励消费者进行积极消费。图 9–29 所示为饿了么 APP“翻牌有礼”的 H5 活动画面。

◆ 图 9–29 “翻牌有礼”H5 活动画面

外卖企业在进行 H5 营销时，只有了解了 H5 营销的基本原则，才能达到良好的 H5 营销效果。下面以图解的形式介绍 H5 营销的基本原则，如图 9–30 所示。

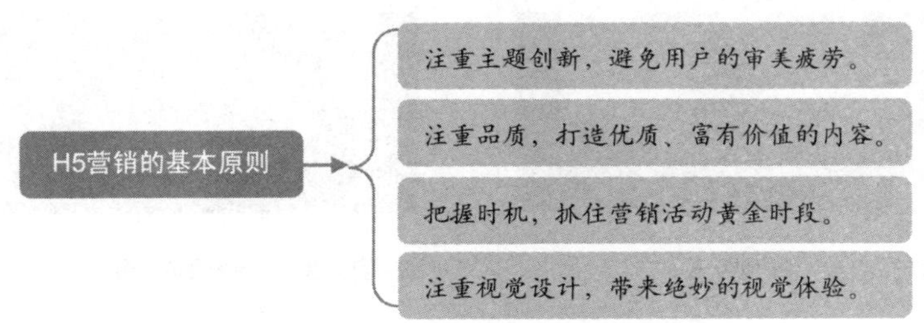

◆ 图 9–30 H5 营销的基本原则

9.3.4 短视频 + 外卖营销

随着移动设备端、移动互联网、社会化媒体的兴起与发展，短视频营销也逐渐成为外卖品牌进行营销活动的重要形式。

短视频营销的定义就是利用短视频展示外卖品牌和产品的优点及企业的品牌理念，是一种将互联网、视频、营销三者相结合的活动。可以说，短视频营销具备其他营销方式无可比拟的营销优势。

随着移动互联网的不断发展，短视频营销已经开始显示出它强大的魅力。这个魅力从它的定义就可以看出来，并且越来越多的年轻人，相较于传统的营销方式，更加青睐于短视频营销。图 9-31 所示为短视频营销定义的要点。

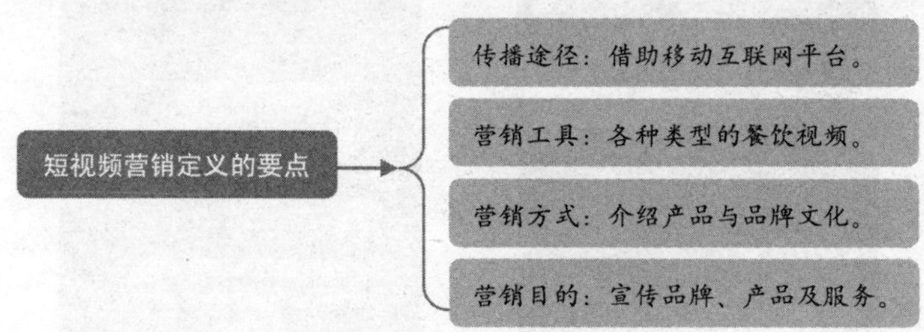

◆ 图 9-31　短视频营销定义的要点

例如，在百度外卖的“指南”频道中，就有很多短视频营销内容，如图 9-32 所示。没有一个外卖品牌是不想向顾客展示自己的完美形象的，因此他们可以通过短视频内容对产品、服务进行介绍，这样的效果更具说服力，能够使得顾客更加相信品牌，从而有力地推动外卖产品的销售。

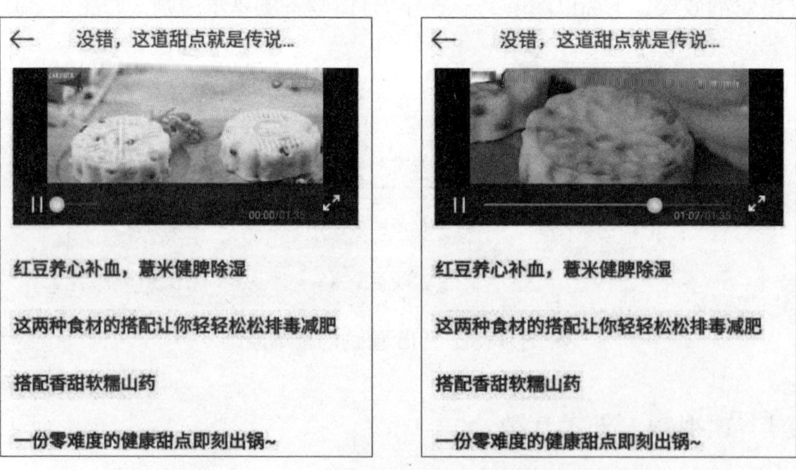

◆ 图 9-32　百度外卖中的短视频营销内容

9.3.5 直播 + 外卖营销

在互联网时代，对于餐饮品牌营销来说，如果选择外卖电商变现的方式，则需要学会使用互联网思维卖货的技巧。例如，直播就是一种以“网红”内容为主的社交营销方式，将互联网思维融入外卖营销中，实现品牌口碑的快速传播。

通过直播营销，可以将外卖的美食内容通过活色生香的图文、视频等内容形式进行独特的混搭，营造即时直接的感官体验，调动观众的触觉、嗅觉和味觉，成为美食达人引领创业“新食尚”的风向标。例如，饿了么和百度外卖中有1300多家门店实现了“后厨直播”，用户可以通过外卖平台APP的直播通道观看直播内容，了解外卖餐品的后厨环境和制作过程并进行订餐选择，如图9-33所示。

◆ 图9-33　百度外卖的“后厨直播”

将线下的外卖后厨引入线上平台进行实时直播，其好处如下。

（1）传播更为广泛。互联网直播平台拥有天然的传播基因和优势，能够突破空间、时间和地域限制，让用户更加了解外卖品牌和产品。

（2）接受用户监督。通过直播来展示外卖的后厨，对于商家和厨师能够起到很好的社会监督作用，让消费者用餐更安心。

（3）一体化规范经营。外卖平台可以通过直播这种热门的形式，更好地履行平台的责任义务，建立线上线下的统一标准，提升用户的用餐体验。

（4）增加店铺排名。敢于直播后厨是外卖商家软实力的自信体现，而且平台对于参与直播的商户还会给予一定的排名优待。

发展战略：如何面对外卖红海与蓝海

外卖运营完全攻略

在 2017 年外卖行业可以说是风起云涌，有些人匆匆离场，也有些人实现华丽转身。

而到了 2018 年，外卖行业正在经历一场生死大考验，行业面临大洗牌的状况，方向比方法更加重要。面对外卖行业的红海与蓝海，外卖企业必须重新改变经营策略、经营方式或组织结构等，以求有更好的发展能力和机会。

- ✧ 新趋势：方法不如方向，优势不如趋势
- ✧ 新品质：品质才是外卖的核心竞争力
- ✧ 新建议：外卖红海下的 8 大创新建议
- ✧ 新未来：如何应对外卖的发展趋势

10.1 新趋势：方法不如方向，优势不如趋势

面对外卖的危机和趋势，合理的方法只能让你生存下来，而正确的方向才能让你生存得更好。对于外卖企业来说，今天的优势将会被明天的趋势代替，拥有优势不如掌握趋势。

10.1.1 连锁化＋精细化运营

外卖从诞生到进入下半场，连锁 / 精细化运营成为其发展过程中最为明显的趋势之一。外卖和传统餐饮的典型区别在于，它具有新零售的产品特征，企业必须保证产品的质量和销量；同时，外卖还是人们日常生活中的高频消费品类，因此还需要高性价比来吸引用户。

随着外卖平台的管理越来越规范，外卖品牌要想在这些平台上长久生存下去，为消费者带来更多高性价比的产品，连锁化是一条不错的捷径。

根据美团外卖发布的《快餐连锁商家外卖大数据报告》显示，与 2016 年相比，2017 年外卖品牌数量减少了将近一半，但门店数据却增加了一倍多，而且每个品牌拥有的门店数量从 18.75 个达到了 87.5 个，如图 10-1 所示。从这些数据中可以看到，外卖品牌经过优胜劣汰后，其规模越来越大，同时还形成了一定的壁垒，商家想要适应这种行业新变化，连锁 / 精细化运营是必不可少的趋势。

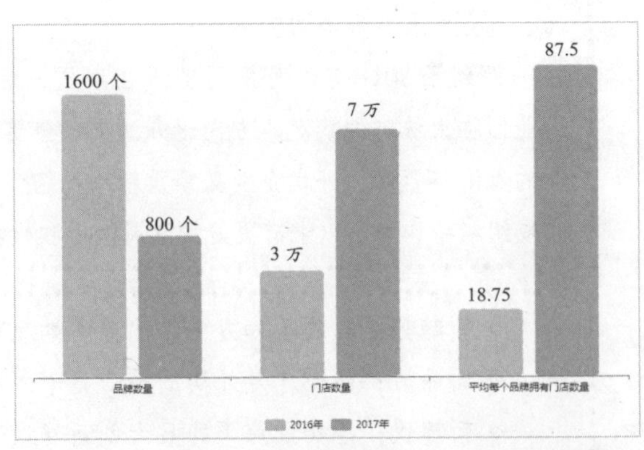

◆ 图 10-1　外卖行业的品牌化趋势越来越明显

连锁 / 精细化运营的主要优势如图 10-2 所示。

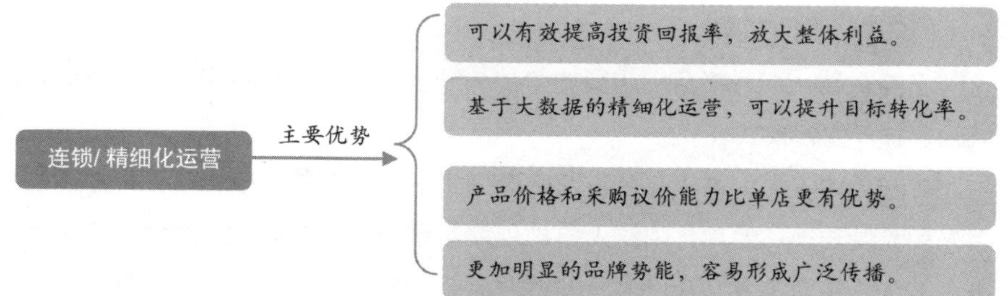

◆ 图 10-2 连锁 / 精细化运营的主要优势

例如，外卖品牌“曼玲粥店”就是通过将粥类产品做到极致，实现单店突破，并形成大规模的连锁化运营，同时通过供应链和品牌溢价大幅提升店铺销量和利润，4 年时间发展了 4 个品牌、45 家门店，其中两家外卖店铺的单量位于全国前十，如图 10-3 所示。

◆ 图 10-3 “曼玲粥店”的单店销量非常火爆

10.1.2 线上+线下，全渠道运营

外卖企业可以借助大数据分析和智能信息网络等手段，融合品牌塑造、宣传推广、线上线下结合等服务，重点突破、以点带面，实现供应端和需求端紧密结

合的全渠道运营模式。

（1）供应端：指导外卖产品的生产流程，优化外卖食材供应链和物流配送，减少中间环节，降低损耗。

（2）需求端：指导平台和店铺的营销与销售行为，增强品牌优势，打造外卖品牌的智慧零售新模式。

过去几年内，各大外卖品牌在线上渠道进行了激烈的竞争，以赢得更多的品牌曝光和流量转换。然后，引流入口被外卖平台牢牢抓在手中，因此外卖品牌对于平台的依赖性非常大。从外卖行业的发展趋势来看，单靠线上平台难以获得长远的发展。因此，外卖品牌要做全渠道运营，将线上线下业务更好地融合，甚至没有线上线下之分，这是外卖品牌成功的必由之路。

例如，“焦耳外卖”是一个主打地道川菜的餐饮连锁品牌。在线下，“焦耳外卖”通过开街边店为品牌刷脸，以及发动员工进入热点区域发传单做地推等方式，抢夺线下流量。在线上，店铺在饿了么同步上线，近百万的月订单量有一半来自饿了么，2016 年还荣登饿了么平台“互联网餐饮品牌年订单榜”第一名。

通过这种全渠道运营的模式，实现了从“焦耳外卖”到“焦耳川式快餐”的品牌升级，直营门店数量已达 100 多家，累计订单量已超 500 万份。如图 10-4 所示为“焦耳川式快餐”北京部分门店的销量数据。

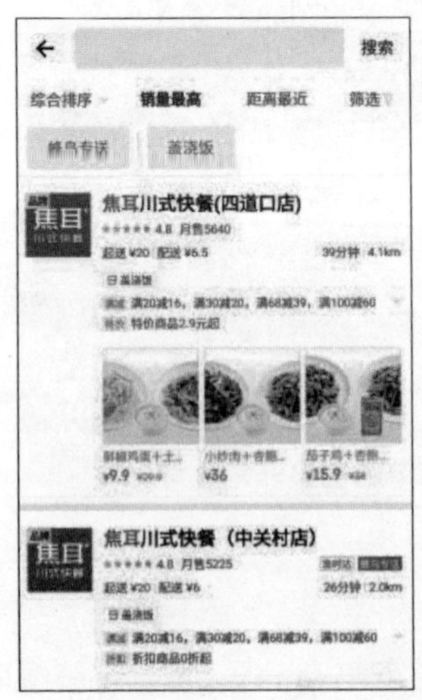

◆ 图 10-4 “焦耳川式快餐”北京部分门店的销量数据

10.1.3 延长营业时间，扩展品类

过去，外卖通过满足白领用户的午餐需求痛点，以及平台的各种补贴政策，获得了快速发展。但随着外卖平台的扣点一涨再涨，以及营销成本的提高，外卖店铺的经营成本大幅提升，造成了利润的下降。因此，外卖品牌需要找到新的利润增长点，其中延长营业时间和扩展品类成为最典型的方式。

未来，外卖会不断覆盖堂食的消费场景，如下午茶、家宴和夜宵等非正餐场景会越来越多，同时营业时间也变得更长。某些外卖品牌已经开始全天候营业，同时品类不断扩张，SKU（Stock Keeping Unit，库存量单位）甚至达到上百个。

例如，“百鲜花甲”外卖品牌之所以将花甲作为主打产品，是因为花甲不受季节的影响，一年四季皆可营业；而且花甲拥有海鲜产品的属性，不但更有价值感，可以吸引年轻人，而且毛利非常高。如图 10-5 所示为“百鲜花甲”的店铺品类和主打产品。

◆ 图 10-5 “百鲜花甲”的店铺品类和主打产品

“百鲜花甲”创始人李彦焌明确表示：“未来只卖一餐、只做一个时间段的外卖品牌会‘死’的很惨。”因此，“百鲜花甲”采用零售化的商业模式，推出了很多与花甲主打产相搭配的辅助外卖品类，如小龙虾、皮皮虾以及鱿鱼等周边海鲜产品，以及炒菜和花甲米线等主食，甚至还推出了重口味零食，如辣条等产品。

“百鲜花甲”通过这种“单品牌、宽 SKU（Stock Keeping Unit，库存量单位）”的外卖路线，将外卖店铺的覆盖时间和品类范围优势充分发挥出来。仅仅一

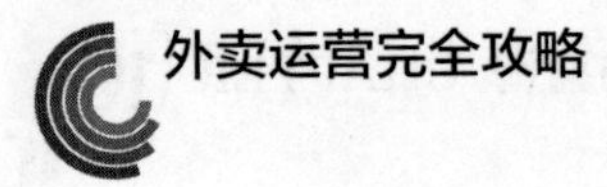

年多时间，“百鲜花甲”的门店就达到了近 50 家，而且还有十多家采用共享厨房模式的门店年营收达到千万级别。

10.2 新品质：品质才是外卖的核心竞争力

外卖的核心竞争力是什么？答案就是产品，不管你有多大的优惠力度，还是多么花哨的营销方式，产品品质不行，也得不到消费者的认可。外卖产品的品质很大程度会直接影响到口碑，因此外卖企业和商家必须提升产品品质，打造核心竞争力。

10.2.1 打造口碑：赢得消费者的广泛好评

口碑营销致力于口碑打造，又叫传播式营销，其特点在于成功率高、可信度强、宣传费用低、有助于商家提升企业形象。这种传播式的营销方式对于爆品的打造而言有利，而且成本比较低。常见的口碑营销方式主要有以下 3 种。

❶ 经验类口碑

经验类口碑主要是从消费者的用餐经验入手，通过消费者的评论让其他消费者认可产品，从而产生营销效果。以百度外卖为例，消费者可以在下单后在平台上直接评论外卖产品的味道和质量，以及店家的服务，如图 10-6 所示。

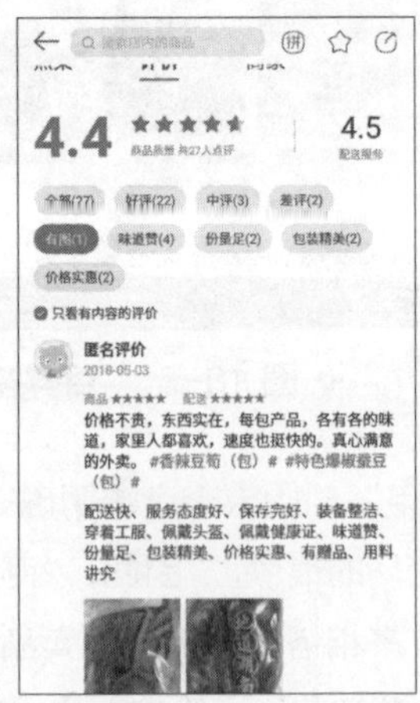

◆ 图 10-6　百度外卖平台上的产品评价

经验类口碑有利于用户获取关于产品的信息，但美中不足的是有些商家为了

赚取暴利，雇佣“水军”进行刷好评的恶意竞争行为，直接导致了用户对经验类口碑的信任度降低。因此，在这一方面，外卖平台要大力加强监督管理力度，避免这种不正规的行为出现，建立良性的宣传推广方式。

❷ 意识性口碑

意识性口碑营销，主要就是由名人效应延伸的产品口碑营销，往往由名人的名气决定营销效果，同时名人的粉丝群体也会进一步提升产品的形象，给予相应品牌好评。例如，“幸福西饼”签约何炅为品牌形象代言人，把“幸福西饼”的幸福传播的品牌形象传递给大家，拉近了品牌与消费者的距离。

❸ 继发性口碑

继发性口碑来源比较直接，就是用户直接从企业方面了解产品的信息和宣传，从而逐步形成的口碑效应，往往这种口碑来源于各种渠道的广告，潜移默化的让消费者对此产品产生信任感和安全感，也是能直接导致消费者给予好评的方式。

口碑营销，最重要的就是如何把口碑打造好并传播出去。只有这样，才能为引爆产品打好基础。

10.2.2　产品经理思维：用心思考严抓品质

产品经理思维就是所有人都要把自己定位成产品经理，注重产品的品质并认真把产品销售出去。运用产品经理思维的第一步就是产品要好。那么，外卖企业应该怎样运用产品经理思维去打造爆品呢？这里将要点总结为以下3点，如图10-7所示。

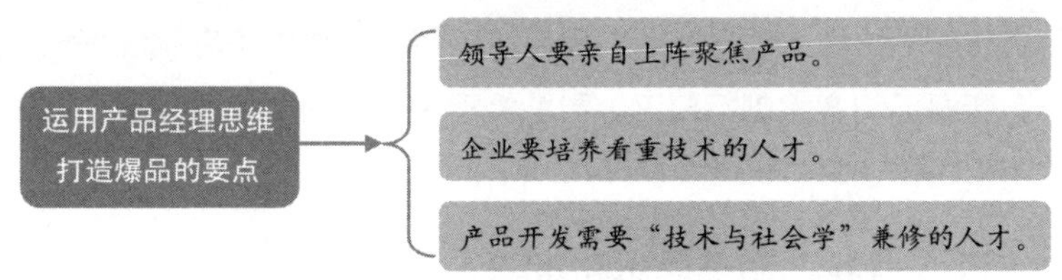

◆ 图10-7　运用产品经理思维打造爆品的要点

产品为王的时代已经来临，从餐饮纯手工类产品体系就可以看的出来。如果一道美食既实惠又好吃，消费者吃了一次还想吃第二次，那么他就会把这道美食推荐给身边的朋友，甚至是通过移动社交平台进行推广，从而引发其他消费者的注意，并使得这道美食成为爆品。

“人人都是产品经理”的深层含义即懂得为消费者考虑，对产品的设计从用户的角度出发。比如说思考这些问题："如果我是消费者，我对产品有什么诉求？"、"应该如何对产品进行改良会让消费者吃起来更舒服？"这就需要用心思考产品，对产品负责，下面针对产品经理的基本素质进行介绍，如图 10-8 所示。

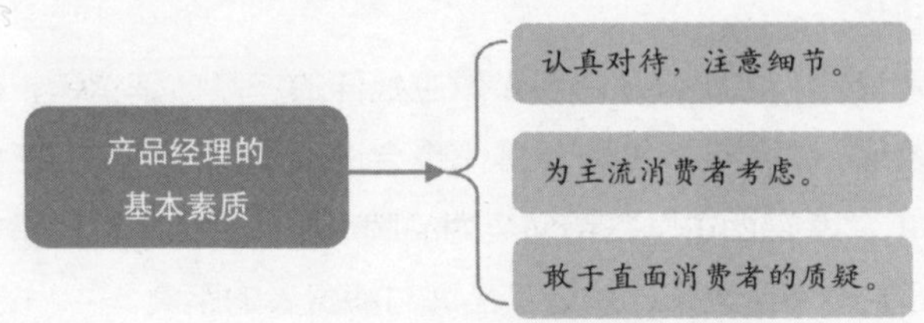

◆ 图 10-8　产品经理的基本素质

敢于接受消费者的批评，不怕别人的攻击是产品经理最重要的素质之一。因为产品肯定不会一研发出来就很完美，就能得到所有消费者的认同和肯定。只有积极接受来自市场各种用户的建议、反馈，才能把产品做得更好。对于外卖爆品的打造来说，产品经理的思维以外卖产品为主，也可以说成是外卖产品思维，对产品负责就是对消费者负责。

10.3　新建议：外卖红海下的 8 大创新建议

外卖红海的市场份额虽然很大，但是竞争也同样激烈，面对迎面而来的外卖趋势，各路商家纷纷使出浑身解数，用各自独特的打法来争夺制胜高地。本节主要介绍外卖红海下的 8 大创新建议，帮助外卖平台、商家以及相关企业等提升竞争力，从外卖红海中脱颖而出。

10.3.1　改变自我，调整成本和策略

如今，外卖行业的成本结构发生了翻天覆地的变化，从 2017 年开始，各大平台经过合并整合后，形成了寡头竞争的格局，都开始关注自身的盈利，对于入驻商家抽取一定的提成，从商家处分得不少利润。同时，外卖平台的话语权也在不断提高，而商家则要面对更高的流量成本。

因此，不管是平台还是商家，首先要做的就是改变自我，调整成本和经营策略，如图 10-9 所示。

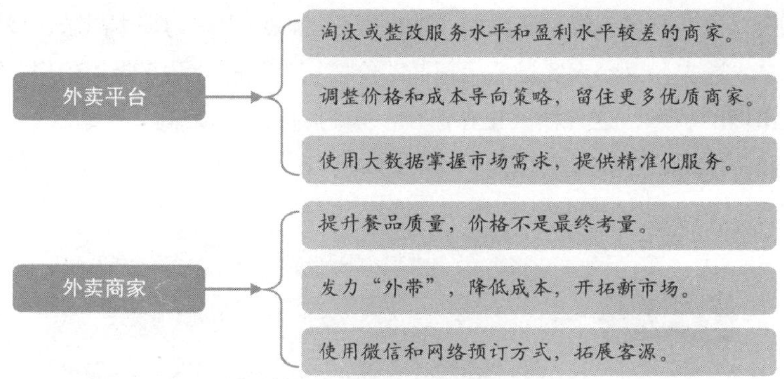

◆ 图 10-9　外卖平台和商家“改变自我”的相关建议

外卖行业的市场潜力仍然巨大，餐饮商家将会借助合适的外卖平台更好地发力，共同提升服务质量和运营效率，挖掘新的盈利空间。

10.3.2　改变微观，适应更多的人群

在国内，外卖消费群体不仅非常庞大，而且增长速度也非常快，因此外卖 O2O 在宏观上拥有巨大的发展空间。对于外卖行业来说，可以在微观上做一些细节上的调整和改变，让外卖能够适应更多的人群，具体方法如图 10-10 所示。

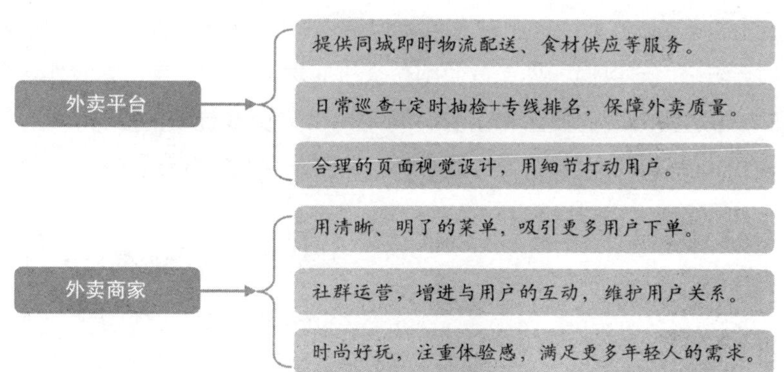

◆ 图 10-10　外卖平台和商家“改变微观”的相关建议

10.3.3　改变需求，吸收新商业文明

“互联网 + ”改变了人们的生活方式，同时也改变了人们的需求，外卖行业同样要引起重视，吸收新的商业文明，学会适应和调节市场需求。

如今，外卖市场已经趋于稳定，如何更好地满足用户的基本需求，成为新的竞争壁垒。过去，平台大多是采用超低的价格和大量的补贴来吸引用户，随着白领外卖市场的成熟，这种模式正在退化，人们的需求开始向“及时安全的服务”方向转变，并成为外卖市场的准入标准，如图 10-11 所示。

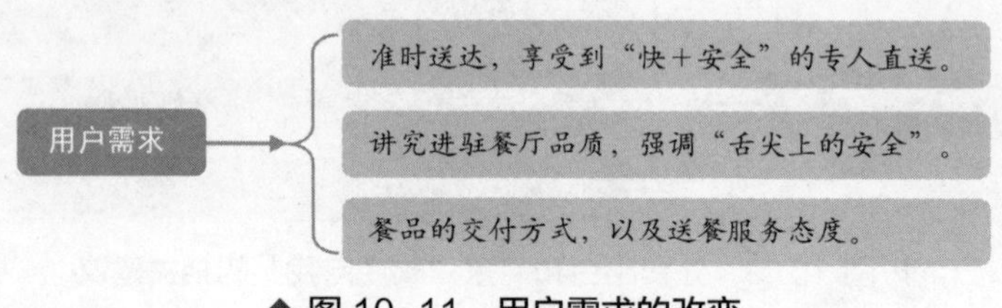

◆ 图 10-11　用户需求的改变

马云说过：“我们最独特的就是拥抱变化，在变化中求生存。拥有一颗拥抱变化的心，但坚守自己的信念。”因此，平台和商家必须根据用户需求的改变，运用新商业文明的思路对自身进行改造，提供高质外卖服务，培养更多高端市场的忠实客户，拓展利润空间。例如，之前介绍过的“喜茶”，正是通过保持开放的态度吸收新商业文明，运用新技术将中国传统的茶叶进行“西式制作”，通过创新需求来获得成功。

10.3.4　改变工具，用好新科技产品

上面提到了新商业文明，就不得不说一下其中要用到的新科技和工具，如图 10-12 所示。可以说，外卖行业中包含了非常多的新工具，同时外卖平台和企业将依托这些尖端的技术和工具，为用户带来更多优质的服务体验。总之，外卖与硬件、与物联网技术，与人工智能，还会有很多结合点。

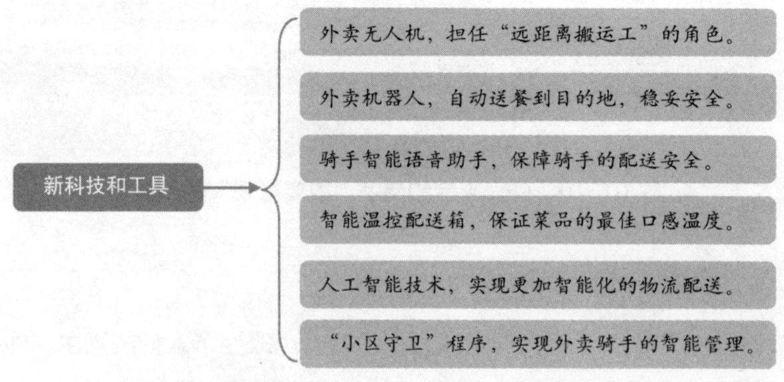

◆ 图 10-12　外卖的新工具和技术

10.3.5 改变内容，把握主流消费观

随着新媒体平台的盛行，以及自媒体创业的火爆，内容电商成为高性价比的流量变现利器。因此，很多外卖平台也开始布局内容信息流，包括美团外卖、口碑网、淘宝以及百度外卖等都推出了信息流功能。

❶ 百度外卖："指南"频道

百度外卖在底部导航栏中增加了一个"指南"频道，包括各种时下流行的美食推荐文章，给用户带来大量优质的美食内容，更为全面实现内容与电商两者的互通，如图 10-13 所示。

◆ 图 10-13 百度外卖的"指南"频道

❷ 美团外卖：大众点评

美团外卖主要依托于大众点评上的海量美食图文点评内容，不但可以为用户提供大量的优质内容信息流，同时还可以为外卖业务进行外部导流，如图 10-14 所示。

❸ 饿了么："口碑生活圈"

饿了么平台上没有直接开发内容板块，但阿里巴巴通过将饿了么与支付宝对接，在口碑网的信息流栏目"口碑生活圈"中推荐优质的餐饮商家，实现为饿了么进行导流，帮助用户获取餐馆信息、商品信息以及优惠信息等优质内容，如图 10-15 所示。

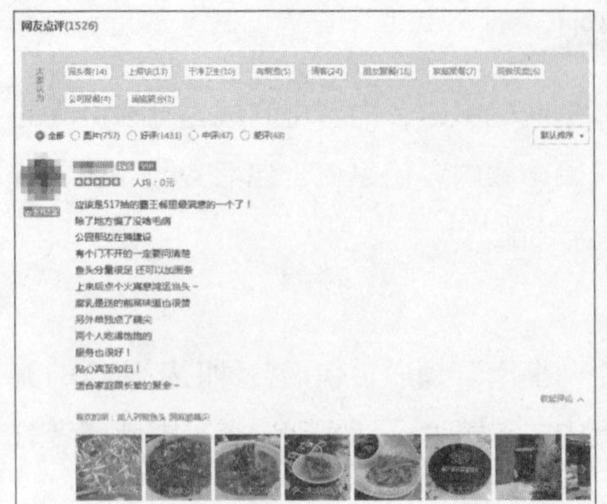

◆ 图 10-14　大众点评的图文点评内容以及“外卖”标签导流功能

◆ 图 10-15　“口碑生活圈”中的优质美食内容为店铺导流

10.3.6　加强管理，增强风险抵抗力

过去，外卖行业缺乏标准和监管，而且商家和从业者的准入门槛非常低，从而引发了很多安全问题。但随着外卖平台的发展，以及人们消费需求的改变，食品安全、交通安全、环境污染以及隐私保护等问题变得刻不容缓。

例如，饿了么将通过对送餐电动车进行编号挂牌，实现“一车一码”、“一车一人”对应的信息化管理，整编无序送餐车，让投诉可追溯，如图 10-16 所示。

◆ 图 10-16　饿了么通过给外卖送餐车统一挂牌，方便公众监督管理

正所谓“民以食为天，食以安为先”，外卖是食品安全监管的重要领域，政府、平台、商家以及配送团队等需要共同努力，规范外卖餐饮经营行为，切实保障各方的安全和利益，增强行业的风险抵抗力。

10.4 新未来：如何应对外卖的发展趋势

外卖正以它不可逆转的绝对影响力，改变着与外卖休戚与共的商家、骑手、以及用户的今天和明天。据大数据预判，中国快餐外卖市场规模到 2020 年可达 7000 亿元。然而，随着餐饮行业竞争的加剧，大量中小型外卖平台已经纷纷选择离场，外卖平台呈现出进一步集中的趋势，但细分外卖市场有很大的发展空间。因此，作为餐饮行业的从业者，绝不能忽视外卖的任何发展趋势和机会。

10.4.1　传统商家拥抱互联网 + 外卖

根据美团点评的相关数据显示，美团外卖在整个餐饮商家中的覆盖率只有不到三分之一，如图 10-17 所示。因此，传统商家还需要积极实现互联网转型，用外卖平台来实现线上和线下的结合，率先抢占庞大的市场。

很多接入外卖的商家通过充分利用外卖平台的流量资源，将店铺的营业额和规模都得到了大幅提升。例如，“京味斋”餐厅在刚上线外卖业务时，其门店数量仅有 14 个，交易额仅 200 多万元，单门店产值平均为 16 万元左右。

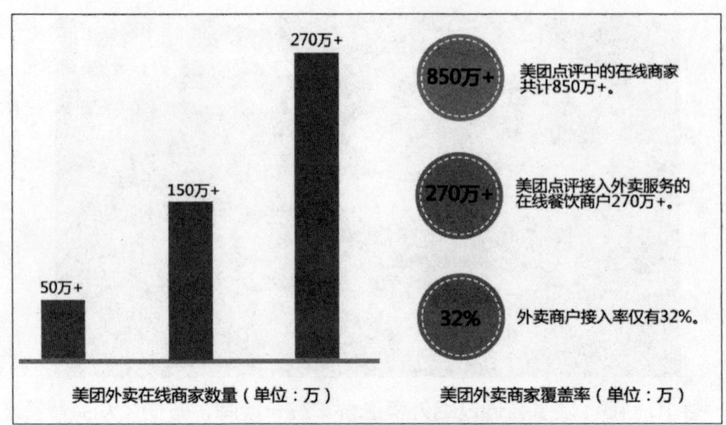

◆ 图 10-17　美团点评的相关数据

在接入外卖平台后，“京味斋”餐厅通过利用平台上的各种营销活动，如满减活动、折扣商品活动以及代金券等，只用了两个月的时间，其单门店产值就提升到 54 万元，增长率达到 237.5%，交易额提升至 700 多万元，如图 10-18 所示。

◆ 图 10-18　“京味斋”餐厅各门店的外卖业务非常火爆

10.4.2　外卖平台进一步对接新零售

随着外卖行业的发展，外卖不再局限于“吃”，而是开始对接各种线下零售

业务，同时众多连锁超市、大卖场和便利店等纷纷涌入外卖平台，从而打开线上市场，共同布局新零售。

实体零售的加入，其实也让外卖平台的配送业务得到了快速扩充，美团外卖和饿了么等外卖“巨头”也正向“线上＋线下”的新零售方向布局。例如，美团主导运营的线上线下一体化新零售业态——“掌鱼生鲜”已在北京开业，并推出了同名 APP，用户可通过线上 APP 端及线下实体店获取服务，如图 10-19 所示。

◆ 图 10-19 “掌鱼生鲜”实体超市

据悉，美团将来还会推出“外卖＋中央厨房”模式的共享厨房，将平台打造成为一个餐饮业态的孵化器。通过布局新零售，线上的外卖平台和线下的实体店铺双方可以进一步整合彼此的资源，不仅可以扩充平台的经营品类，还能帮助商家带动线上销售，同时能够得到更多的资本和资源支持，未来新零售布局势头会进一步凸显。

10.4.3 外卖市场的多元化业务拓展

从 2016 年开始，外卖市场的用户规模、市场规模和增长率等都呈现出下降的趋势，传统业务类型的用户红利正在逐渐饱和，因此急需在相对成熟的配送系统上开拓更加广泛的区域和多元化业务，新增盈利点。

要做到这一点，除了进行地域扩张外，还需要充分挖掘用户的深层次需求，从品类和业务范围等方面寻找或开发更多新的产品。如今，外卖平台不仅仅只做单一的熟食，而是在向全品类转变，如包装零食、日常用品、火锅、手工熟食以及半成品食品等，都可以在外卖平台上找到。由此可见，未来，外卖平台通过餐饮切入，将转向更多同城消费配送服务。

例如，饿了么推出“e点便利”，入局“无人货架”市场，该平台主要提供饮料、酸奶以及小零食等商品，甚至还可以扩展到熟食生鲜，用户可以使用支付宝或者微信扫码付款，以此来满足用户更多元化、多时段、多品类的需求，如图 10-20 所示。同时，借助阿里巴巴强大的物流体系，在配送和后端供应链方面，可以保障产品及时得到更新和维护。

◆ 图 10-20　饿了么推出“e 点便利”

行业案例：知名品牌的运营案例分析

在外卖火爆的大环境下，餐饮行业内的一些品牌企业和其他餐饮商家，纷纷利用外卖进行营销转型与创新，走出了一条营销成功之路。

本章就知名外卖品牌企业与外卖餐饮的发展进行介绍，为餐饮行业发展提供借鉴。

- ✧ 个体商家外卖案例
- ✧ 品牌企业外卖案例
- ✧ 国际连锁外卖案例

11.1 个体商家外卖案例

在互联网时代，各行各业快速发展，对于外卖个体商家和创业者来说，一定要跟紧时代的步伐。当然，他们之中不乏憧憬打造自己餐饮品牌的“梦想家”，也有只想赚钱的“现实派”！不管是属于哪一类，都需要掌握正确的外卖运营方法，才能让自己的外卖生意更长久。

11.1.1 “麻辣诱惑”：好产品会自己创造口碑

“麻辣诱惑”在开创外卖业务之前就拥有多家线下门店，属于重度堂食餐饮企业。为打开线上外卖市场,“麻辣诱惑”将“热辣生活”（食品线下门店）和“麻小外卖”（麻辣小龙虾外卖）两个品牌重新组合，实现加速扩张。

目前，“热辣生活”线下门店的日均客流达到 2 万人；在线上外卖业务方面，其主打产品为“麻辣小龙虾”以及各种卤制鲜食等，有 3 万多的忠实用户，日均销售 20 多万只小龙虾，在细分品类市场中出类拔萃，如图 11-1 所示。

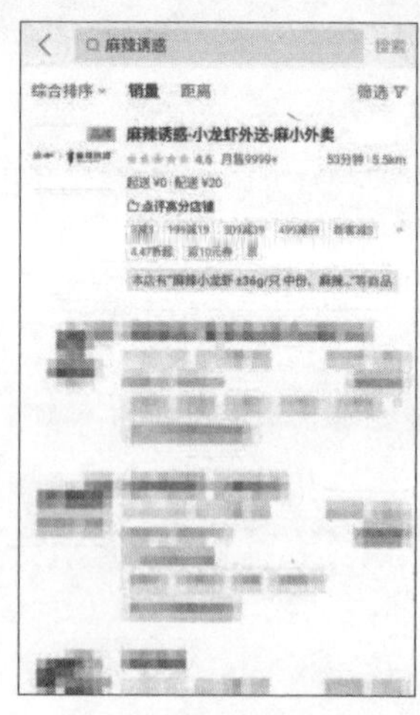

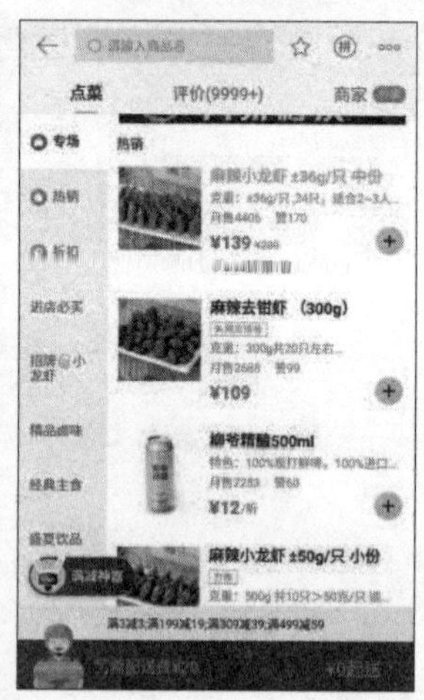

◆ 图 11-1　细分品类市场

“麻辣诱惑”全面接入各种线上平台，其合作平台包括官网、微信、美团外

卖、到家美食会、百度外卖、饿了么、百度糯米以及大众点评等餐饮 O2O 平台，获取了广大流量。同时，“麻辣诱惑”将自身的线下产品优势与线上外卖平台相互融合，设计了 80 多款“麻小外卖”系列产品，平均 270 元 / 单的客单价，颠覆了许多人“外卖 = 低价”的固有印象。另外，“麻小外卖”的供应链、从业人员、物流配送等均实现独立运营，并有效对接第三方平台。

“麻辣诱惑”的创始人韩东坚信好产品会自己创造口碑，并表示：“我们不做平台，就一心做好产品，因为我的长项是把产品做到最好。未来还是要有匠人精神，要研究产品特性，让我们的产品经得起时间考验。只要你的产品真正好，就不怕被平台绑架。”

“麻辣诱惑”采用线下堂食 + 线上外卖同步运营的模式，只做自营不用代理，这样可以最大限度上掌控渠道和品牌。“麻辣诱惑”采用多品类爆款模式，通过扩充品类可以提高店铺的毛利率，增加顾客黏度和消费频次。据悉，“麻辣诱惑”小龙虾的销售额平均一天 100 多万元，外卖占到了 20%。

截至 2018 年 3 月，“麻辣诱惑”的自营门店数量共计 24 家，遍及北京、上海、石家庄、西安、南京以及武汉等城市，同时还建立了两个配送中心，并且获得数千万元 A 轮融资。

11.1.2 “老街坊”：用性价比和口味赢得回头客

根据饿了么平台的相关数据显示，在杭州所有的外卖店铺中，全年订单最多的店铺达到 15 万 +，这就是位于翠苑三区的“老街坊”餐厅，如图 11-2 所示。

◆ 图 11-2 “老街坊”私房菜

2018 年 6 月，“老街坊”的单月订单数量达到 23000 +。要知道，“老街坊”并不是位于闹市区，而是开在小区里，附近还有夜宵小吃一条街以及众多的餐饮商家，但“老街坊”却将外卖生意做得风生水起。据悉，由于“老街坊”的外卖订单量非常大，很多外卖平台还在这里设置了调度点。

同时，“老街坊”还通过外卖平台为线下店铺引流，在平台上上传了厨房、包厢、大厅以及门头等实景图片，如图 11-3 所示。

门头广告

大厅环境

◆ 图 11-3 “老街坊”餐厅线下店铺的生意非常火爆

“老街坊”餐厅分为堂食和外卖两个团队，外卖团队由老板亲自带领，后厨分工非常明确。同时，“老街坊”餐厅以私房菜为主，具有性价比高、分量足、食材新鲜、口感好等优势，因此回头客非常多。据悉，“老街坊”每天都有 800 份左右的外卖订单，最高时超过了 1000 份，其中有 70% 左右的用户都是回头客。

专家提醒

很多人认为餐厅的选址很重要，一定要在人流量大的闹市区才行，这样做不但会增加成本和租金，同时经营压力也更大，很难静下心来做产品。

因此，做餐饮或者外卖，不能本末倒置、急于求成。所以，像“老街坊”这样的人气店铺虽然没有开分店，但却可以将更多的精力放在产品品质上，坚守本心，成为外卖市场中的一枝独秀。

11.1.3 “觅姐”：将通俗的饮食赋予精致的标准

“觅姐汤可以喝的麻辣烫”在广州和上海等城市开了多家分店，以麻辣烫品类为主，采用现点现煮的方式，给顾客带来更加新鲜的口感，销量非常火爆。例如，2018 年 6 月，“觅姐汤可以喝的麻辣烫”（广州贝岗店）在美团外卖平台上的月销量超过 20000，成为广州外卖销量冠军；“觅姐汤可以喝的麻辣烫”（上海斜土路店）在饿了么平台的月销量也达到了 12000+，如图 11-4 所示。

2017 年，“觅姐汤可以喝的麻辣烫”半年内在全国的门店就扩张到 200 余家。其成功之处在“颜值”和“文值”两个方面。

◆ 图 11-4 “觅姐汤可以喝的麻辣烫”在各平台的销量成绩非常突出

（1）“颜值”：精美的菜品 + 饮食环境。

“觅姐汤可以喝的麻辣烫”的线下店铺和外卖店铺都是以蓝白色为主色调，赋予餐厅清新明亮的质感，同时运用可视化的食品操作台以及最通风的空间设计，配以净化环境的植物和时尚插画、洁净考究的餐具等，保障用户的饮食安全，如图 11-5 所示。

（2）“文值”：打造“觅姐”IP，创建“觅姐”精神社区。

以健身教练出身的“觅姐”创始人张晓慧提出了“晓世界、烹小鲜”的经营理念，将顽强、拼搏、团结、协作的运动精神化作对品牌打造的“觅姐精神”，从飘香的麻辣烫中将企业精神传播出去。

◆ 图 11-5 “觅姐汤可以喝的麻辣烫”的线下店铺

11.2 品牌企业外卖案例

在移动互联网时代，“懒人经济”理念获得了快速发展，由此可知，各种外卖品牌的兴起也就在预想之中了。目前，许多外卖品牌企业得到了前所未有的发展，并被越来越多的用户喜欢和应用。

11.2.1 “义泰昌”：将互联网餐饮 O2O 做到极致

“义泰昌”是一个采用现炒、现蒸、现煮等中国传统烹饪方式制作的中式快餐品牌，将互联网餐饮 O2O 做到极致。“义泰昌”拥有 13 家品牌门店与 1 间中央厨房，平均月销量达到 5000+，是美团外卖、饿了么以及百度外卖 3 大外卖平台的深圳销量冠军，为全城 80% 的商务地段人群提供目标“30 分钟必达”的配餐服务，如图 11-6 所示。另外，“义泰昌现炒快餐”的爆款产品“农家花菜炒肉饭”月销更是达到了 60000 份，是深圳快餐单品的销量冠军。

“义泰昌”集结了大量互联网 + 餐饮的跨界人才团队，运用大数据分析和全流程配送链，深入挖掘顾客认同的价值增长点，通过信息系统的改造和针对性的运营策略，完成用户的转化、活跃和留存，创造互联网餐饮的全新体验。

“义泰昌”运营已有 8 年多的时间，深耕“餐饮 + 互联网”新玩法，同时将“快餐还是现炒的好吃”作为品牌理念，深受白领群体认同，成为了当仁不让的“网红”品牌。

◆ 图 11-6 “义泰昌现炒快餐”外卖店铺

11.2.2 “正新鸡排”：超出用户预期的用户体验

“懒人经济”作为一种经济现象，事实上已经不可逆转。“正新鸡排”是典型外带型门店品牌，非常适合外卖业务，当年的在线外卖市场进入了高速发展期，下一个阶段就是成熟期，届时市场发展将趋于成熟，准入门槛将会提高，竞争也会更加激烈。“正新鸡排”的加盟店开店数量达到千余家，所谓船大难掉头，如果不快速进入外卖市场，正新鸡排在未来的竞争中就会比较被动。

为了巨大的外卖市场，同时为了将来的有利竞争，“正新鸡排”于 2016 年加入了美团外卖，这是在继美团团购后又一次强强联手，加强双方在业务层面的合作深度，也是平台线上资源与品牌线下资源的一次整合。图 11-7 所示为“正新鸡排”不同分店入驻美团外卖的门店信息。

美团本身有自己的海量用户，“正新鸡排”在美团外卖得到了足够的曝光，获取了大量新的用户，不仅带来了额外的营收，也从线上带动了线下的收入，更重要的是，美团外卖迅速帮“正新鸡排”补足了线上的短板，可以更好地应对如今的新零售竞争。“正新鸡排”的消费场景时段一般是下午茶和夜宵，很多用户其实不愿意出门，外卖正好可以满足随时随地想吃正新产品的用户的需求，从而保持住了企业与用户之间的黏性；“正新鸡排”有自己的工厂，产能巨大，外卖也帮助正新产能消耗，使得企业的边际成本递减，从而帮助“正新鸡排”更快地占领全球鸡排细分领域的市场。

◆ 图 12-7 “正新鸡排”不同分店入驻美团外卖的门店信息

外卖运营要以用户为中心。首先就要做好用户体验，什么样的体验最好呢？那就是超出用户预期。“正新鸡排”做的是给用户赠送酸梅汁，让用户产生惊喜，还用精美的包装打包油炸和烤制的产品，颠覆了用户对于此类产品的传统印象，给用户带来了不一样的感觉。再就是要为用户省时间，活动不是越多越好，可以砍掉无关紧要的活动，帮用户消除选择困难症。

“正新鸡排”总部的运营专员会不定期拉出客户的评论，知道用户的意见需求。如果是配送方出现的问题，比如配送慢、骑手点击提前送达等，一般不会去投诉骑手，而是和配送站进行有效沟通，把配送造成的影响降到最低。

让用户成为回头客的关键是做好产品，首先要保证产品的品质，这是基础；另外产品要多样化，满足不同顾客的口味；最后产品上一定要升级，在如此激烈的竞争市场，正新能有源源不断的回头客，跟“正新鸡排”推出的“正新汉堡”有很大关系。其他提升复购的有效方式还有定向发送代金券唤醒用户，除此之外，还通过挖掘后台的数据，查看门店实付客单价的分布，据此设置不同档位的返券金额等。

11.2.3 “真功夫”：做品质化、品牌化的外卖生意

全球华人餐饮连锁企业品牌——“真功夫”，为顾客提供快捷而营养丰富的中式美食。因用户消费场景的不断拓展、品牌生意规模的不断壮大，开启了

外卖平台的生意模式，满足顾客足不出户即可享用真功夫新鲜美味的食品需求。图 11-8 所示为“真功夫”不同分店入驻美团外卖的门店信息。

◆ 图 11-8 “真功夫”不同分店入驻美团外卖的门店信息

“真功夫”加入外卖平台后，对生意起到一定的推进作用，具体体现在以下 4 个方面：

▶ 低成本短时间接触到消费者，借美团外卖平台提升消费者对品牌的喜好度。

▶ 提升了外卖渠道为门店带来的生意，提升了企业的利润与菜品销量。

▶ 通过美团外卖平台定时对线上店铺营运指标的数据进行反馈，给到真功夫顾客体验优化建议方案，有效提升了真功夫店铺的顾客体验满意度。

▶ 通过线上营销策略，有助于真功夫的线上团队运营能力实战经验的积累。

结合“真功夫”健康美味、蒸工艺的产品特色，以及美团外卖品质外送平台的定位，通过两年多实战经验得出的数据支持，针对美团外卖推出了高毛利、低价格的多份小吃组合套餐，满足了大部分消费者的需求。而且，从销售数据方面验证了这类套餐比较迎合美团外卖快餐市场的需求，在平台特色菜、爆款上加深了经验值。

“真功夫”不仅考虑在做外卖的生意，更主张做品质化、品牌化的外卖生意。产品对一个餐饮品牌的未来发展去向起着十分关键的作用，面对外卖行业的大环境冲击，更要注重深耕细作，真正有品质涵养的品牌才能走得更远，走得更稳。在外卖运营的道路中任重而道远，需要更注重产品安全，需要根据外卖平台的属性打造更适合消费者口味的专属产品，并建立一套持续更新迭代的机制，提高品牌影响力。

11.2.4 “海底捞”：给消费者带来超级享受的服务

“海底捞”是我国知名的火锅餐饮品牌，其在各种营销实践中一直走在社会前列，最终打造出高信誉的餐饮品牌，获得了营销上的巨大成功。面对火爆的外卖市场，“海底捞”推出“海底捞外送”产品，通过官方 APP、官方网站和微信点餐等方式，满足用户足不出户吃“海底捞”火锅的需求，如图 11-9 所示。

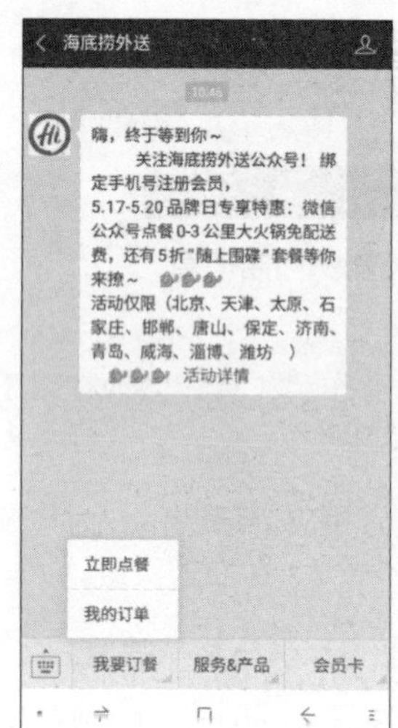

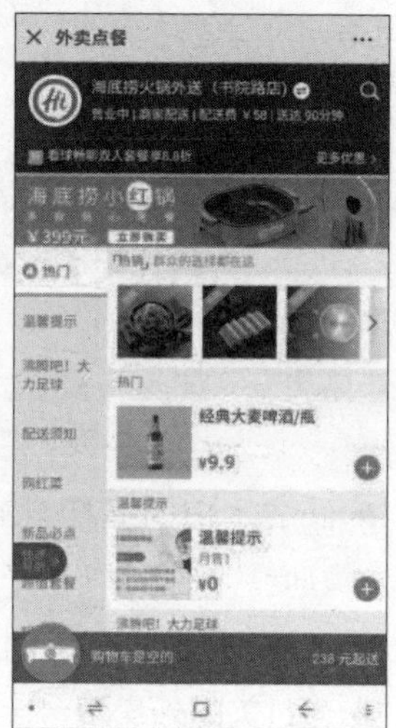

◆ 图 11-9 “海底捞”微信点餐系统

“海底捞”通过自建外卖系统切入高端外卖市场，外送的订单均价约为 450 元，配送范围最远可达 20 公里，收取餐费 10% 的服务费。

对餐饮外卖行业来说，消费者对服务和产品的满意度是决定其是否成为回头客的基础。而这种满意度，当其积累到了一定程度的时候，就会自然而然地形成消费者对餐饮产品和品牌的忠诚度，为外卖营销的实现提供重要支撑。而“海底捞”就是通过积极创造消费者持续不断的满意度来提升消费者对产品和品牌的忠诚度，最终获得成功的。

11.3 国际连锁外卖案例

在外卖市场中，同样不乏很多国际连锁餐饮企业，这些企业除了和第三方平台合作外进入外卖市场外，大部分还推出了自己的独立外卖系统。国际连锁餐饮企业有着巨大的门店数量和极佳的地理位置，做外卖生意起步比一般的个体商户更加简单，而且规模化的配送团队还能够有效降低成本。

11.3.1 “麦乐送”：快餐“巨头”麦当劳的外送服务品牌

麦当劳（McDonald's）是全球大型跨国连锁餐厅，大约拥有30000家分店。麦当劳一直坚持为消费者提供便利服务，如“麦乐送”就是麦当劳推出的外送服务，包括APP和官网两种渠道，让顾客在餐厅外也能享受到高品质的食品，如图11–10所示。

◆ 图11–10 “麦乐送”网上订餐平台

“麦乐送”推出了“30分钟必达”服务，即自订单上显示的餐厅接受订单时间起，至餐点送达用户为止，所用时间不超过30分钟，如果超出30分钟，用户将获得麦当劳赠送的优惠券一份。“30分钟必达”服务仅适用于“麦乐送”平台，第三方外送平台无法享用该服务。

11.3.2 “必胜客”：大众化的西式美食外送餐饮

“必胜客”2014 年底首次上线第三方外卖渠道，经过 4 年多的发展，目前上线2000家餐厅，成为业内披萨品类在外卖渠道的行业领跑品牌。从2016年开始，“必胜客”品牌遇到了增长乏力的情况，但第三方外卖渠道却实现高速发展，所以外卖市场是目前该品牌发展阶段的一个重要市场战略。如图 11–11 所示为“必胜客”入驻美团外卖的门店信息。

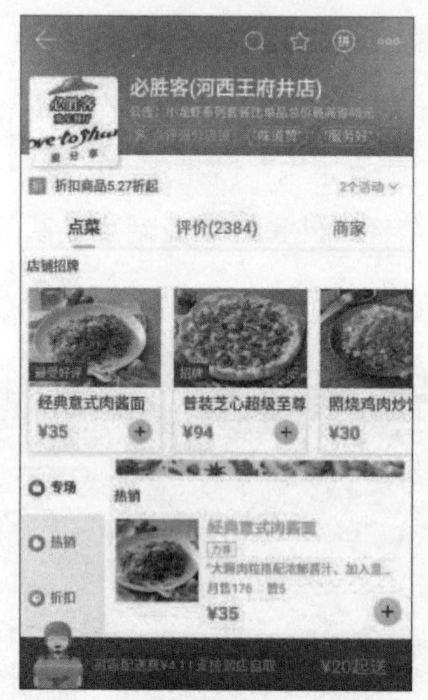

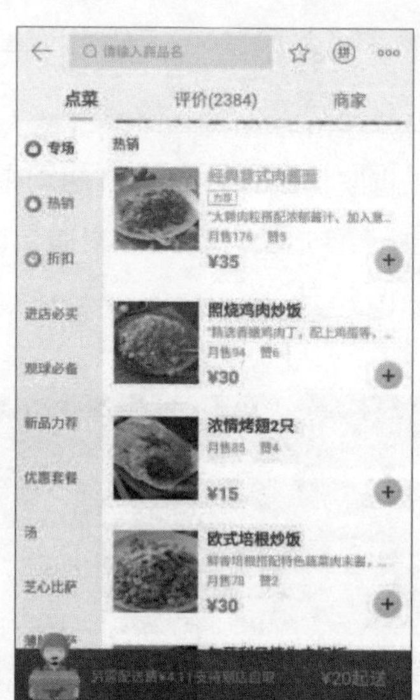

◆ 图 11–11 “必胜客”入驻美团外卖的门店信息

“必胜客”在美团外卖的运营中，做出了以下 3 点创新，如图 11–12 所示。

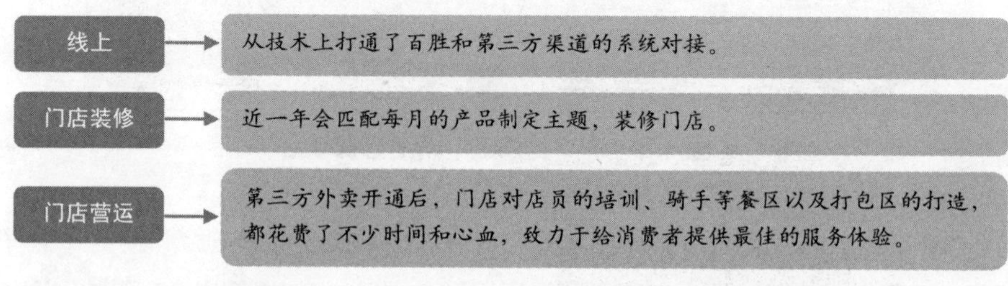

◆ 图 11–12 “必胜客”对于外卖市场所做出的创新

“必胜客”会定期每月推出新品产品，持续激活用户，将原有的菜品整合到线上产品，包括菜单，菜品图片，包装。不断分析订单菜品结构，优化活动菜品结构。在第三方外送渠道中，2014 年底至 2016 年,“必胜客”品牌没有重点发力，导致 70% 门店流量情况在排名 20 位之后，通过在 2017 年第三方外卖渠道的投入增加，站内购买铂金展位，点金推广渠道流量的补充，同期配合品牌声量类广告，以及适合的活动主题，逐步把单门店产值一步步带上台阶。

在 2018 年春节期间，为了保证“必胜客”1500 家餐厅的骑手运力支持，在春节大年初一到大年初七，商家提供激励机制。在 2018 年春节期间，完成了年同比 150% 的增长。同时，“必胜客宅急送”自配送的产品开发，打破传统“披萨 7 分半出餐门槛”，缩短到 5 分钟。

11.3.3 “KFC 宅急送”：肯德基旗下外送服务品牌

肯德基（Kentucky Fried Chicken，肯塔基州炸鸡，简称 KFC）是美国跨国连锁餐饮品牌，也是世界第二大速食及最大炸鸡连锁企业，在国内开设了 5300 多家连锁餐厅，其产品主要包括炸鸡、汉堡、薯条以及汽水等西式快餐食品。

“肯德基宅急送”是由肯德基推出的外送服务形式，宅急送没有设置最低起送门槛，但每单会酌收 9 元外送费，如图 11-13 所示。

◆ 图 11-13 “肯德基宅急送”APP

“肯德基宅急送”的外卖品种非常丰富，可以满足不同外卖对象的需求，如家庭用餐或聚会、单人或二人用餐等，都推出了不同品类的餐品。“肯德基宅急送”还建立了呼叫中心和配送团队，并且通过规模效应、资源共享以及成熟的管理体系，实现成本的控制和外卖业务的顺利运营。

“肯德基宅急送”更为注重稳健经营和降低风险，通过限制配送范围和服务时间来保证外卖食物的品质。同时，针对不同城市和不同时段，“肯德基宅急送”对产品菜单和价格都进行了专属设计，确保符合当地市场行情。